U0685163

本书系下列研究项目成果：

1.湖北省社科基金一般项目（后期资助项目）："农村家庭女性多维贫困：测度、动态性及扶贫对策"（2020055）

2.湖北省人文社科重点研究基地大别山旅游经济与文化研究中心资助项目："大别山区相对贫困的多维识别和协同治理机制研究"（203202014604）

3.黄冈师范学院高级别培育项目："2020年后农村女性多维相对贫困的形成机理与治理机制研究"（204202002703）

4.黄冈师范学院博士基金项目："乡村产业振兴与妇女产业项目参与的支持体系构建"（2042021027）

农村家庭女性多维贫困
测度、动态性及扶贫对策

彭燕　著

WUHAN UNIVERSITY PRESS
武汉大学出版社

图书在版编目（CIP）数据

农村家庭女性多维贫困:测度、动态性及扶贫对策/彭燕著.—武汉:武汉大学出版社,2021.12
ISBN 978-7-307-22621-0

Ⅰ.农…　Ⅱ.彭…　Ⅲ.农村—妇女—贫困—研究—中国
Ⅳ.F323.8

中国版本图书馆 CIP 数据核字（2021）第 201129 号

责任编辑:朱凌云　　责任校对:李孟潇　　版式设计:马　佳

出版发行:**武汉大学出版社**　（430072　武昌　珞珈山）
（电子邮箱:cbs22@ whu.edu.cn　网址:www.wdp.com.cn）
印刷:武汉邮科印务有限公司
开本:720×1000　1/16　印张:19　字数:271 千字　插页:1
版次:2021 年 12 月第 1 版　　2021 年 12 月第 1 次印刷
ISBN 978-7-307-22621-0　　定价:76.00 元

前　言

消除极端贫困，实现性别平等，是国际社会的共同目标。联合国千年发展目标和可持续发展目标都将促进并实现两性平等作为其主要目标之一，中国是联合国千年发展目标和可持续发展目标的坚定承诺者和实践者。我国自改革开放以来，通过大规模的开发式扶贫工作，贫困问题得到缓解，贫困人口显著下降。但需要正视的是，农村家庭女性贫困问题尚未得到足够的重视，突出表现在资源在家庭、市场和社会等领域的性别差异导致农村女性资源和权利的缺失，不利于贫困治理工作的稳定落实。因此，随着我国脱贫攻坚任务的全面完成，现有标准下的绝对贫困人口全部脱贫，加强对农村家庭女性这一群体的关注和研究，对于巩固脱贫攻坚成果，构建 2020 年后贫困治理长效机制，建成全面小康社会意义重大。

我国农村贫困呈现从同质化贫困逐步转向个体特征差异性贫困特征。农村女性贫困不仅存在与男性性别上的差异，而且不同年龄段的女性，不同区域地区的女性，不同民族的女性都存在贫困的差异性。目前，我国扶贫政策的制定及执行尚未凸显上述个体差异，性别盲视贯穿于扶贫政策的制定、执行及评估全过程，由此可见，精准扶贫工作机制虽然实现了以"户"为单位的覆盖和精准，但农村家庭女性个体贫困的问题依然没能得到应有的关注和重视。此外，随着精准扶贫工作的推进，学术界很多学者已经意识到收入或者消费作为衡量贫困的唯一标准不再合适，能力贫困、多维贫困和动态贫困理论的相继提出，不仅丰富完善了贫困理论，也更加符合贫困的本质和内涵。阿玛蒂亚·森提出的应重视贫困人口的可行能力和主观福利的感受理论得到广泛的关注。基于此，本书运用多维贫困理论、动态贫困理论、社会性别理论和家庭内部资源配置理论等，尝试构建农村家庭女性贫困形成机理的分析框架，试图阐释影响女性贫困的关键因素及其内在的作用机理，并结合中国家庭追踪调查（CFPS 数据）2010—2018 年数据，基于"个体视角"，对农村家庭女性的贫困差异性做了实证分析，期望能为完善我国扶贫政策提供理论依据。

　　本书的研究内容主要包括以下几个部分：第一部分阐明本书的研究背景和意义，明确本书的研究目的和研究内容，提出本书的研究思路和框架，对本书所采用的研究方法和数据进行说明，并指出本书中可能存在的创新点和不足。第二部分对农村家庭女性、贫困女性化、多维贫困和贫困动态性等相关概念进行界定，阐述本书涉及的理论基础，如社会性别理论、家庭内部资源配置、贫困理论和能力贫困理论，并梳理相关文献，展示国内外女性贫困的研究动态。第三部分构建农村家庭女性贫困形成机理的分析框架。分别从经济、社会、制度、文化和环境视角阐释女性贫困的成因，并结合多维贫困理论，尝试分析影响农村女性贫困的因素及其内在作用机理。第四部分构建农村家庭女性多维贫困测算的指标体系。分别针对农村家庭老年女性、成年女性和女性儿童各自的特点，并结合数据的可获得性选取各年龄段农村女性的维度和指标。对于农村家庭老年女性，确定包括基本保障、健康、精神生活和社交活动 4 个维度 11 个指标的多维贫困指标体系；对于成年女性，确定包括经济、健康、人文、精神生活、社会关系和权利 6 个维度 16 个指标的多维贫困指标体系；对于女性儿童，确定包括营养、健康、教育、生活保障和个体成长 5 个维度 12 个指标的多维贫困指标体系。第五部分测算农村家庭女性多维贫困及动态性。在农村家庭女性多维贫困指标体系的构建上，对农村家庭老年女性、成年女性和女性儿童多维贫困进行测算，并分区域描述农村家庭女性多维贫困的特征，包括各指标贫困发生率、多维贫困发生率、多维贫困指数和多维指标贡献率，并按人口贫困的持续时间，划分农村家庭女性动态贫困的类型。第六部分对比分析农村家庭女性与男性多维贫困及动态性。分别比较农村家庭老年女性与男性、成年女性与男性、女童与男童多维贫困及动态性的差异，并分区域描述农村家庭女性与男性多维贫困及动态性的特征，找出贫困的性别差异。第七部分对比分析农村与城镇家庭女性多维贫困及动态性。分别比较农村与城镇家庭老年女性、成年女性和女性儿童多维贫困及动态性的差异，分区域描述农村与城镇家庭女性多维贫困及动态性的特征，找出农村与城镇女性贫困间的差异。第八部分在多维贫困动态性的测算上，分别针对农村家庭老年女性、成年女性和女性儿童各自的特征，分析影响不同女性群体多维动态贫困的主要因素。最后，在理论与实证结合的分析上，对缓解农村家庭女性贫困提出相应的政策建议。

本书试图在以下几个方面创新：

第一，从性别对比角度研究农村人口多维动态贫困。目前对贫困女性某类群体的研究较多，如老年女性、女童、流动女性、留守女性等，但就女性和男性多维动态贫困进行比较分析的文献尚未发现，难以发现贫困人口的性别差异性。因此，本书比较分析农村家庭老年女性与男性、成年女性与男性、女性儿童与男性儿童多维贫困及动态性，以期找出贫困的性别差异性。

第二，基于"个体视角"，构建农村家庭女性多维贫困测量的指标体系。目前绝大多数的研究是基于"家庭视角"构建多维贫困测量的指标体系，掩盖了家庭关系下个体的真实情况，难以科学、合理的反映贫困人口的状态，不能解决个体贫困的问题。因此，本书基于"个体视角"并结合农村家庭女性特征，选取相应的维度及指标，构建女性多维贫困测量的指标体系。

第三，尝试构建农村家庭女性贫困形成机理分析框架。以往对女性贫困形成机理的研究没有形成一个整体的框架，多基于某个角度阐释其贫困的成因，揭示了女性贫困形成机理的某一个或几个方面。但是，女性贫困是一个系统问题，尤其是在多维贫困、可行能力理论的视角下，女性贫困的形成机理更加复杂，仅仅从单一视角出发，不能系统的解释其内在机理，也较容易就这一问题形成不同的观点。因此，本书在梳理相关经典文献的基础上，尝试构建农村女性贫困形成机理的分析框架，以期全面分析可能影响女性贫困的重要因素及其内在的作用机理。

目　　录

导　　论

一、研究背景和意义

(一)研究背景

消除极端贫困,实现性别平等,是国际社会的共同目标。2000 年制定的联合国千年发展目标(MDGs,2001—2015)中,第一个目标为"消灭极端贫穷和饥饿"①,第三个目标为"促进两性平等并赋予妇女权力"。2015 年通过的联合国可持续发展目标(SDGs,2016—2030)中,第一个目标为"在全世界消除一切形式的贫困",第五个目标为"实现性别平等,增强所有妇女和女童的权能"②。中国是联合国千年发展目标和可持续发展目标的坚定承诺者和实践者。"贫困女性化"的严峻形势,成为全球反贫困战略需要应对的世纪性难题。中国的贫困问题尤其是"贫困女性化"的问题同样突出。女性在社会生产和生活中,比男性占有更少的资源和更低的支配权,承受着更重的劳动负担,担负着更多养育子女、孝敬老人、照料家庭其他成员的责任,但女性家务劳动的价值往往得不到社会的认可。在某种程度上,女性的生存与发展权利在很大程度上受到挑战。针对女性贫困现象,我国政府及相关部门于 1995 年、2001 年和 2011 年分别制定了三部《中国妇女

---

① 联合国千年发展目标[EB/OL]. http：//www. un. org/zh/millenniumgoals/.
② 变革我们的世界：2030 年可持续发展议程[EB/OL]. http：//www. un. org/zh/documents/view_doc. asp？symbol＝A/RES/70/1'2015-12-21.

1

发展纲要》①，明确了女性在经济、社会、环境等方面的发展权利。针对农村女性的特殊性，制定了一系列有助于她们经济方面脱贫的精准专项政策，如春蕾计划（1989）、妇女小额信贷（1994）、母亲水窖（2000）、母亲健康快车（2003）、两癌救助计划（2009）和母亲邮包（2012）等。此外，为落实扶贫开发工作，各地政府在贫困地区女性中积极开展"巾帼脱贫行动"，打造了一系列的扶贫公益品牌以帮助贫困地区的女性摆脱贫困。习近平主席也强调要确保女性平等分享各项发展成果②。通过一系列的专项扶贫开发计划，使女性占多数的农村贫困人口急剧减少，保障了女性的基本生存权③。农村贫困人口从 1978 年的 2.5 亿人锐减到 1998 年的 4200 万人，贫困发生率从 30.7% 降到 3.7%。1992 年全国贫困人口为 8000 万人，其中妇女儿童约占 60%。国家扶贫重点县女性人口的贫困发生率从 2002 年的 24.2% 下降到 2010 年的 9.8%。贫困程度的性别差距逐年缩小④。截至 2018 年年底，全国农村贫困人口从 2012 年的 9899 万人减少到 1660 万人，贫困发生率从 2012 年的 10.2% 下降至 1.7%，减少贫困人口中约一半为女性⑤，在女性教育方面，实现历史性剧变，女童与男童适龄入学率无明显差距，高阶段的教育中女性占比不断提高⑥，在医疗保障方面，女性参加医疗保险的人数不断增多，截至 2018 年，全国女性参加基本医疗保险的人数已超过 5.4 亿人，在养老保障方面，随着我国城镇养老保险制度和新型

① 中国妇女发展纲要（2011—2020）［EB/OL］. http：//acwf. people. com. cn/GB/15365852. html'2011-08-09.

② 习近平在全球妇女峰会上的讲话［EB/OL］. http：//news. xinhuanet. com/politics/2015-09/28/c_128272780. htm'2015-09-28.

③ 乐施会. 中国农村妇女减贫概况及展望［EB/OL］. http：//www. chinadevelopmentbrief. org. cn/news-16680. html. 2014-10-15.

④ Matthews R，Nee V. Gender Inequality and Economic Growth in Rural China［J］. Social Science Research，2018，29（4）：606-632.

⑤ 平等发展共享. 新中国 70 年妇女事业的发展与进步［N］. 人民日报，2019-9-19.

⑥ 国务院新闻办公室. 平等　发展　共享：新中国 70 年妇女事业的发展与进步［R］. 2019.

农村社会养老制度的完善，农村贫困老年妇女基本生活得到了保障①，女性贫困问题得到了有效的缓解。

但是，在实践中仍存在一些问题，女性地位边缘化，忽视家庭内部的性别差异，精准扶贫工作中存在性别盲视等问题凸显。首先，党的十九大报告指出，我国目前脱贫工作面临的主要问题是发展的不均衡，我国未来的贫困问题需要重点关注个体差异性贫困和区域贫困（蔡生菊，2016；李寻欢，周扬，2020）。传统的性别规范和家庭性别分工的模式，使得农村家庭女性不论是在生活资产资源的占有上，还是在家庭和农业生产活动的决策中均处于劣势的地位，一旦农村女性失去家庭支持，其贫困问题就会凸显出来，而且现有的产业扶贫等政策对以女性为主导的家庭作用有限，掩盖在家庭内部下的女性贫困往往因其隐蔽性而被忽略，现阶段的精准扶贫工作机制基本上实现了以"户"为单位的覆盖和精准②，但个体贫困的问题依然没有解决，影响了农户家庭内部减贫的公平性和效率性（苏海，2020），不利于 2020 年后我国长效减贫机制的构建。其次，随着多维贫困理论的发展，收入或消费已经不再是衡量贫困的唯一标准，贫困人口的可行能力和主观福利感受到关注，聚焦农村贫困人口多维动态贫困具有重要意义，但是，目前贫困的经济维度测量仍然是主流，且已有多维贫困研究主要围绕在家庭层面，多维贫困指标的选取往往囿于家庭生活条件等客观标准，对于贫困人口问题关注较少，而且针对女性贫困及脱贫的具体测量指标进入实际操作存在体制机制上的障碍，因而未被推广和运用（高帅，2016；赖力，2017；黄森慰，姜畅，2019），难以真实反映女性贫困的状况。最后，现阶段的政策设计及理论实证研究均缺乏对贫困女性与男性差异的关注，造成在扶贫相关政策的制定、执行和考核中的性别盲点，如对贫困群体的分类主要依照人口总量、地区总量等宏观变量进行整体划片，

---

① 《中国妇女发展纲要（2011—2020 年）》统计监测报告［R］. http：//www. stats. gov. cn/tjsj/zxfb/201912/t20191206_1715998. Html.

② 何玲. 以社会性别视角探析精准扶贫户家庭内部差异［N］. 中国妇女报，2018-07-17.

基本上是一种社会性别中立的扶贫方式(唐娅辉,黄妮,2018)。性别中立化的扶贫方式导致贫困妇女的个体差异性难以凸显,导致女性贫困群体在精准识别、精准帮扶过程中主体地位缺失、主观能动性不足,导致内生性动力难以发挥。同时,在评估扶贫政策的满意度时,男性的观点往往主导整个家庭的意见,而女性的看法常常遭到忽视,导致扶贫信息反馈失真,扶贫成效大打折扣,这也是贫困妇女的扶贫减贫工作得不到有效重视,贫困妇女的话语权无法建构的外在体现。所以将社会性别视角纳入精准扶贫工作,对稳定脱贫成果,构建贫困治理长效机制至关重要。

因此,本书以农村家庭女性为研究对象,运用贫困理论、社会性别理论和家庭内部资源配置等理论,尝试构建农村家庭女性贫困形成机理的分析框架,试图阐释影响女性贫困的关键因素及其内在的作用机理,并结合中国家庭追踪调查数据(CFPS 数据),基于"个体视角",构建农村家庭女性多维测度的指标体系,分别比较分析农村家庭女性与男性多维贫困及动态性,农村和城镇家庭女性多维贫困及动态性,找出农村家庭存在的贫困性别差异,农村与城镇家庭女性的贫困差异,期望能为完善我国扶贫政策提供理论依据。

(二)研究意义

农村女性作为农村人口的重要组成部分,女性贫困群体是特殊的群体,不仅是扶贫攻坚的重点对象,而且是脱贫攻坚的重要力量,将女性持续脱贫作为农村地区贫困治理工作的一个重点,调整精准脱贫机制,阻断贫困代际传递,并发挥女性半边天的作用①,对巩固当前脱贫攻坚成果和实施乡村振兴战略具有积极的意义。

第一,农村女性群体长效脱贫是巩固脱贫攻坚成果的根本保证。我国脱贫攻坚任务全面完成,现行标准下的绝对贫困人口已全部脱贫,而相对贫困还会长期存在(刘永富,2018),因此,现阶段不仅要重视区域异质性

————————

①　王一寓.精准扶贫要发挥妇女的半边天作用[N].四川日报,2018-11-01.

的群体，还要关注家庭关系下的群体差异性。农村女性在区域经济、社会发展中始终发挥着重要作用。这不仅体现在日常生活中，女性发挥了主导作用；更体现在常年的生产过程中，农村女性在家庭经济收入、家庭成员照料、巧畜饲养方面的突出贡献。然而，我国农村女性在为家庭艰辛付出的情况下，却面临着自身经济收入来源较少、技能难以得到提升、社会地位不高、思想观念难以与时俱进、机会权利等诸多维度的贫困剥夺，而且目前的扶贫政策制定、实施、考核和管理虽然基本上实现了"户"的精准性和全覆盖性，但家庭女性贫困往往存在隐藏性、复杂性，不利于个体贫困问题的解决，这在一定程度上加深了现今我国农村贫困地区的多维贫困程度，影响了区域经济社会现代化进程。因此，找出识别农村家庭女性贫困根源、问题所在，瞄准女性与男性对政策实施、评估管理考核的不同认知，在扶贫政策的制定中融入社会性别差异，促进贫困女性性别意识的觉醒，引入社会性别敏感的理念和建立贫困妇女社会组织，事关人民福祉，事关党的执政根基，事关国家的长治久安和全面小康社会的建成。

第二，女性减贫有助于乡村振兴发展。党的十九大提出乡村振兴战略，2018 年中央一号文件提出"实施乡村振兴'巾帼行动'"。在中国特色社会主义发展进入新时代之际，乡村迎来了难得的发展机遇。女性占农村人口半数以上，是推进乡村振兴的重要力量和生力军，乡村振兴能为农村女性发展带来更多的契机，以此实现"她力量"的崛起①。但她们同时也是社会转型和发展中的弱者，如何保护女性权利、发挥女性的重要作用，助力农村女性共享经济与社会发展成果，赋予并维护她们在健康、教育、土地、婚姻等方面的权益，在可持续减贫工作中纳入性别意识②③，成为乡村振兴的重要任务。社会转型背景下，乡村社会正在经历变迁，女性是实现乡村振兴的重要力量，实现性别平等与女性赋权也是乡村振兴的应有之义。

第三，农村女性群体长效脱贫是家庭福利和社会发展的重要保障。女

---

①　中华全国妇女联合会. 关于开展"乡村振兴巾帼行动"的实施意见[R]. 2018-02.

②　王晓莉. 社会性别意识在减贫工作中不可或缺[N]. 中国妇女报，2018-10-09.

③　佟吉清. 赋权妇女，精准扶贫攻克贫困堡垒[N]. 中国妇女报，2018-10-20.

性群体作为家庭和社会的重要组成部分,分析掩盖在家庭关系下的农村女性真实生活状态,有针对性地提出政策建议,不仅促进农村家庭生活发展,也有利于农村社会的发展。特别是在当前新冠疫情给农村家庭持续稳定脱贫带来新的挑战环境下,建立女性脱贫的长效机制,关注农村家庭内部性别差异和农村与城镇女性相对贫困的差异,对社会发展至关重要。

二、研究目标和内容

(一)研究目标

(1)构建农村家庭女性贫困形成机理的框架。分别从经济、社会、制度、文化和环境五个视角阐释女性贫困形成的机理,在此基础上,构建女性贫困形成机理的框架,诠释可能影响女性贫困的所有因素及其内在的作用机理。

(2)基于"个体视角",结合数据的可获得性,针对农村家庭老年女性、成年女性和女性儿童各自的特点,构建三个女性群体多维贫困测算的指标体系,并科学设置各指标的临界值和权重。

(3)运用 AF 多维贫困测算方法,在多维贫困分析框架上测度农村家庭女性多维贫困,阐述不同指标的贫困发生率及对多维贫困的贡献率,并根据人口贫困的持续时间,划分农村家庭女性多维贫困动态类型。

(4)比较分析农村家庭女性与男性多维贫困及动态性。分别测算并比较农村家庭老年女性与男性、成年女性与男性、女童与男童多维动态贫困的现状,找出贫困间的性别差异性。

(5)比较分析农村与城镇家庭女性多维贫困及动态性。分别测算并比较农村与城镇家庭老年女性、成年女性、女性儿童多维动态贫困的现状,找出农村与城镇女性群体贫困间的差异性。

(6)在多维贫困及动态性的测算基础上,结合农村不同年龄段女性各自的特征,分别分析影响农村家庭老年女性、成年女性、女性儿童多维动态贫困的主要因素。在以上研究的基础上,提出缓解农村家庭女性多维贫困的政策建议。

（二）研究内容

基于以上研究目标，本书研究内容主要包括以下几个方面：

第一部分指出本书研究的背景和意义；明确本书的研究目的和研究内容，提出本书的研究思路和框架，对本书所采用的研究方法和数据进行说明，并指出本书中可能存在的创新点和不足。

第二部分对农村家庭女性、多维贫困、动态贫困等相关概念进行界定，阐述本书涉及的理论基础，如多维贫困理论、能力贫困理论、社会性别理论、家庭内部资源配置理论等，并梳理相关文献，展示国内外女性贫困的研究现状。

第三部分构建农村家庭女性贫困形成机理的分析框架。分别从经济、社会、制度、文化和生态环境五个视角阐述女性贫困的形成机理，在此基础上，结合多维贫困理论、能力贫困理论、家庭内部资源配置和社会性别理论等经典理论，尝试构建农村女性贫困形成机理的分析框架，诠释可能影响女性贫困的所有因素及其内在的作用机理。

第四部分构建并测算农村家庭女性多维贫困。基于"个体视角"，分别构建农村家庭老年人口、成年人口和儿童多维贫困测量的指标体系，运用 AF 多维贫困测算方法，分别对不同年龄段农村家庭女性多维贫困进行测度，并从不同区域层面描述农村家庭女性贫困特征，包括多维指标贫困发生率、多维贫困指数和多维指标贡献率。进一步，根据农村家庭女性经历多维贫困的年数，将多维贫困动态性划分为从不贫困、暂时贫困和慢性贫困，并分区域层面描述农村家庭女性多维动态贫困的特征。

第五部分对比分析农村家庭女性与男性多维贫困及动态性。将农村家庭老年女性与男性、成年女性与男性、女童与男童多维贫困状况及动态性进行对比分析，找出各指标贫困发生率、多维贫困发生率、多维贫困指数、各指标对多维贫困的贡献率和多维贫困动态类型间的性别差异。

第六部分对比分析农村与城镇家庭女性多维贫困及动态性。将农村与城镇家庭老年女性、成年女性、女性儿童多维贫困状况及动态性进行对比分析，找出农村与城镇女性群体各指标贫困发生率、多维贫困发生率、多维贫困指数、各指标对多维贫困的贡献率和多维贫困动态类型间的差异。

第七部分探究农村家庭女性多维贫困动态性的影响因素。在多维贫困动态性测度的基础上，构建计量模型，分别分析影响农村家庭老年女性、成年女性和女性儿童多维贫困动态性的主要因素，并比较不同区域间农村家庭女性多维贫困动态性影响因素的差异。

第八部分为本书的主要结论及相应的政策建议。

本研究按照"提出问题—理论分析—实证分析—对策研究"的研究思路进行，具体技术路线如图0-1所示。

三、研究方法和数据

（一）研究方法

（1）文献研究法：通过图书馆、网络数据库等多种途径，广泛查阅国内外相关文献，了解国内外女性贫困问题研究的现状，详细梳理女性贫困的形成机理、特征内涵、测量的方法，总结已有研究成果，掌握相关的经济理论和分析方法，为深入研究奠定基础。

（2）比较分析法：对农村家庭女性与男性贫困的差异性进行比较分析，包括女性与男性多维贫困测量结果的比较分析，以及女性与男性多维贫困动态性测量结果的比较分析，并且比较分析农村与城镇女性群体贫困的差异性，同时，本书还从区域层面进行了比较分析①，对不同年龄段女性的

---

① 本书对于区域的划分参照了国家统计局有关东中西部和东北地区的划分方法（http：//www.stats.gov.cn/tjsj/zxfb/201405/t20140527_558611.html），删除了样本量较少的省份。其中，东部包括北京市、天津市、河北省、上海市、江苏省、浙江省、福建省、山东省和广东省，中部包括山西省、安徽省、江西省、河南省、湖北省和湖南省，西部包括广西壮族自治区、重庆市、四川省、贵州省、云南省、陕西省和甘肃省，东北地区包括辽宁省、吉林省和黑龙江省。

研究步骤　　　　　　　　研究内容　　　　　　　　研究方法

```
发现问题  →  ┌─────────────────────────┐  ←  文献梳理法
            │  研究意义      文献评述  │
            │      理论基础            │
            └─────────────────────────┘
                        ↓
理论及框架  → ┌─────────────────────────────────────┐ ← 系统分析法
            │ 农村家庭女性贫困形成机理与分析框架  │
            │ 农村家庭女性多维贫困测度指标体系    │
            └─────────────────────────────────────┘
                        ↓
            ┌─────────────────────────────────────┐
            │  农村家庭女性多维贫困及动态性测度    │
            │ ┌─────────────────────────────────┐ │
            │ │ 农村家庭女性与男性多维贫困及动态性 │ │
            │ │            对比分析              │ │
            │ │            ↓                     │ │
            │ │ ┌──────┐ ┌──────┐ ┌──────┐     │ │ ← 计量分析法
            │ │ │老年女性│ │成年女性│ │女童  │     │ │
            │ │ │与男性 │ │与男性 │ │与男童│     │ │
            │ │ └──────┘ └──────┘ └──────┘     │ │
            │ └─────────────────────────────────┘ │ ← 比较分析法
            │ ┌─────────────────────────────────┐ │
            │ │ 农村与城镇家庭女性多维贫困及动态性 │ │
            │ │           对比分析               │ │
            │ │            ↓                     │ │
            │ │ ┌──────┐ ┌──────┐ ┌──────┐     │ │
            │ │ │农村与城镇│农村与城镇│农村与城│   │ │
            │ │ │老年女性│成年女性│镇女童│       │ │
            │ │ └──────┘ └──────┘ └──────┘     │ │
            │ └─────────────────────────────────┘ │
            └─────────────────────────────────────┘
                        ↓
            ┌─────────────────────────────────────┐
            │ 农村家庭女性多维动态贫困影响因素     │
            │            ↓                         │
            │ ┌──────┐ ┌──────┐ ┌──────┐         │
            │ │老年女性│ │成年女性│ │女童  │         │
            │ └──────┘ └──────┘ └──────┘         │
            └─────────────────────────────────────┘
                        ↓
结论及对策 → ┌─────────────────────────────────────┐ ← 规范分析法
            │       主要研究结论                  │
            │    缓解农村家庭女性贫困建议          │
            └─────────────────────────────────────┘
```

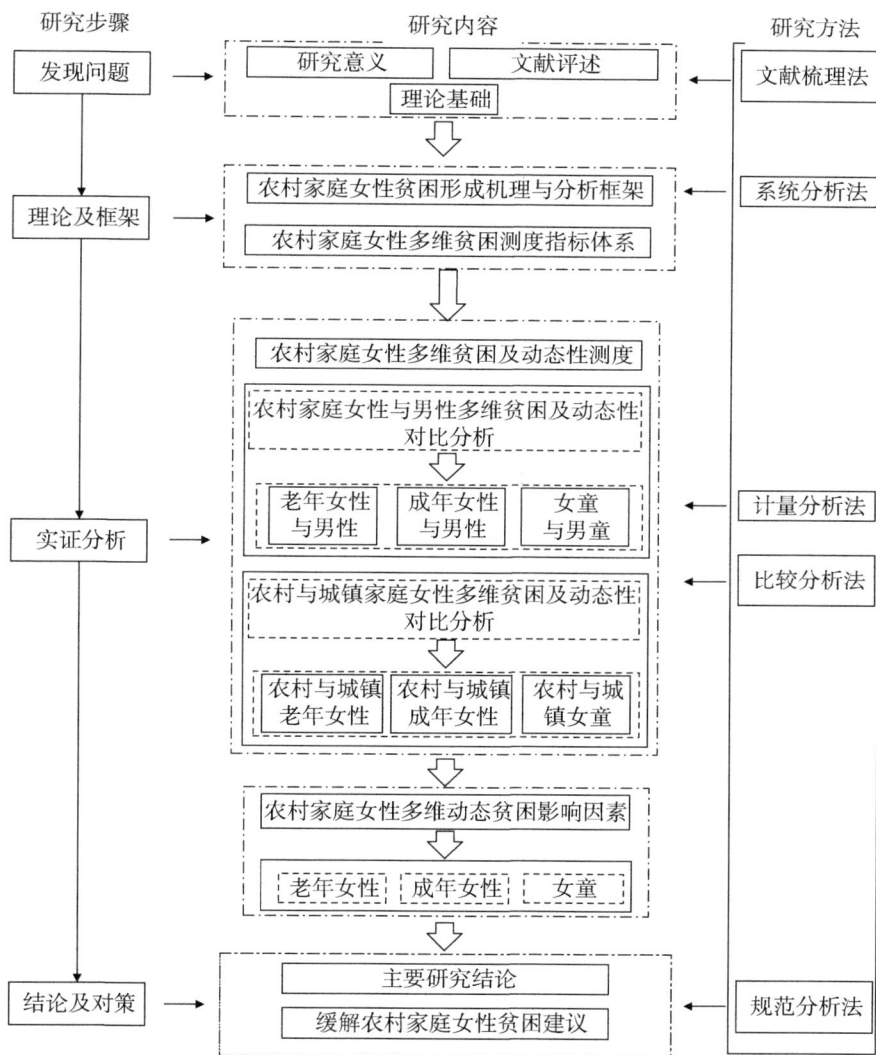

图 0-1　技术路线图

多维贫困也存在一定的比较。

（3）实证分析法：采用 AF 多维贫困测量方法对农村家庭女性与男性多维贫困进行测算，并运用有序 Probit 模型，分析影响农村家庭女性多维贫困动态性的主要因素。

（二）研究数据

本书使用数据来自北京大学"985"项目资助、北京大学中国社会科学调查中心执行的中国家庭追踪调查。本书所使用的数据来源于中国家庭追踪调查（China Family Panel Studies，CFPS）微观数据，该数据库由北京大学中国社会科学调查中心（Institute of Social Science Survey，Peking University，ISSS）组织实施，主要是从个体、家庭和社区三个层面跟踪收集数据，能够较为真实地反映当前我国社会、经济、人口、教育和健康的情况。

中国家庭追踪调查数据主要是观测个体、家庭和社区的经济与非经济福利以及诸多其他研究主题，调查涉及全国 25 个省、市、自治区①，2011 年、2012 年、2014 年、2016 年和 2018 年分别进行了跟踪调查。为了利于从年度上进行比较②，本书选取 2010 年、2012 年、2014 年、2016 年和 2018 年数据进行研究，本书利用 Stata16 对追踪年度的样本数据进行匹配清洗③，筛选出连续 5 次被调查的农村人口，如表 0-1 所示。

---

① CFPS 数据包括了全国 31 个省份的数据，然而，部分省份（内蒙古自治区、海南省、西藏自治区、青海省、宁夏回族自治区、新疆维吾尔自治区）的样本量较少（除了新疆为 16 户以外，其余均小于 10 户），缺乏代表性，因此，本书最终选取了 25 个省份的数据，这些省份包括北京市、天津市、河北省、山西省、辽宁省、吉林省、黑龙江省、上海市、江苏省、浙江省、安徽省、福建省、江西省、山东省、河南省、湖北省、湖南省、广东省、广西壮族自治区、重庆市、四川省、贵州省、云南省、陕西省和甘肃省。

② 目前北京大学中国社会科学调查中心公布的中国家庭追踪调查数据年份分别为 2010 年、2011 年、2012 年、2014 年、2016 年和 2018 年，没有采用 2011 年数据，以 2010—2018 年每隔两年的数据作为样本，以便于从时间维度上分析多维贫困、贫困动态性等趋势。

③ 本书所用 CFPS 数据匹配的数据类型有家庭数据、成人数据、儿童数据和社区数据，这些数据均由北京大学中国社会科学调查中心提供。

表 0-1　　　　　　　　　　本书研究数据统计（名）

	人口总数	女性	男性
老年人口	3092	1480	1612
成年人口	5021	2699	2322
儿童	1475	670	805

由表 0-1 可见，农村家庭老年人口 3092 名，老年女性 1480 名，老年男性 1612 名；农村家庭成年人口 5021 名，成年女性 2699 名，成年男性 2322 名；农村家庭儿童 1475 名，女童 670 名，男童 805 名①。

四、可能的创新点与不足之处

（一）可能的创新点

（1）从性别对比角度研究农村人口多维动态贫困。自 1978 年"女性贫困化"的概念提出来后，女性贫困问题引起了国内外的广泛关注，但是目前对贫困女性某类群体的研究较多，如老年女性、女童、流动女性、留守女性等，鲜有将不同类型女性整合起来研究，且就女性和男性多维动态贫困进行比较分析的文献尚未发现，不仅不能发现同一区域同一时间段内不同类型女性贫困的差异性，也难以发现贫困人口的性别差异性。因此，本书整合研究农村老年女性、成年女性和女性儿童，并比较分析农村家庭老年女性与男性、成年女性与男性、女性儿童与男性儿童多维贫困及动态性，以期找出人口群体及其性别间的贫困差异性。

（2）基于"个体视角"构建农村家庭女性多维贫困指标体系。过去贫困的研究都以家庭为单位，从我国农村家庭的整体贫困水平来进行分析，多维贫困指标的选取都是基于"家庭视角"，这掩盖了家庭内部存在的不平

---

①　本书研究对象主要为农村不同年龄段的女性群体，下文为比较贫困人口性别间的多维贫困及贫困动态性的差异性，也筛选出不同年龄段的农村男性群体数据。

等，不能解决个体贫困的问题。因此，本书从"个体视角"出发，根据农村家庭女性这一群体的特征，选取相应的维度及指标，构建女性多维贫困测量的指标体系框架。

(3)尝试构建农村女性贫困形成机理分析框架。以往对女性贫困形成机理的研究没有形成一个整体的框架，多基于某个角度阐释其贫困的成因，揭示了女性贫困形成机理的某一个或几个方面。但是，女性贫困是一个系统问题，尤其是在多维贫困、能力贫困理论的视角下，女性贫困的形成机理更加复杂，仅仅从单一视角出发，不能系统解释其内在机理，也较容易就这一问题形成不同的观点。因此，本书在梳理相关经典理论的基础上，尝试构建农村女性贫困形成机理的分析框架，全面分析可能影响女性贫困的所有因素及其内在的作用机理。

(4)从微观大样本数据研究农村家庭女性多维贫困动态性。由于微观数据特别是微观面板数据的缺乏，已有的多维贫困研究多停留在家庭层面，多维贫困指标的选取往往囿于家庭生活条件等相关的客观标准，难以真实地反映贫困人口的多维贫困。本书采用大规模的全国性样本数据，该数据库覆盖面广，能全面地反映人口、经济、教育和健康等方面的情况，可以较为全面、科学地研究农村人口多维贫困状态的持续与转变。

(二)不足之处

本书尝试构建了农村女性贫困形成机理的分析框架，在此基础上，基于"个体视角"设计农村家庭人口多维贫困测量的指标体系，比较分析了农村家庭女性与男性多维贫困及动态性。总体而言，本研究仍存在一些不足之处，包括以下几个方面：

第一，典型案例的支撑。由于时间、资料等客观因素的限制，本书缺乏一手调研的案例及相关数据，缺乏对特殊地域女性贫困现状的考察，如偏远山区、少数民族等地的女性，因此，难以较为全面地考察我国各个地区，特别是典型贫困地区的女性贫困的状态。

第二，数据的局限。本书采用的中国家庭追踪调查数据(CFPS 数据)，选用的样本数据包括 2010 年、2012 年、2014 年、2016 年和 2018 年五个年度的数据，而贫困动态性的研究，需要连续观察数据，因此，由于数据的限制可能会导致多维贫困动态性测度结果的偏差。

第三，本书构建的农村家庭女性多维贫困指标体系的科学性。当前对于多维贫困指标体系的设计没有统一的标准，且鲜有从"个体视角"选取维度和指标构建多维贫困指标体系的，虽然本书结合农村女性的特点，但由于样本数据等相关客观因素的限制，农村女性指标体系的维度及指标等内容需进一步论证。

第一章　理论基础与文献综述

第一节　核心概念界定

一、农村家庭女性

对老年人的界定是研究老年人口的前提。20世纪90年代，世界卫生组织提出将60岁作为划分老年人口的年龄起点。随后世界上许多国家都根据世界卫生组织的标准将60岁及以上的人群划定为老年人。本书也采用世界卫生组织的定义来界定老年人口。

《辞海》中，妇的定义为已婚的女子；女为女人，与男人相对称。在《新华字典》等官方典籍中，妇女被定义为成年女子的通称，其中"妇"既有已婚女子、妻子的含义；但也不单纯指已婚妇女，年满14周岁的女青年也可称妇女（陈光燕，2014）。

目前，对农村人口的定义主要有两种：第一种是按现在居住的地方划分，不管个人的户籍性质，若目前且将来一段时间都居住在农村地区的人口被界定为农村人口；第二种是依据个人户籍的性质来划分，不管居住的地址，将户口性质是农业户口的界定为农村人口。本书使用后一种界定方法来确定农村人口。

考虑到农村老年妇女和农村女性儿童贫困的特殊性，以及本书所用数据样本的特性，本研究将年满60周岁以上女性界定为农村家庭老年女性，年龄在16周岁至60周岁的界定为农村家庭成年女性，未满16周岁的界定为农村家庭女性儿童。

二、贫困女性化

20世纪70年代美国学者 Diana Pearce 在研究美国贫困问题的基础上首次提出"贫困女性化"的概念，开创了对女性贫困问题的系统化研究，她通过研究认为"贫困女性化"有两层含义：一是贫困人口中女性人口所占比重不断增加；二是在所有贫困家庭中，以女性作为户主的家庭所占比重不断增加（Pearce，D. 1978）。之后，特别是在 Sen（1987）"能力贫困学说"的推动下，女性贫困问题的研究更加多维化。

Sen（1988，1992，1993，1999）对性别不平等提出了四个方面的维度：物质资源、转换因素、能力和功能。其中，能力的不平等是其对性别不平等论述的核心思想。联合国人类发展报告（1995）用能力（教育、健康和营养）和机会（经济和决策权）来定义性别平等。同样，世界银行根据法律、机会（工作报酬、人力资本和其他资源的可及性），话语权（选择和决策的能力）来定义性别平等。此后，相关学者在 Sen 的能力平等思想、联合国和世界银行对性别贫困的定义的基础上，对女性贫困的内涵从多维视角进行了研究，如表1-1所示。

表1-1　　　　　　　　　　女性贫困内涵

贫困内涵	具体含义
经济贫困	从事家务和农业生产劳动，非农就业少，工资低、安全系数不高的经济贫困（Joassart-Marcelli，P，2005；Karim，K. M. R & C. K. Law，2013）
资产贫困	教育、健康、自然资源、经济资源和社会网络等资产占有和使用权被剥夺的贫困（Elson，D，1999；Rank M R，Hirschl T A，2001；Schultz，P. T，2007）
人文贫困	文盲率高、受教育程度低、接受教育和培训机会被剥夺的贫困（Barro，R. J，2000；Cooray，A. & N. Potrafke，2011；Chisamya，G. et al，2012）
文化贫困	文化生活单调、生活方式陈旧、人生观、价值观、思想意识落后的贫困（Behrman，J. R，1990；Tilak，J. B. G，2007；Wedgwood，R，2007）

续表

贫困内涵	具体含义
健康贫困	疾病多、身体状况不佳、主要卫生需求得不到充分满足的贫困(Jeffrey N P, Kenneth G, 2002；Lanyan C, Hilary S, 2007；Fuller-Rowell, T. E et al, 2012)
时间贫困	承担大量家务和工作，难以有个人有效时间(Vickery, C, 1978；Rajesh B, 2002；Mark B, Quentin W, 2006；Arora, Diksha, 2014；畅红琴, 2010；杨菊华, 2014)
政治贫困	参与社会公共事务意愿和机会都较低(Neumayer, E & I. de Soysa, 2011；Potrafke, N. & H. W. Ursprung, 2012)
家庭生活贫困	在家中缺乏决策权(Strauss, J. & D. Thomas, 1995；Tarkowska, E, 2002；Yamauchi, F. & M. Tiongco, 2013)
社会资本贫困	社会交往半径小、网络小、网点少(Maxine M, 2002；IJH Van Emmerik, 2006；Katungi, E et al, 2010)
精神贫困	生活闲暇娱乐方式少(Zunzunegui, et al, 2001；白慧玲, 2016；汤颖, 2019)

本书在对农村家庭女性概念的界定上，结合已有的对贫困女性化的内涵的分析及我国农村家庭女性的真实情况，认为农村家庭女性贫困是指，掩盖在家庭关系下的女性，由于经济、社会、文化、环境等诸多问题导致的其各种能力、机会和权利等方面的缺失。以下分别对农村家庭老年女性、成年女性和女性儿童的贫困概念进行界定。

首先，结合已有定义，本书认为农村家庭老年女性贫困是物质和非物质条件没有达到一定标准而表现出来的生活状况，主要包括基本保障、健康、精神慰藉和社会生活。具体而言，农村老年女性相对于城市老年女性和老年男性而言，她们为家庭生活倾入毕生心血，抚育子女、照料老人和家庭生产活动耗费了她们大量的体力与精力，当她们步入老年阶段时，由于学历不高，缺乏工作经验和劳动能力有限，使得她们收入来源少，水平低，对家庭有更大的依赖性，更容易陷入经济贫困。而我国长期以来养老保险制度和医疗保险制度的构建上缺乏对性别的考虑，老年女性在养老需求方面的获得较老年男性而言整体较少，在获得上存在明显的性别不平等问题（翁飞潇，吴宏洛，2017），尽管绝大多数农村老年女性被纳入了农村医疗保障体系里，但其看病的个人出资部分对她们来说是一个较为沉重的负担（王小璐，凤笑天，2014）。老年女性普遍寿命比男性高，但患慢性病的较男性多（余思新，2010），一是生理机能的下降和慢性病的困扰，二是由于我国20世纪计划生育的政策，及农村家庭"多子多福，养儿防老"的传统观念，女性经历的多次生育带来的生理和心理的痛苦，造就了她们的健康贫困。老年女性缺乏有效的精神慰藉。丧偶、子女长期外出引起的长期无人照料与陪伴，因公共生活空间被压缩而导致的社会互动的减少（夏辛萍，2016），文化学历的低下，闲暇生活中普遍缺乏个人爱好，都导致农村老年女性的晚年生活更加孤寂和无助。由于经济的缺乏、身体状况的限制、传统女性思想的秉承，她们不仅参与社区活动的机会少，而且自身也缺乏参与社会活动的意愿，能够获得的社会支持也较为贫乏（李月英，2017；汤颖，2019）。总体而言，农村家庭老年女性贫困主要是基本保障、健康、精神生活和社会交往上的贫困。

本书结合国内外已有研究对女性贫困的定义和我国农村地区女性的实际情况，将农村家庭成年女性贫困定义为物质和非物质条件没有达成当地公认的水平或标准时表现出来的生活状况。主要包括经济、健康、文化、精神生活、社会关系和权利方面的贫困。传统的性别规范和农村家庭性别分工的模式，农村家庭成年女性会心甘情愿地选择收入少、离家近的工作，或者直接在家从事无酬的家务照料工作，导致她们的收入低，经济上的独立性不强，主要依赖家庭。妇女健康状况不平等、家庭营养分配不平等和生育责任不平等（王冬梅，罗汝敏，2005），农村地区贫困妇女健康状况低于本地男性（吴宏洛，范佐来，2007；阮芳，熊昌娥，2020），面临性别和地域双重弱势的农村地区女性更是深陷"因贫致病，因病返贫"的恶性循环，遭受疾病困扰时往往采取"小病拖、大病抗"的消极对待方式（罗军飞，廖小利，2016）。由于农村家庭内部教育资源分配的不均等，家庭对男性的投资回报期待更大，因此会将更多的资源自然而然地投放到家庭男性的身上，而且受传统性别角色思想的束缚，女性较难与男性同等享有接受更好教育的权利，以致农村女性普遍文化知识水平较低，科学文化素质较差(王俊文，2013；赵媛，许昕，2020)。贫困地区的乡村女性往往被边缘化，男主外女主内的传统思想，使得女性活动空间受限，往往更是处于被动接受者的位置，很少也较难去接触新鲜事物，她们缺乏获取、交流、创造知识和信息的渠道和能力(叶普万，2010)，她们的日常闲暇生活贫乏而单调。农村家庭女性在家庭生活资源资产的占有和使用，及家庭日常生活生产的决策上缺乏发言权，资产和权利上家庭内部存在着一定程度的不平等(李小云，董强，2006；高苏微，周常春，2020)。总体而言，农村家庭成年女性贫困是多维度、多方面的，具有交叉、隐蔽、广泛的特性。

国际上对儿童贫困的定义由来已久，对儿童贫困的定义存在一定的差异。如表 1-2 所示。

表 1-2　　　　　　　　　　　　**儿童贫困的界定**

组织机构	儿童贫困界定
联合国儿童基金会（UNICEF）	儿童贫困是最基本的社会服务的剥夺，这些基本社会服务指食品、安全饮用水、卫生设施、卫生保健服务、住所和教育等（UNICEF，2005）。
英国儿童贫困研究和政策中心（CHIP）	认为儿童贫困是在其成长过程中无法得到和使用各种类型的资源，缺乏充足的生活资料；缺乏人类发展所必需的机遇；没能得到家庭和社区组织的养育和保护；缺乏话语权等。
基督教儿童福利基金会（CCF）	指出儿童贫困与成人贫困的差异，主要有：排斥，经历不公正的过程，生存受到威胁，话语、权利和尊严都被否定；剥夺，缺乏发挥潜能所需的物质条件和服务；脆弱性，没有社会能力去应对其所处生活环境中的生存威胁（CCF，2004）。
加拿大国际发展署（CIDA）	认为儿童贫困是对人权的侵犯，贫困阻碍儿童健康权、受教育权、发展权、受保护权等权利的实现。

由此可见，国际机构都是从多维贫困的视角对儿童贫困进行界定的。认为儿童贫困涉及儿童健康、医疗、教育、参与、发展以及受保护等各个相互关联的领域(唐丽霞，杨亮承，2015)。且随着测度方法的发展，对儿童贫困的测度也倾向多维测度方法①。

结合联合国儿童基金会对贫困儿童的定义和我国农村的实际情况，本书认为农村家庭女性儿童的贫困是指女童在生活中的物质条件和非物质条件，主要包括但不限于营养、健康、教育、生活保障和家庭陪伴方面没有达到当地公认或者一定标准时所表现出来的生活状态。营养、健康和教育是表现女童贫困的基本标准，这三项基本功能是女童能够继续发展的保障。儿童贫困的深层次问题表现为对其教育的关怀，已有研究发现影响贫困的代际传递最主要因素是贫困文化(王爱君，肖晓荣，2009)，家庭父母对女童教育的观念和对她们教育的期望能体现女童是否处于贫困文化中(李晓明，2018)。

三、多维贫困

多维贫困是由诺贝尔经济学奖获得者 Sen 提出的，Sen 认为，发展是人拥有实质自由的过程，这里的实质自由，包含避免使人遭受困苦的方面，比如饥饿、疾病和营养不良等，拥有实质自由其实就是指人的基本可能行力。Sen 指出，贫困不仅仅指收入低下或收入能力缺失，而且更应包含人的基本可行能力的被剥夺。收入只是反映贫困剥夺的一方面，还有收入以外的因素也可能导致可行能力被剥夺，进而导致真正的贫困。Sen 将其对贫困的理解定义为可能能力的剥夺，因此该方法称做能力方法。

多维贫困是与发展的福利相关的，反映发展的福利可以包含两个方面：一方面是客观福利，指能够具体量化评价的个人福利，比如个体的收

---

① 阿玛蒂亚·森在 1981 年著作《贫困与饥荒》中指出：直接法比收入法更好，只有当无法获取直接信息时，才考虑收入法来测度贫困。

入；另一方面是主观福利，指个体对其所处的生活状态进行的主观评价，比如对子女受教育程度是否满意，对社会保障体系是否满意，对医疗救助体系是否满意等。在经济发展的初期，往往存在大量的绝对贫困人口，即收入低下的人群，此时政府和研究者的主要反贫方向均是绝对贫困人口的减少，而当经济发展到一定程度，随着社会财富的积累和国民经济收入的提高，客观福利会得到明显改善，此时政府和研究者关注更多的则是相对贫困，即处在相对收入下层的群体。鉴于此，Sen 提出了多维贫困理论，用能力的方法来定义贫困，其核心观点是，人的贫困不仅仅表现为收入的贫困，还应包括能源、水、卫生设施等其他可量化的指标以及个体自身能够感受到的主观方面的贫困。

多维贫困的概念和内涵随着贫困研究的不断发展而被不断丰富和扩展。一般而言，贫困可以分为三种类型：一是绝对贫困，二是相对贫困，三是社会排斥。绝对贫困指个体没有足够的物质来维持其生存和发展的基本需要；相对贫困是以群体的平均水平为参照，处于整体水平一定比例以下的群体即为相对贫困群体；社会排斥则强调个体与群体的断裂和脱节，比如失业、缺乏劳动技能、收入低下、住房无保障及恶劣的卫生条件等。贫困的发展历程可以看出，衡量贫困的标准伴随贫困内涵的延伸而不断变化，由最先的以收入来衡量贫困发展为多个维度或指标来衡量贫困，并且，以多维度或指标来衡量贫困，越来越受到学术界和社会反贫实践的青睐，成为反贫的理论依据和基础。

多维贫困的定义提出之后，如何对多维贫困进行测量成了多维贫困研究的焦点。Sen 于 2007 年在牛津大学成立了贫困与人类发展中心，由 Alkire 任主任，并成立了多维贫困研究团队，力求对多维贫困进行量化和测量。Alkire（2007）指出，在能力方法基础上进行多维贫困测量可以更加精确地反映目标个体真实福利状况，从而有利于识别目标个体能力的被剥夺情况。Alkire 和 Foster（2008）提出了多维贫困"双临界值法"，可对多维贫困进行识别、加总和分解，为多维贫困实证研究提供了基础。

四、贫困动态性

动态是与静态相对应的，均为运动中的状态。贫困动态性是指家庭或个体在一个观察期内的福利变化，衡量这种福利变化的贫困线可以是固定的也可以随时间进行变化。张清霞（2008）在 Valletta（2006）研究基础上指出，贫困的动态性是指在一个较长的时间范围内，随着社会收入水平和生活水平的不断变化而导致贫困标准的不断变化，家庭或个体福利的变化而出现的家庭或个体处于贫困或非贫困状态的现象，从贫困状态转变为非贫困状态即为退出贫困，从非贫困状态转变为贫困状态即为进入贫困。根据家庭或个体进入贫困和退出贫困的频率，以及处于贫困状态和非贫困状态的时间长短，可以将贫困动态性划分为从不贫困、暂时贫困和慢性贫困。也有学者对贫困动态性进行了更为详细的分类，如将贫困动态性划分为 5 种不同的类型：永远贫困、经常贫困、胶着贫困、偶尔贫困和从未贫困①。不同国家或地区的家庭或认可，其经历的贫困时间长度可能存在差异②③。

第一，从不贫困。从不贫困即指家庭或个体在被观察时间内，从未进入贫困或处于贫困状态，在整个观察期内，家庭或个体都拥有非贫困状态的福利水平，教育、医疗、住房和社会保障等社会福利均处于较好的水平，家庭和个体成员的可行能力也从未被剥夺。从不贫困的家庭和个体，其福利水平均处于贫困线之上。

第二，暂时贫困。暂时贫困是指家庭或个体的收入、消费或其他福利水平在观察期内的部分时间低于贫困线，即处于贫困状态。也就是说，家

---

① Hulme D, Shepherd A. Conceptualizing Chronic Poverty[J]. World Development, 2003, 31(3): 775-792.

② Duncan G J. Years of Poverty; Years of Plenty: The Changing Economic Fortunes of American Workers and Families[J]. Journal of Economic Issues, 1985, 19(3): 1147-1159.

③ Gustafsson B, Ding S. Temporary and Persistent Poverty among Ethnic Minorities and the Majority in Rural China[J]. Review of Income and Wealth, 2009, 55(1): 235-259.

庭或个体在部分时间处于非贫困状态，在部分时间处于贫困状态，其福利水平在贫困线附近波动。这种波动可能是多样性的，有些个体收入水平在贫困线附近，因此每年呈波动状态，可能今年处于贫困状态，明年处于非贫困状态；有些家庭或个体也可能是在观察期内的大部分时间均处于贫困状态，而在某一年或观察期末期摆脱了贫困，处于非贫困状态；有些也可能是在观察期的前期处于非贫困状态，然而由于外在的一些突发事件，导致家庭或个体遭受外部风险的冲击，从而陷入贫困状态。总而言之，暂时贫困就是家庭或个体陷入贫困的时间为观察期内贫困年数大于1且小于观察总年数。

　　第三，慢性贫困。慢性贫困指家庭或个体在观察期内一直处于贫困状态，英国慢性贫困研究中心（Chronic Poverty Research Centre，CPRC）将慢性贫困定义为"处于贫困状态5年及以上时间的家庭或个体"①②。随后，英国慢性贫困研究中心又重新进行了定义，将慢性贫困定义为"在相当长的时期内处于贫困状态的人口"。从慢性贫困的定义可以看出，处于慢性贫困状态的家庭或个体，其福利水平通常或始终位于贫困线以下，对慢性贫困家庭而言，贫困可能持续相当长的时间甚至发生贫困的代际传递。慢性贫困研究中心新的定义将慢性贫困定义为"相当长的时期"，这个时期可能是个体的一生或家庭的几代。处于慢性贫困状态的家庭或个体，其在衣、食、住、行等方面均不能满足其最低需求。目前对慢性贫困定义中所经历贫困时间的衡量，大部分研究认为需要经历5年以上时间，即观察期要大于等于5年，并且被研究对象在观察期内的全部时间处于贫困状态。这里的研究对象，可以是个体，也可以是家庭或家族。

---

　　① Chronic Poverty Research Centre. Chronic Poverty Report 2004 [EB/OL]. http：//www. chronicpoverty. org/uploads/publication_files/CPR1_ReportFull. pdf.

　　② Chronic Poverty Research Centre. Chronic Poverty Report 2008-09：Escaping Poverty Traps [EB/OL]. http：//www. chronicpoverty. org/uploads/publication_files/CPR2_ReportFull. pdf.

第二节 理 论 基 础

一、社会性别理论

社会性别是区别于"性别"即自然性别的概念提出的。自然性别是男女两性群体与生俱来，不会轻易改变，从生理特征上表现出来，显而易见的差异。社会性别则是在社会、文化、制度、环境等的交互重叠作用下，形成的对两性性别差异间的差异认识，且在社会的进程发展中，不断形成对两性群体间共有的特征和各自差异化的行为方式。在不同的历史阶段，会产生不一样的社会性别关系。

(一)社会性别理论的产生与发展

社会性别理论的产生有其深刻的社会基础，是时代发展的产物。随着女性主义的产生，妇女运动思潮的开始，受不同传统思想的影响，女性主义形成不同的流派，但共同之处是争取两性平等，都共同关注现存的社会制度在塑造两性社会角色时的作用。主要的理论流派有自由主义女性主义、激进主义女性主义、马克思主义女性主义和后现代女性主义。在不断推进的发展过程中，社会性别逐渐成为一个明晰的概念被提出来。

其后，社会性别理论不断发展。安·奥克利(1972)解释了生物上的性别和心理文化中的社会性别两者之间存在的差异。盖儿·卢宾(1975)认为"性/性别制度是制造和规范着性、性别甚至于个性的一整套社会组织"。琼·斯科特(1998)指出，性别是一种权利关系，在经济因素、社会因素、文化因素等各方共同作用下形成了社会性别，男女两性之间的不平等是社会现存机制体制相互影响的结果。

20世纪80年代，社会性别理论开始将性别作为单独变量与政治、经济、文化、社会等相关因素交叉研究和探讨。社会性别是"基于可见的性别差异之上的社会关系的构成要素，是表示权利关系的一种基本方式"

（Raths. Louis，Harmin，1978）。

Amarrtya Sen 关于性别不平等（1988，1992，1993，1999）的论述中，提出了四个既有区别又有联系的维度：物质资源、转换因素、能力与功能。此后，联合国人类发展报告和世界银行借鉴 Sen 关于性别不平等的思想，认为男女两性间的平等性体现在能力、资源与机会的可及性及对发展过程的影响能力。

目前，社会性别理论仍处于不断整合与完善的过程中，其提供了一个独特视角，为探讨性别和研究社会现象提供了一种新的方式。

（二）社会性别理论的内涵

在社会性别理论看来，社会中长期存在的男尊女卑现象和由此导致的性别盲点是造成男女两性之间性别不平等的最主要原因。以该种理念为引导，社会性别理论对导致两性差异性的不平等的政治、经济、文化和社会制度根源进行了深入的分析和研究。社会性别理论对男女两性间的差异和不平等关系进行了揭示，并且认为两性之间权利的不平等是导致男女间性别差异的主要因素。

首先，社会性别理论对"生理决定论"持反对态度，批判了原先以男性为核心建立起来的一系列体系，认为理解男女两性问题应结合社会、文化等方面的背景，强调后天的影响作用比先天的更强烈，如现存的社会制度、价值观、法律规则有歧视女性的倾向，进一步，对女性在文化、政治和经济上造成了某种压迫。社会性别理论是研究女性问题的一种崭新的视角和分析框架。

其次，社会性别理论对社会性别持有发展的视角，即应该全面的、系统的将女性视为发展的主体并进行研究，在社会发展中，男女两性共同塑造了社会角色，并形成了一定的权利结构，生理上的差异不是男性作为权利的象征，也不能说明女性的低下，更不能主宰女性的命运及发展，一旦社会文化发生改变，男女两性间的角色可能发生改变。因此，要以发展的眼光，聚焦男女两性间的差异比较，女性各方面都随着社会经济文化的发展而改变，男女两性之间的差异是否趋同，趋同的程度有多大，都使得性别分析要紧随社会发展的政策。

最后，社会性别观念的形成不是一蹴而就的，它随着个体社会的发展而发展，其内涵在该过程中不断得以传递和巩固。联合国妇女发展基金（UNIFEM）指出，社会性别主流化主要有两个方面：一是妇女主流化（mainstreaming women），即设计相关制度来保障女性参与社会事务；二是社会性别观点主流化（mainstreaming gender），着重于提升决策者及执行者的意识，让他们重视社会性别，以此在制定政策的过程时，对男女两性间的社会资源进行均衡（黄丹等，2018）。

（三）社会性别理论在中国的发展

中国关于社会性别理论的认识始于 1993 年，"第一届中国妇女与发展研讨会"召开后，社会性别理论的研究在中国展开。1995 年第四次世界妇女大会的召开促进了"社会性别"在中国的传播。此后，以"社会性别意识"为视角的研究模式吸引了众多国内的学者（王毅平，2001）。1997 年，社会性别理论在我国进入发展阶段，女性自身不再仅仅是关注的焦点，研究者们关注的范围更广，聚焦的点也有所拓展，包括对女性作为社会人的存在与发展，此外还有除其身份外的其他社会身份或背景等（付红梅，2006）。

社会性别理论在中国不断传播与发展，国内学者在通过对西方社会性别理论的理解认识与学习后，结合中国特有的经济、文化、历史、制度和环境来研究探索我国社会性别的现状。在学习中，学者们结合实情并有创造性的运用于我国的实践中，对该理论不断补充完善（高小贤，2000）。

二、家庭内部资源配置

家庭是基本的生活单位和经济单位。同一般资源配置类似，家庭以某种合适的方式来配置家庭资源，包括人力、物质等家庭生产生活资源，以满足家庭所有成员不同层面的各种需求，这不仅是家庭的基本职能，也是人类生存、生活、消费等一切活动的最终目标。传统的新古典经济学往往用整体观和简化论对家庭进行分析，将家庭作了"质点化"的处理，使得家庭内部的结构和关系一直处于"黑箱"状态。

20 世纪 60 年代，人力资本理论的创始人贝克尔（Becker，1964）创立了新家庭经济学，贝克尔把每一个家庭视为一个多人的或一个人的单位。他认为："传统的家庭理论基本上是一种单个人家庭的理论，相反，新家庭理论是一种多个人家庭的理论，这种家庭理论拥有独立的效用函数。"贝克尔提出婚后女性和男性分配劳动的通常做法是：女性主要负责生育、抚养后代、赡养老人、家务劳动等，而男性主要从事户外的劳动，比如农耕、外出务工等，即男主外，女主内。这种分工方式主要受两方面因素的影响，一是天然上的生理差异，男性劳动力比女性劳动力更有优势（Boserup，1970；Alisena，et al.，2013；Hansen，et al.，2015）[1]；二是经验和人力资本的差异，此外即使家庭的所有成员在生理上都是相同的，时间分配和人力资本积累的变化也将使成员的劳动分工出现扩大化。

家庭中最基本的资源配置是对家庭成员的劳动力、劳动技能或经验（人力资本）的分配。家庭成员一般在户主的组织下，将有限的资源进行合理的配置，进行家庭生产，以此实现家庭成员个体效用的最大化和家庭福利的最大化。

家庭经济学关于家庭的资源配置主要有两种建模思路。第一种 Unitary model 假定家庭最大化单一的效用函数，即所有家庭成员有相同的偏好，或者某一个家庭成员拥有绝对权威，单独决定家庭内部的所有资源配置；第二种是在博弈论的基础上构建的"集体的"家庭内部模型。主要包括以合作博弈为基础的 Nash Bargaining 模型[2]和以合作博弈非一致性为基础的

---

① Boserup（1970）最早提出，性别不平等的差异根源于前工业时期传统农业实践形式的不同。Alesina 等人（2013）验证了这一假说，发现某个国家或民族的农业生产方式与女性劳动力的参与负相关。Hansen 等人（2015）证明了犁耕使用的历史对性别不平等的产生的影响，并揭示了农业的起源、发展与当前女性社会地位和劳动参与的关系。

② McElroy Marjorie & Horney, Mary Jean. Nash-Bargained Household Decision Making: Toward a Generalization of the Theory of Demand [J]. International Economic Review, 1981(6): 333-349.

Collective Household 模型①。这种"集体的"家庭内部模型认为家庭成员有不同的偏好，他们共同参与决策，进行合作博弈，家庭成员的话语权对于最终的资源配置结果有重要影响。如已有的研究发现，女性更愿意将家庭资源用于营养、教育和健康等方面。

三、贫困理论

贫困理论在学术界不断得到丰富和扩展，可以从多个视角来阐述，总体上来讲，这些视角包括福利经济、收入贫困理论和发展经济学。贫困是一种状态，导致该状态的发生是由于社会、经济和政策等多种因素导致的家庭或个体缺乏最低的生活标准。

（一）福利经济学视角的贫困理论

福利经济学研究的主要问题是关于如何使人们在社会活动中福利最大化的问题，是经济学的重要分支。福利经济学属于规范经济范式，因为福利经济学研究的主要目标是利用经济社会政策措施的实施，提升社会的总体福利水平，而提升到何种程度以及如何判定福利水平很难界定。福利经济学对贫困的研究主要表现在三个方面：一是收入均等化理论，二是福利补偿理论，三是能力和权利理论。庇古认为，家庭或个体的收入满足边际效应递减规律，也就是说，在其他条件不变的情况下，家庭或个体随着收入地不断增加，其边际效用反而是逐渐减小的。按照这个理论，收入的增幅对不同群体的效应具有差异性，比如，对于穷人和富人而言，两者均增加一单位的收入，其所带来的效应是不同的，穷人增加一单位收入的效应更大。因此，庇古认为整个社会劳动者的收入差距越小，社会的总体福利水平越高。由于社会劳动者的收入主要由一次分配和二次贫困组成，因此，一次分配导致的收入差距应由二次分配来进行调节，进而他提出应在

---

① Bourguignon F. & Chiappori P. A. Collective Model of Household Dehavior：An Introduction[J]. European Economic Review，1992(36)：1-10.

二次分配中用累进税来消除收入差距。可以看出，福利补偿理论注重的是尊重个体的权利，不赞成依据行政手段将富人的财富转向穷人，而是按照帕累托最优原则实现社会福利的最大化。Sen（1999）指出，造成个体贫困的原因是其可行能力的缺失和权利的被剥夺。

（二）发展经济学视角的贫困理论

发展经济学的研究对象主要是发展中国家，这些国家主要以农业生产为主，属于比较落后的国家，发展经济学的主要任务是揭示发展中国家发展过程中存在的问题，进而帮助发展中国家通过实现工业化而脱离贫困。显而易见，发展经济学的研究范畴包括了贫困问题。Nurkse（1953）指出，发展中国家之所以落后，不是因为其资源匮乏，而是因为发展中国家社会经济体系和制度的不完善而导致"恶性循环"。这个"恶性循环"指：当一个国家处于落后状态时，由于国家的贫困，国民拥有的资本将有限，因此国家的储蓄率较低，影响了社会投资，同时，当国民收入不高时，整个国民经济总需求也会减少，内需不足导致产出不高，从而影响了生产规模的扩大和国民就业，由此陷入了恶性的循环，居民也陷入了收入陷阱。因此，Nurkse 指出，打破这种"恶性循环"的关键是实施大推进式的"平衡战略"，也就是利用提升国民储蓄率来积累社会投资资本，进而扩大社会生产规模，以此带动国民就业和提升国民消费，由此进入"良性循环"。而后，Nelson（1956）提出了"低水平均衡陷阱理论"，"低水平均衡陷阱"指的是国民拥有的收入水平过低，只能勉强维持基本的生存需要，而且贫困群体脱离"低水平均衡陷阱"的难度较大。这种现象与发展中国家的人口增长有关，当发展中国家的人口增长速度大于经济增长速度时，国民人均收入会处于临界值以下；当发展中国家的人口增长速度低于经济增长速度时，国民人均收入会有所提高，然而，当人口增长速度比经济增长速度高时，国民人均收入会停步不前。导致这种现象的主要原因是，国家资本积累的程度不够，从而经济增长的速度赶不上人口的增长速度，因此，打破"低水平均衡陷阱理论"的关键在于国家资本的快速积累，以此实现经济增长速度高于人口增长速度。Harvey（1957）也提出，经济发展存在最小临界值，一个国家或地区只有在超过这个最小临界值时，才能实现其经济的良好增长。

（三）收入分配视角的贫困理论

凯恩斯认为导致社会总需求不足的主要原因是收入贫困的不公平，同时，他认为收入分配不公平也是社会不公平的直接表现形式。就如何实现收入公平分配问题，凯恩斯认为有三种可行方法：一是国家通过调整税收来实现收入公平分配，即对高收入群体征更多的税，而对低收入群体征较低的税，通过税制来调整国民收入分配问题；二是降低储蓄利率，因为储蓄利率过高会使高收入群体的财产不断增值，并且也不利于全社会投资资本的扩大；三是政府采取行政手段，比如实行最低工资标准，完善劳动保障制度等。Rawls（1971）以社会公平正义的视角，提出了分配正义理论，他指出政府制定政策时，应充分关注低收入群体的福利问题，通过制定公平的收入分配模式，以增加全体国民的收益。Robert（1975）则提出了相反的观点，他认为政府应制定法律保障个体的合法收益权益，而不应该强制干涉国民收入分配，以保障每个国民均有平等发展的机会。

四、能力贫困理论

收入贫困是指家庭或个体收入不足而导致的贫困，而能力贫困是指个体的能力缺乏或被剥夺而导致的贫困。依据能力贫困理论来对贫困进行定义，比以收入贫困理论对贫困进行定义更合理。

第一，个体能力直接影响其创造收入的能力，通常而言，受过良好教育且身体健康的个体，能够获得更高的收入。所以，个体的受教育程度和身体健康状况是影响其是否处于贫困状态的重要因素。

第二，衡量贫困不应仅从收入来衡量，即使收入相同的个体，其贫困状态也存在差异。Sen 指出，大量证据表明，失业群体除了损失收入以外，还遭受了多方面的严重影响，这些影响包括心理伤害，失业的个体可能由此缺乏自信，从而丧失工作意愿和技能，产生心理疾病、生理疾病、自杀，以及导致家庭关系紧张和社会生活适应性较差，强化社会排斥，甚至导致种族冲突和性别歧视。阿玛蒂亚·森在对贫困的长期研究中，提出了"可行能力"（capability）的概念，他认为可行能力是一个人有可能实现的、各种可能的功能性活动组合，通俗来讲就是实现各种不同的生活方式的自由。他认为，只有重视贫困人口的可行能力建设，才能真正摆脱贫困。

第三，能力可转化为收入，但收入转变为能力很难。个体拥有的能力可以很容易地转化为收入，但这个过程的逆转较难。如家庭中的子女通过接受良好的教育，提升了自身的能力，能以此获得更多的资源，从而提升收入，有利于家庭摆脱贫困，反之，仅仅通过给予物质上的帮扶，使得家庭收入有所提升，家庭贫困状态有所缓解，但是家庭中的个体能力有限，内生发展动力不足，一旦资源供给停止供给，家庭可能又会陷入贫困。

第四，以能力贫困理论来定义贫困，能够有效地防止将手段作为目标。收入贫困是以收入或消费为维度来衡量贫困，这样可能导致政策制定者以提升收入作为主要目标，但实际上收入提升仅仅是脱贫的手段，而目标应是贫困群体生活质量的改善，以及能力的提升，从能力理论来定义贫困则可以达到该目标。Sen 把"人的发展"作为发展的最终目的，他提倡贫困者的自主脱贫，即要发挥贫困人口的主观能动性。特别是掩盖在家庭关系下的个体贫困往往被忽视，仅仅从家庭收入来定义贫困，难以到达反贫困的最终目标。

第三节　文　献　综　述

一、女性贫困现状研究

（一）女性贫困内涵研究

国内外学者从多个角度对女性贫困的内涵进行了研究。从物质匮乏角度来看，女性贫困指女性在收入、资产、社会保障等方面的贫困。联合国妇女与发展组织认为，女性相比男性而言，难以获得土地、信贷、资本和较高收入的工作，从而陷入贫困。农村家庭女性主要从事家务和农业生产，非农工作参与较少，并且缺乏对家庭生活生产资产资源的占有、权属、分配及购买，如土地、房屋、基本设施及工具等，从而存在资产贫困（李小云等，2006）。对农村家庭老年女性来说，不仅存在收入贫困，还存在社会、医疗保障等方面的物质贫困（Lowry D，Xie Y，2009；徐勤，2011；夏焱，2012；夏辛萍，2016）。从人文视角来看，女性贫困指女性在文化、权利、社会资本及社会网络等方面的贫困。金梅（2006）将女性文化贫困定义其在知识文化、科技素养、思想价值观念、主观能动性、思维模式、行为方式上相较男性较为落后的综合发展状态。同时，社会支持是个体从其所在环境中获得的物质帮助、精神支持等各种资源（Sarason BR，Pierce GR，1991；Gullen F T. 1994），而农村传统的父权制从夫居的模式不利于女性社会网络资源的获得及运用（李琴，2010），导致女性在社会资本和社会网络方面的贫困（吴宏洛，范佐来，2007；张敏，2008；张霞，茹雪，2018）。此外，已婚女性尤其对于已婚的老年女性来说，她们在信息获取、闲暇生活、宗教信仰等方面存在精神贫困，不利于其自身幸福感的提升（Shaw and Gant，2002；蒋美华，2007；Cilesiz，2008；王小璐，凤笑天，2014；汪连杰，2018）。农村女性生活质量低，精神压力大，因心理压抑而导致的精神障碍死亡率（单位：1/10 万）是 3.01[①]，女性自杀率比男性高约 25%，农村年轻女性比男性要高 66%[②]。从其他视角来看，主要从健康、时间、婚姻等方面来定义女性贫困。农村家庭女性疾病较多、身体状况差、其卫生需求难以得到满足，从而导致健康贫困，而且社会性别的差异也使其相较男性而言更易遭受艾滋病侵袭，陷入健康贫困的恶性循环（Allisn R，Foster，2004；王冬梅，罗汝敏，2005；郭瑞香，2011；罗军

---

① 　该数据来源于国家统计局出版的《国家统计年鉴 2016》。

② 　世界组织卫生组织简报. 中国农村妇女与自杀［R］. http：//www. who. int/bulletin/volumes/87/12/09_011209/zh/［2016-10-15］.

飞，廖小利，2016）。对于已婚女性来说，在获得就业机会与传统的社会性别范式下，女性承担工作和家庭责任的双重压力（Moghadam，2005；World Bank，2011），导致缺乏良好休息与闲暇的"时间贫困"（M. 比特曼，J. 韦吉克曼，2001；田翠琴，2004；畅红琴，2010；杨菊华，2014）。同时女性在婚姻和生育意识、生育行为以及家庭地位上相较男性均存在较大差异，特别是农村地区的"男孩偏好"导致女性婚姻生活方面的贫困（蒋美华，2007；Anna G，2006；IYIGUN M，WALSH R，2007；Chaudhuri，2012；陈银娥，2014）。从综合视角来看，女性贫困是在制度、社会、资源、环境、生理等多因素综合交互作用下，引起的个人最基本物质生活得不到满足的物质贫困以及由此滋生的其他方面的贫困（Fox，Murry，2000；Mahmood，2002；Ebenstein，2007；叶普万等，2010；陈丽琴，2020）。

（二）女性贫困类型研究

国内主要针对某类女性展开研究。一是从研究的区域来看，主要包括城市和农村。国家在农村贫困状况的统计中缺乏分性别的统计，一般将农村贫困家庭中的女性视为贫困女性，农村贫困女性的主体主要是低收入女性、老年女性、留守女性和女童（王晶，刘彦喆，2012；雷蕾，2016；吕文慧等，2018）。此外，中国贫困的地域性、多元性的特点，不同地区、民族的女性贫困问题也得到了广泛的关注（马东平，2011；陈光燕，2014；陈丽霞，杨国才，2016；沈茂英，2016）。对于城市地区，构成城市女性贫困群体的主体包括多方面的贫困层，如缺乏固定生计和福利的失业女性、非正规就业的女性、流动女性、女性户主的单亲家庭等（金一虹，2011；霍萱，林闽钢，2015；张晓颖，冯贺霞，2016）。二是从研究群体看，女性贫困的研究类型主要包括城乡的各类型女性，主要包括低收入女性、已婚女性、老年女性、女童、单亲母亲等一般贫困类型以及因灾害致贫的女性、农村留守女性、受疾病影响的女性等特殊贫困类型。同时，随着社会的转型，离婚女性、移民女性的贫困问题也得到了关注。国外对女性贫困类型的研究主要关注性别的差异和户主为女性和男性的家庭比较

（Chant，2008；Klasen，Lechtenfeld & Povel，2015）。

（三）女性贫困特征研究

除存在个体上的性别差异外，女性贫困还具有交叉性、特殊性、复制性的特征。从贫困主体来看，女性自身的生理心理特征使其贫困具有易受损害性、脱贫不易性；从贫困特点来看，该特殊性表现为女性贫困的演化性、传递性（Baulch，B.，McCulloch N，2002；王爱君，2009）、分散性、多样性、多重交叉的脆弱性和隐蔽性（蔡生菊，2016，2017；闫坤，2017）等。一是女性的易受损害性和脱贫困难性。国外研究发现，贫困对女性是长期性的（World Bank，2001；Moghadam，2005；Chant，2010），对男性的影响则是较为暂时性的，"贫困女性化"对女性或者女户主家庭来说，主要问题不是贫困发生率是否更高，而是贫困女性可能遭受的其他多方面的严重剥夺，如难以获得土地（World Bank，2007，2011），难以进入信贷市场（Storey，2004；King，Klasen & Porter，2009），在劳动力市场上获得的资源有限（Oostendorp，2010；Klasen & Gaddis，2013）及她们和子女面临更难摆脱贫困的状况（瓦伦丁·M. 莫格哈登，2000；邹薇，郑浩，2014）。国内相关学者认为，女性在制度、社会、经济和文化等方面处于从属和弱势的地位，特别是当经济危机、自然灾害发生时她们更具脆弱性（孙大江，赵群，2016；商兆奎，邵侃，2018）。女性更易受到社会结构、市场机制、家庭生活、文化素养的约束，导致她们更易陷入多方面贫困且较难摆脱贫困（赵群，王云仙，2011；金一虹，2016；蔡生菊，2017）。二是女性贫困具有的演化及传递性。女性处于某一种状态的贫困往往会引致其他方面的贫困，其物质方面的贫困与人文精神方面的贫困紧密相关。农村家庭女性在经济、政治参与方面的贫困会导致其可行能力、精神生活及文化素养方面的贫困（Pandya，2008；王秀花，2012；Deere，Oduro，Swaminathan & Doss，2013；孙鲁云，谭斌，2018）；女性贫困具有的传递特性主要是对家庭子女的影响，女性自身的文化素养、经济社会地位对子女营养状况、生理心理健康、获取教育资源有着较强的影响（Peter Glick，2002；Pierre-

Louis，2007；Lahaie et al，2009；王震，2013；上官霜月，2018）。三是女性贫困具有分散和多样的特性。女性贫困是贫困问题中的一部分，它反映了贫困人口所具有的"小集中、大分散"的特征（王仁贵，2009）；同时其分散、多样的特性与社会性别因素糅合交叉，贫困的多样性凸显出来（赵群，2011），地域的广阔，经济的不同发展水平，民族文化的多样性，都会导致贫困人群处于分散的状态，及面临不同的层次（Tomova，I，Vandova，I，2001；Elmelech，Yuval，2004；Dylan Conger，Mark C，2010；马东平，2011；徐莉，2016），即女性具有地域、种族、年龄和身份特性上的贫困分散和差异性。四是女性贫困具有的交叉脆弱性。一方面，女性存在地域、种族、年龄和身份上的交叉和重合，如对于少数民族女性，其贫困问题包含了民族、性别和贫困的多重特征（马东平，2011；商万里，2013；沈茂英，2016；满丽萍，2020；钱宁，2020）。对于老年女性而言，其在收入、医疗、精神生活等多重因素交互影响下，导致了她们更具有脆弱性（Thomas P，Vartanian et al，2002；Mario S，Donna B，2009；Leeet al. 2014；Olivera & Tournier，2016）。另一方面，突发性的疾病或自然灾害会在瞬间导致女性的脆弱性（冯媛，刘大庆，2011，Goh A H X，2012；Kher，J.，S. Aggarwal & G. Punhani，2015）。五是女性贫困具有隐蔽性的特征。这种隐蔽性表现为两个方面，一是主体的隐瞒，二是社会的盲视。前者主要是针对特殊的女性群体，如遭受艾滋病或其他慢性病困扰的女性，年龄较大的女性等，传统的社会性别规范和观念使其处于相对隐蔽的状态（徐勤，2011；赵群，2011；Doss C R，Kim S M，et al，2014）。后者是对女性贫困问题的盲视，其隐藏在家庭、文化制度和权利贫困下而不受社会所重视（李巧玲，2009；Trommlerova，S. K，S. Klasen & O. Lessmann，2015）。

（四）女性反贫困研究

目前，对女性反贫困研究也引起了广泛的关注。在反贫困的过程中，女性自身、政府组织和非政府组织起着重要作用，目前对该问题研究的主要内容包括，现有政策模式起到的作用及带来的影响，以及进一步政策建议的提出。

1. 女性主体参与反贫困的研究

世界银行的研究报告指出，家庭贫困与女性贫困有着相互关系。国内外相关学者通过实证分析发现，家庭女性更多地从事家庭、社会经济活动，有效利用并拓展社会资本，不仅能缓解自身贫困，而且对家庭福利的改善起到重要的作用（高玉喜，1996；Chevalier，Arnaud and Viitanen，Tarja，2002；Davies H，Joshi H，2010；王爱君，2012）。农村女性受教育时长每增加 1 年，其生育率降低 5%~10%[①]。成年女性有着妻子和母亲的双重角色，她们承受着生活和精神的压力，在追求家庭生活幸福和谐的驱动下，她们更会主动寻求机会（杜晓山，孙若梅，徐鲜梅，1995；Ágota Scharle，2007；柳建平，王旖旎，2018）。女性相较男性而言，更具有自我牺牲、勤劳勤俭、家庭责任感等的特质，出于这种本能，她们更会积极主动地参与反贫困（杨顺成，1999；Jaumotte，Florence，2003）。因此，当下精准扶贫工作的推进中，在政策的制定、执行和考核中要瞄准农村女性群体（高玉喜，1997；蔡生菊，2016；王一寓，秦博，2018）。同时，要鼓励引导农村家庭女性积极参与、从事生产活动等项目，加大对其人力资本的投入，不仅从根本上改善女性及其所在家庭的条件，而且增强女性文化素养，发挥女性在反贫困工作中的主观能动性（姜秀花，2015；范欣，韩琳琳，2018；程玲，2019）。

2. 政府参与女性反贫困研究

政府的主导性在反贫困中起到关键作用。各国在反贫困项目中，都针对女性群体提出了减贫政策及措施，对于这类减贫政策措施相关学者进行了研究，包括全面覆盖女童接受义务教育政策，提升女性人文素养，保障基本卫生保健服务的有效实施，关注农村女性身体健康，发挥女性乡土知

[①] 国务院扶贫开发领导小组办公室. 扶贫开发年鉴（2012）［R］. 北京：团结出版社，2012：139.

识，加大对农村女性劳动技能培训，提高并扩大女性在经济社会发展中的参与等（Vella，Francis，1994；高玉喜，1997；Wedgwood，R.，2007；姚云云，刘金良，2012；何春燕，2020）；此外，有学者认为现有反贫困政策缺乏纳入社会性别视角，没有将社会性别结构融入对家庭、社区的影响中，缺乏对性别不平等的有针对性的策略，使其主动性不能较好地被发掘，进一步影响女性的持续发展等（林志斌，2005；刘筱红，陈琼，2008；赖力，2017）。还有一些学者认为，在反贫困过程中，政府自身固有的失误、低效干预、寻租行为等问题不利于女性反贫困创新，降低了女性反贫困的持续性（刘春湘，陈克云，2008；王翠萍，2019）。

二、女性贫困影响因素研究

女性贫困的影响因素包括自然、家庭、社会、个人及环境等多方面的因素，这些因素交叉重叠，既有联系又有区别，女性贫困是由这些因素的综合作用引致的。

1. 环境影响因素研究

影响女性贫困的环境因素包括自然、制度和社会经济环境等。自然环境是地理位置僻远、生态环境恶劣、生活生产等各类资源匮乏（畅红琴，2010）；制度环境是社会政策在运行中，缺乏较强的支持力度，或支持不够全面彻底，造成政策执行上的低效，及由此产生且与之相适的非制度的文化或者习俗等（杨善华，柳莉，2005；马东平，2011；卓惠萍，2020）；社会经济环境包括如国际金融危机、政治动荡、宗教与种族间的矛盾、社会风气、疾病传染等，均会对女性生存与发展环境产生影响（Lynne M. Casper, Sara S. Mc Lanahan, Irwin Garfinkel. 1994；Ludwing & Mayer，2006；Varvarigos，2010）。

2. 社会结构影响因素研究

劳动力市场、社会分配制度、社会保障制度等的制定安排往往存在性别差异，这是导致女性贫困的结构性因素（赵群，薛金玲，2006），具体表现为，相关社会制度对女性的保护欠缺，如土地、户籍、婚姻等制度均不利于女性的发展，导致女性较易陷入贫困(叶普万，贾慧咏，2010)。劳动力市场缺乏对女性提供充足的机会和资源，使得女性在劳动力市场中难以发挥其作用(stendorp，R. 2010；World Bank，2011)，并且收入往往比男性低(Goldin，C. 1994)。女性在选举、参政(J. Bernauer et al，2015)和个人权利(S. K. Trommlerova et al，2015)的获得上往往处于劣势，话语权的缺失使女性更易陷入贫困。农村经济、生育等相关政策的制定改革也加重了农村女性的相对贫困(陈友华，沈晖，2011；王爱君，2013)。

3. 个人主观影响因素研究

女性特有的生理结构，个人拥有的资本以及思想意识等方面的局限性是其致贫的主要因素。生理上的状况不佳，饱受慢性疾病等困扰会使其陷入健康上的贫困(杜芳琴，2003；奥鲁德尔·阿金罗伊·阿金博阿德，2006；郭瑞香，2011)；由于教育，包括正式教育和非正式教育，流动机会等资源分配的限制和约束，缺乏对女性的各类"投资"，使得女性在劳动力市场中缺乏竞争力，增加了其陷入贫困的可能性，反过来，这又引致了社会及大众认为女性"投资价值"低的固有观念(M. 莫格哈登，2000；Haan，P & Myck，M，2009)。对于女性自身来说，致贫的主要原因是其人力资本投入不足(金一虹，2000；R Blundell，MC Dias，2016)；传统的社会性别意识思想，及对女性作为家庭照顾者的固定框架模式，限制了女性自我发展的空间(蒋美华，2007)，女性以一种自然而然的心态回归家庭，承担大量无偿劳务，导致女性的"自我贫困化"现象的产生(Glendinning，C.，&Millar，J. 1990)，这是加深女性贫困的重要因素(J. Kher et al，2015)；且农村家庭女性集体观念淡薄、法律维权意识不足、自我发展意愿不强、参与社区活动意识薄弱抑制了其脱贫的空间(蔡荷芳，2005；An Hodgson，2014；黄潇，2018)。

三、女性贫困测量研究

1. 对传统妇女贫困测量的研究

收入/消费维度作为传统意义上的测量维度被广为采纳，首先根据一定规则标准设定贫困线，然后以贫困线为依据来测量贫困。自"贫困女性化"问题提出后，在界定女性贫困的基础上，如何测度女性贫困成为关注的重点。国家、国际统计部门针对男女性别差异收集了相关数据。然而，目前多数国家在衡量贫困发生率和贫困程度等指数时，往往没有进行性别的区分（霍萱，2017；张为民，2017；唐娅辉，黄妮，2018）。联合国妇女发展基金专家认为，按性别分列贫困，并对此加以检验需具备三个前提：家庭内部资源分配存在性别差异、女性为户主家庭比男户主的家庭更具脆弱性（Chant，S，1997；Maroux，A，1998）、贫困家庭中女性人数较男性多，但是国际上有研究认为女户主家庭不一定比男户主家庭有更高的贫困发生率（Lipton，M.，& Ravallion，M，1995；Marcoux，A，1998；James O，2014）。因此，把不同性别人口为户主的家庭进行比较来衡量女性贫困的程度是不可靠的。有研究发现，家庭内部生活生产资源配置有性别、等级的差异，女性在家庭内部资源的分配上往往处于弱势地位（Duncan T，1990；Elzbieta T，2002；Duflo，E.，Udry，C，2004），这说明了传统以家庭为单位的贫困测量方法掩盖了家庭内部的性别差异，该种测度方法缺失性别差异的视角，不利于个体贫困的测度。（汪雁，慈勤英，2004，蔡生菊，2016）。

2. 对女性贫困测量拓展的研究

Ingrid Robeyns（2003）从性别不平等角度对能力具体化提出了从个人层面上衡量后工业化的西方社会性别不平等的概念框架。联合国开发计划署（2011）提出了人类贫困指数，该指数包括三个维度共及 10 个维度指标，涵盖健康、教育和生活水平；这些都为衡量女性多维贫困奠定了基础。Eva Mueller（2000）测量发展中国家女性贫困发生率及贫困程度，采取的是定量经济理论方法，认为进行此种微观研究应包括妇女就业、支持结构和社会态度这三个要素。随着多维贫困、能力贫困的发展，对于贫困的定义也进行了拓展，性别贫困间的测量更具复杂性，而中国现有贫困监测调查系统及农村住户调查系统因缺乏分性别的统计，难以实现中国性别间的贫困测度。因此在原有方法、理论的基础上，有学者指出用性别贫困比来测量贫困女性化（赵群，王云仙，2011；王爱君，2013）。蒋永萍（2011）对中国性别与贫困监测和统计提出了建议性指标，主要包括经济资源、就业、教育、健康、时间分配、社会交往、贫困救助、社会态度8个方面。随着多维贫困理论的发展，相关学者选取不同维度对女性多维贫困进行了测量（吴海涛等，2013；Yélé Maweki Batana，2013；Michael R，2016；柳建平，2018）。

四、女性贫困影响研究

1. 女性贫困微观影响研究

首先是女性对贫困的特殊体验。男女两性由于天然的生理心理属性，使其在社会关系的构建中承担不同的角色，并且对资产权利的占有、运用及拓展均有明显的差异。农村女性对贫困的体验、扶贫的成效感知和男性相比有着较大差异（赵群，2005；高飞，向德平，2015）。其次，贫困导致女性生活困难且承受较大心理压力。女性收入来源少或收入不高导致其收入贫困，进而影响女性身体健康，并且难以得到良好的医疗救助，从而带来其他权益的受损等（Barrientos A，2002；吴宏洛，范佐来，2007；Latifa A，2008；徐勤，2011）。再次，贫困会弱化女性自身发展能力，进而忽视女性其他方面的权利，不利于其自身发展意愿的提升。具体而言，贫困会削弱女性的视野，禁锢其思维意识，限制其行为活动，抑制其各方面能力的拓展。而且，传统的社会性别构建将其置于男权文化意识之下，导致女性个人意愿和各种意识被忽略（段塔丽，2004；Browne，Jude，2005；Ehandaka Qudrati Elahi，2006）。

2. 女性贫困对家庭和社会发展的影响研究

首先，女性天然的生育属性，使其肩负子女照料、家务劳作的重任。女性是否贫困不仅影响其生育质量，而且贫困女性往往自身缺乏文化知识，导致贫困代际传递（Whitehead，A，2003；Mastsuyama，K，2005；邹薇，方迎风，2012；汪诗萍，袁文平，2015）。其次，女性贫困不利于家庭和睦，家庭是个体生存生活的基本单位，个体贫困往往与家庭贫困有着必然的关系（Jalan J.，M. Ravallion，2002；吴宏洛，范佐来，2007；高明，2018）。再次，经济发展和女性发展没有必然的关联，在经济发展中，若以弱势群体利益为代价，不仅影响社会的公正，也不利于社会的可持续发展（李小云等，1994；张宏，徐晓鹏，2001；Nolan B.，Whelan，C，2007）。随着农业人口的流动，农地女性化不断显现，女性在农村发展的主体作用日益凸显，女性贫困对农村的可持续发展、乡村振兴发展起着关键作用（Boserup E，1970；BrauD. A，2003；吴惠芳，饶静，2009；赖力，2017；关爱萍，董凡，2018）。

五、文献述评

纵观现有文献，女性贫困研究在社会性别理论引入后逐渐凸显并引起国内外研究者广泛关注，在女性贫困的界定、类型、特征、测量、原因和影响研究等方面取得了丰富的成果。但是具有一定的区域、时代特征。主要包括以下几点：第一，在研究对象上，现有研究多在一般贫困研究的背景下对女性贫困进行研究，主要侧重某类女性群体的研究，且多将女性贫困、女性减贫研究置于社会学领域，鲜有从经济学方面进行女性贫困与减贫的相关研究分析，缺乏融入社会性别视角的农村贫困测度。第二，研究内容上，缺少扶贫政策作用于女性主体的路径、机制，较少关注成年女性及女童对贫困的特殊体验以及女性贫困与所在环境的互动，由于缺乏分性别的统计分析，因此缺乏对女性与男性贫困比较的实证分析。第三，研究理论上，社会性别理论是目前研究女性贫困的主要视角，缺少将家庭内部资源配置、女性反贫困政策研究、贫困理论、制度变迁研究与社会性别视角的结合。

本 章 小 结

本章对本书研究的核心概念进行了界定，包括农村家庭女性、贫困女性化、多维贫困和贫困动态性，并阐述了本书研究的理论基础，包括社会性别理论、家庭内部资源配置、贫困理论和能力贫困理论。此外，回顾并梳理了国内外对女性贫困研究的现状，包括女性贫困的内涵、类型、特征、影响因素、测量和反贫困，在总结已有研究成果的基础上进行简要的评述，为本书的研究奠定基础。

第二章　农村家庭女性贫困形成机理与分析框架

第一节　农村家庭女性贫困形成机理

一、经济视角的农村家庭女性贫困形成机理

收入水平是衡量个体贫困的最直接因素。由于受性别劳动分工规范的影响和限制，女性需要将更多的精力放在家庭事务上，她们会"理性地"选择回报较少能兼顾家庭的职业，致使她们在工作方面做出的努力相应较少，得到的收入回报也较少(王肖靖，2018)。女性收入水平对其贫困的作用机理主要体现在两个方面：(1)直接效应。已婚的女性即使其自身收入水平低，但作为家庭的重要成员，能共享家庭收入，其收入贫困不明显。但是，一旦家庭陷入贫困，或家庭女性失去对男性的经济依赖，其不可避免地会陷入收入方面的贫困。对于农村老年女性来说，女性的经济弱势地位始终伴随着她们，她们对配偶或子女有着较强的经济依赖，一旦配偶随着年龄的增长而丧失劳动能力或先逝，而子女往往面临自身成家后的经济压力，老年女性收入来源就会减少、收入水平就会降低，使得她们更易陷入经济贫困。(2)间接效应，女性在收入方面的劣势削弱了其在家庭内部资源分配中的谈判能力，往往被视为"无权"的群体，从而导致家庭内部女性与男性在生活资产所有、资源所得、实物分配、健康支出和个人消费等方面的性别差异。

二、社会视角的农村家庭女性贫困形成机理

（一）人力资本和社会资本

女性在劳动分工上的比较劣势、生育及相关成本等经济效率因素和传统文化习俗、社会性别角色认定等非经济效率因素的共同作用下，使得对女性群体人力投资回报率低于男性的观念根深蒂固（胡伟华，2015），由此导致家庭、社会各个层面以一种自然的心态减少对女性人力资本的投入。在农村家庭中，"养儿防老"的传统观念，及对女性人力投资回报的预期，在家庭资源有限时，家庭中的营养分配、教育和社会服务利用的各种机会资源，男性优先享有成为一种习惯（叶华，胡晓刚，2011；于宏，田志宏，2014）。农村女性有限的发展空间，使得她们相比男性缺乏获得教育、培训和生产资源等方面的机会，阻碍了其个体人力资源的有效开发（王俊文，2013）。

社会资本在反贫困方面有着积极的作用（王恒彦，卫龙宝，2013；李清政，刘天伦，2014），但是社会资本并非处于均衡布局的状况，在性别的差异上尤为突出（张敏，2008），不论是在社会资本形成的基础、空间还是动员资源的能力方面，女性均比男性弱，致使女性能够拥有利用的社会资本较男性少甚至缺失（卢倩云，2007），这也是女性更易贫困的根源所在。

（二）社会排斥

社会排斥意指主导群体在社会意识和政策法规等不同层面上对边缘化的贫弱群体的社会排斥。女性、老年人等群体的贫困化问题在本质上是由于社会排斥所引起的，贫困人口所处的社会关系网作用有限，无法有效帮助他们摆脱贫困（Vanderpuye-Orgle et al，2009；Santos & Barrett，2011；何仁伟，2018）。劳动市场将女性由于生育和抚育子女产生的成本视为影响劳动效率的负担，往往对女性表现为直接或隐蔽的性别歧视，导致女性在

劳动力市场上的不利地位。而社会上带有偏见的性别角色认定，使女性缺乏获得权力、教育、培训和发展的机会（Agarwal，1992；Panda，1997；刘晓昀，李小云等，2004）。长期以来社会参与的缺乏，社会的排斥，权力的剥夺使得当女性步入老年阶段时，其贫困问题雪上加霜，她们不仅基本生活保障存在一定的困难，而且情感上缺乏慰藉，贫困思维更易固化，老年女性承受着生活和精神的双重压力。

（三）社会保障政策

由于传统的城乡分割二元结构体制的存在，农民难以平等享有城市居民经济、政治、社会和文化等方面的权利，导致农民群体的权利贫困（张等文，陈佳，2014）。农村社会保障制度的救助作用明显，降低了农村的贫困深度和强度（程杰，2012），农村低保制度较强的救助力度和饮食保障力度有效保障了低保户的生存权，具有经济福利性特征的养老保障制度有效缓解了支出性贫困和收入贫困，医疗保障制度有效弱化了"贫困"与"疾病"的恶性循环（宁亚芳，2014；黄万庭，2015；刘一伟，2018）。但是，目前农村地区社会保障政策不仅滞后于农村社会发展的需要，而且其建立完善中也缺乏性别敏感的视角。

女性平均预期寿命较男性长，而平均在业时间、在业比例、不能自主生活的比例均高于男性，社会保障的目的是促进社会协调发展，对象主要是社会中的弱势群体，因此，女性对于社会保障的需求应该高于男性，然而建立在父权制社会基础上的社会保障制度，不可避免地存在性别不平等问题（徐文丽，2005）。农村家庭女性往往将更多的时间用在无酬劳动上，她们作为非正规就业者在社会保障制度中处于劣势（程静，江文慧，2014），此外，当以无酬照料劳动为主的家庭女性步入老年阶段时，社会公共政策难以为她们提供足够的经济保障，更加造成了社会保障体制中的性别分层（宁满秀，荆彩龙，2015）。

（四）贫困的代际传递

贫困的代际问题从 20 世纪 50 年代得到了学者们的关注。"布老-邓肯模型"为贫困的代际传递问题提供了一个可量化的分析框架。贫困家庭子女在教育、就业以及健康等方面都处于弱势地位，导致贫困状态及其不利因素在代际间传承和复制，从而形成贫困的代际传递（林闽钢，张瑞利，2012）。绝大多数父辈贫困的子女在脱离贫困后并没有实现收入地位的实质性改善，仍然有较大的可能性重返贫困的境地（张立冬，2013；祝建华，2016）。而女性作为家庭中的主要照料者，其在抚育后代、家庭未来发展等方面所具有的特殊性，使其更易于将导致贫困的相关条件和因素传递给子女（Sen & Begum，2002；Alderman et al，2006；Bastos et al，2009；王爱君，2009；韩春，陈元福，2011），安于贫困，接受贫困的贫困思维会形成一种恶性循环（白慧玲，2016；闫坤，孟艳，2017）。高书国（2018）描述了母子间、母女间智力贫困方面的代际传递模式：低受教育水平——低财富资本——低社会资本——下一代低教育水平之间出现一种恶性循环关系，并形成"死结"。低教育水平、地位地下、就业影响等妇女贫困问题导致陷入贫困的代际传递和恶性循环（Barbarin & Richter，2001；Emerson & Souza，2009）。

三、制度视角的农村家庭女性贫困形成机理

首先，中国农村传统的重男轻女，加上我国 20 世纪 80 年代强制性的计划生育措施，不仅导致农村家庭女性儿童生存权利的缺失（叶普万，贾慧咏，2010），也使得成年女性面临不断生育带来的身体和心理的压力以及因生育的限制而引致婚姻关系破裂的挑战。其次，法律法规对女性平等权利提供的保护性制度资源的不足，长期以来农村从夫居的婚嫁习俗和对女性财产权的漠视与剥夺，农村家庭女性失去土地和宅基地而得不到补偿的现象比比皆是（Agarwal，1992；林志斌，2005；赵群，王云仙，2011），离异女、外嫁女的有关权益更是难以得到与农村男性平等的保障（惠建利，

2018)，这使得她们更易陷入贫困的境地。最后，社会转型、产业升级、结构调整时期的政策常常出现性别盲区，缺少对政策调整的性别评估(金一虹，2016)。

此外，长久以来的政治、文化、教育、家庭等各种制度对社会性别的渗入，都反映了女性贫困的形成机理。具体而言，政治制度的核心是掌握、运用权力，中国农耕社会恪守的男性优先是这种权力掌握运用的体现，农村女性的权益难以通过权力得以展示；经济制度的本质是物质资源的获取，而融入性别意识的经济制度难以使女性的经济价值得以体现；融入性别视角的教育制度主要体现在两方面，一是受教育的权利。二是教育中传播的性别观念，会潜移默化的形成性别文化观念；传统农村的家庭制度背后隐含着父权制规则，(1)家庭性别分工，(2)婚姻制度，(3)财产权利继承制度，使得"男主外女主内"、女性不如男性的意识不断传承。

四、文化视角的农村家庭女性贫困形成机理

"穷人由于长期生活在贫困之中，从而形成了特定的生活方式、行为规范及价值观念，并且这种生活方式、行为规范与价值观还会代代相传，形成独特的贫困文化。"(刘易斯，1959)①农村女性文化贫困是女性个体在接受教育、个体主体性、思维方式、价值理念、行为模式以及生活方式等方面落后于当代经济社会发展，从而影响自身生存与发展的落后状态(赵金子，2014)。社会性别基于社会文化的构建而形成，而传统的社会性别观是女性贫困的重要诱因，旧有的性别分工及历史传统将女性置于性别刻板印象的桎梏中，限制甚至阻碍女性接受教育、开发潜能、提高个人素质(郭熙保，周强，2016)。笼罩于贫困文化下的女性心甘情愿的充当传统家庭女性角色，文化知识的缺失，社会现代观念思想的漠不关心，将她们禁锢于穷不思变的生活观中，不敢也不愿去打破自我生活的现状。而且，文

---

① 奥斯卡·刘易斯. 贫困文化：墨西哥五个家庭一日生活的实录[M]. 丘延亮译. 台北：巨流图书公司，2004：107.

化对于贫困的代际传递影响也较深（Moore，2001；Horii & Sasaki，2012）。

农村传统普遍认为，女性在各方面的贡献都是低于男性的，对她们进行人力资本等相关投资的回报率是不高的，特别是在家庭资源紧张的情况下，会"理性"的将各种机会，如接受更高教育水平的机会给予家庭的男性。尽管女性总体受教育程度水平有了较大提高，但女性文盲率仍高于男性，特别是在农村地区（姚云云，2012；段茹宏，2015）。文化素养的缺失不仅影响女性思想观、价值观的形成，也会直接导致女性在劳动力市场上的弱势，只能从事技术含量较低，有较强替代效应的工作，且工作的不稳定、不持续的弱势伴随着她们到老年时期。前期的教育投资少，导致后期的各种竞争弱势境况，加大陷入贫困的可能性，反过来加深社会、家庭对女性教育投资价值低的观念，形成一种互为因果的恶性循环。

五、环境视角的农村家庭女性贫困形成机理

首先，地理的偏远，环境的闭塞，资源的匮乏，不仅影响非农生产，导致经济收入的不足和波动，也带来了交通的不便，信息的缺失，影响了人口的发展（Bird & Shinyekwa，2005；岳希明，李实等，2007）。恶劣的自然条件、落后的经济文化、保守传统的思想意识，限制了农村家庭女性的流动，削弱了她们与外界接触的机会，影响了她们的劳动收入，直接导致了她们囿于贫困、不愿进取的现状（Clootens，2017），而贫困家庭由贫困地区转移到相对发达地区有利于她们摆脱贫困的恶行循环（Ludwig & Mayer，2006；Jiao et al，2017）。

其次，随着生态环境的恶化，各地灾害频繁发生，贫困和易受损害性的双生关系更加明显。贫困地区的人口在灾害面前的易受损害性更大。在灾害面前，男女的易受损害性也存在差异（冯媛，刘大庆，2011），女性与男性在经济社会权利方面的差异，使得女性在灾害面前更具脆弱性（孙大江，赵群，2016）。

此外，长期以来，都缺乏对灾害与社会性别不平等的关注。气候的变化，灾害的发生会对农业生产产生影响，而农村女性在农业生产的成本和

劳动力投入上缺乏决策权,在农业项目活动中面临家庭、项目和社会各方面的限制,使得女性长期以来积累的乡土知识所能发挥的作用受到限制(赵群,王云仙,2011;沈茂英,2020)。气候的变化直接影响女性实现自己人权的能力,制约了她们个体的良性发展,也增加了男女两性之间的不平等(张瞿纯纯,杨国才,2016)。

第二节 农村家庭女性贫困形成机理分析框架

通过对农村女性贫困形成机理研究的梳理,本书尝试构建农村家庭女性多维贫困的分析框架,以期全面阐释农村家庭女性贫困的形成机理。

首先,传统的社会性别规范和性别观念下,农村家庭多体现为以男性为中心的结构,且角色分工模式明显,男性外出务工承担家庭经济责任,不少女性往往以一种自然而然的心态回归家庭,耗费大量体力与精力从事家庭照料、家务农活等无酬劳动,或偶有收入,也是零星、微乎其微,不被家庭成员所认可的主要收入来源,收入的缺乏、不独立使得她们成为家庭经济的依赖者,从而被视为"无权"的群体,在家庭各种资源资产的分配上处于劣势,在家庭的重大事项上也缺乏决策权。而当家中子女成人、老人仙逝,她们也由青春韶华到两鬓霜华,倾其半生照料家庭不仅给她们的生理心理带来了不可逆转的损害,而且削弱了她们各种资本资产的积累,加之"养儿防老""多子多福"的传统农村观念随着时代、居住方式的改变而转变,农村养老制度的不完善等多重劣势,使得农村老年女性更是弱势群体中的弱势群体,经济方面主要体现为收入水平低、收入来源少。

其次,在劳动力市场上,社会上的性别偏见以及对女性投资回报率的预期,会自动减少对女性的"投资",她们往往被认为是次等劳动力,在传统固定的性别模式及女性自身因素的交互影响下,女性不仅获得社会资本的基础较男性差,且她们对社会资本的拓展能力也有限,在个人社会网络方面也具有较强的"同质性",特别是以家庭为中心的传统农村女性,个体发展往往会随着其结婚生子而"理性"的终止,回归农村、回归家庭,原先的社会关系逐渐淡化，日常家庭琐事逐渐成为她们的生活重心，女性个体的发展受到抑制。成年时期的社会资本、社会网络缺乏，当她们步入人生的老年阶段时，能够有效运用的各种资源更是有限，加上子女的外出务工或其他原因不能常伴身边，自身文化素养的贫瘠、社区活动参与的缺乏，使得她们晚年时期精神生活单调、贫乏，心理承受着孤寂、无奈与落寞。

最后，女性自身的生理特质使得她们相较男性而言更具脆弱性，孕育哺乳的必经阶段会给她们的身体带来一定程度的影响，大量的家务照料也影响了她们的生理心理方面的健康，加上农村医疗、卫生、保健系统的不完善，女性年轻时期积累的疾病隐患在一定年龄后逐渐显露，已有研究也反映了农村女性普遍寿命长，但患慢性病的较多。此外，虽然农村医疗保险已经大面积覆盖，但是转诊、报销等制度的不健全，老年女性的收入少，使得她们能够有效享受医疗保障的作用有限。

综合来看，农村家庭女性多维贫困受到文化、社会、家庭和个人多个层面的综合影响，多重因素的交互作用。仅从单一角度难以全面、清晰地论述她们贫困的形成机理，她们贫困的形成也不是一蹴而就的，这个形成过程随着她们在不同的人生阶段而有所不同。成年时期的各种资本、资源的积累的劣势随着老年时期的到来而逐渐凸显，而传统性别意识观念不断传承。因此，农村家庭女性的贫困形成是交错、积累和动态的。

本 章 小 结

本章从经济、社会、制度、文化、环境的视角梳理女性贫困形成机理，发现农村女性贫困机理是一个复杂、动态的过程，单某一个视角诠释女性贫困的形成机理不足以说明问题，很容易就同一个问题形成迥然不同的观点，尤其是在多维贫困的视角下，女性贫困的形成机理将更加复杂。因此，本章尝试构建农村女性贫困形成机理的分析框架，结合经济、社会、制度、文化和个体因素，阐释其内在的逻辑关系，理清农村女性贫困的形成机理。

第三章 农村家庭女性多维贫困测度指标体系

第一节 农村家庭老年女性多维贫困指标体系

一、农村家庭老年女性多维贫困测度的维度与指标

农村家庭老年女性的多维贫困就是从老年女性自身的多个维度去测量贫困。本书结合已有研究及 OPHI 提出的联合国发展目标、人类发展指数（HPI）和多维贫困指数（MPI），并依据 CFPS 数据指标的可获得性和农村家庭老年女性自身需求及其他方面的特点，选取 4 个维度 11 个指标来测量农村家庭老年女性多维贫困。每个指标的选取及指标赋值如下：

（1）基本保障维度。该维度包括经济、医疗和养老保障三个指标。经济保障是衡量农村老年女性贫困最直接的指标，CFPS 数据库将个人收入与当地比较由低到高赋值为 1~5，结合老年女性样本该项指标赋值的情况，将个人收入比较低于 3 的赋值为 1，否则为 0。医疗、养老保障是老年人口维持基本生活能否得到有效保障的底线，将没有购买任何医疗、养老保险的赋值为 1，否则为 0。

（2）健康维度。该维度包括自评健康、慢性病和基本记忆力三个指标。自评健康是生理健康的综合度量，能够迅速、准确地评价老年人口的健康状况，而记忆力则是心智健康的体现。本书将自评健康一般和不好的赋值为 1，否则为 0；将过去半年内患有慢性病的赋值为 1，否则为 0；将过去

一周内发生的主要事情记不住的赋值为1，否则为0。

（3）精神生活维度。该维度包括子女互动、精神状态和家庭地位三个指标。该维度能够反映老年女性的精神慰藉、情感寄托和心理状态。CFPS数据库调查的子女互动主要包括经济支持、生活照料、联系频率和见面频率，本书将没有子女提供生活照料，和子女不常联系、见面的赋值为1，否则为0。老年人口精神需求具有隐蔽性，往往被忽略，因此，精神状态指标用自评孤独感来衡量，将老年人口经常有孤独感的赋值为1，否则为0。家庭地位指标用家庭事项没有话语权来衡量，没有的赋值为1，否则为0。

（4）社交活动维度。该维度包括手机使用和邻里关系两个指标。手机使用指标能够反映老年人日常的生活质量。将基本不使用手机的赋值为1，否则为0。邻里关系指标能够反映老年人口的日常社会交往，该指标用对邻居的信任来衡量，将邻里间不信任的赋值为1，否则为0。

农村家庭老年女性多维贫困测度的维度及临界值如表3-1所示。

表3-1　　　　农村家庭老年女性多维贫困测度的维度及临界值

维度	指标	临界值
基本保障	经济保障	个人经济水平在当地比较低的赋值1，否则为0
	医疗保障	没有任何医疗保险的赋值1，否则为0
	养老保障	没有任何养老保险的赋值1，否则为0
健康	自评健康	自评健康一般和不好赋值1，否则为0
	有无慢性病	患有慢性病的赋值1，否则为0
	基本记忆力	过去一周内的主要事情记不住的赋值1，否则为0
精神生活	子女互动	和子女没有任何生活互动的赋值1，否则为0
	精神状态	经常感到孤独的赋值1，否则为0
	家庭地位	家庭事项没有话语权的赋值1，否则为0
社交活动	手机使用	从不或很少使用手机赋值1，否则为0
	邻里关系	对邻居感到不信任赋值1，否则为0

二、农村家庭老年女性多维贫困维度与指标的权重

学术界目前对多维贫困维度和指标权重的设定方法主要有等权重法和非等权重法。本书选取的农村家庭老年女性多维贫困指标间共线性较小，如表3-2所示，各指标的相关性均小于0.29，此外，各个维度下均有多个指标，因此，本书采用等维度权重法[1][2][3][4]。

表3-2　　农村家庭老年女性多维贫困指标相关系数（2018）

指标	经济	医疗	养老	健康	慢性病	记忆力	子女	精神	家庭	手机
医疗	0.026									
养老	0.036	0.217								
健康	0.107	0.013	-0.019							
慢性病	0.042	-0.006	-0.053	0.283						
记忆力	0.063	0.022	0.021	0.175	0.092					
子女	0.031	-0.004	0.109	-0.166	-0.168	-0.121				
精神	0.067	0.026	0.008	0.117	0.068	0.064	0.052			
地位	-0.019	0.006	0.023	-0.027	-0.037	0.015	0.005	-0.025		
手机	0.000	0.000	0.000	0.000	0.000	0.000	0.000	0.000	0.000	
邻里关系	0.052	0.011	0.033	0.089	0.027	0.067	0.025	0.057	-0.005	0.000

---

① 权重反映维度或指标在多维贫困的测量体系中的相对重要性，不同的设置方案会影响测量结果，目前权重选择的标准没有达成一致（Decancq 和 Lugo，2008）。但是，相较多维贫困测量方法的稳健性而言，不同权重下的结论差异不明显。因此，本书选择目前常用的等维度权重法。

② Alkire S，Foster J. Counting and multidimensional poverty measurement[J]. Journal of Public Economics，2011a.，95(7)：476-487.

③ Alkire S，Seth S. Multidimensional poverty reduction in India between 1999 and 2006：where and how[J]. World Development，2015，72(8)：93-108.

④ 龙莹，解浩. 中国贫困指数的测算与动态分解——基于多维贫困视角[J]. 财贸研究，2018(02)：43-48.

等维度权重法，对老年人口各个维度分别赋值为 1，再将各个维度下的指标均分该维度相应的权重。因此，权重设定如表 3-3 所示，其中，基本保障、健康、精神生活和社交活动维度各为 1，基本保障维度的经济、医疗和养老保障指标的权重分别为 1/3；健康维度的自评健康、慢性病和记忆力指标的权重分别为 1/3；精神生活维度的子女互动、精神状态和家庭地位指标的权重分别为 1/3；社交活动维度的手机使用和邻里关系指标的权重分别为 1/2。

表 3-3 　　　　　　　　　农村家庭老年人口多维贫困指标权重

维度	指标	权重
基本保障	经济保障	1/3
	医疗保障	1/3
	养老保险	1/3
健康	自评健康	1/3
	有无慢性病	1/3
	基本记忆力	1/3
精神生活	子女互动	1/3
	精神状态	1/3
	家庭地位	1/3
社交活动	手机使用	1/2
	邻里关系	1/2

第二节　农村家庭成年女性多维贫困指标体系

一、农村家庭成年女性多维贫困测度的维度与指标

农村家庭成年女性的多维贫困就是从成年女性自身的多个维度去测量

贫困。本书结合已有研究及 OPHI 提出的联合国发展目标、人类发展指数（HPI）和多维贫困指数（MPI），并依据 CFPS 数据指标的可获得性和农村家庭成年女性自身特点，选取 6 个维度 16 个指标对农村家庭成年女性多维贫困进行测量。每个指标的选取及指标赋值如下：

（1）经济维度。该维度包括个人收入、工作情况和基本保障三个指标。收入水平是衡量成年女性贫困的最直接指标，传统衡量家庭经济状况的指标是家庭人均收入，该指标往往将家庭内部成员看作同质的，忽略隐蔽性收入的现实情况，本书选取个人收入指标作为考查指标，低于国家贫困线赋值为 1，否则为 0①。工作情况可以衡量成年女性就业水平及社会资本的获得情况，因此若成年女性从未从事过自家农业活动外的工作赋值为 1，否则为 0。基本保障是是否购买基本医疗或养老保险，购买任意一个的赋值为 1，都没有购买的赋值为 0。

（2）健康维度。该维度主要包括女性自评健康状况、有无慢性病和 BMI 指数。自评健康是融入个人自身经历、对健康的体验及所处环境对健康的综合理解，能够有效反映个人实际健康状况的指标，因此将健康自评为不健康、差的赋值为 1，否则为 0。慢性病是衡量个体某个阶段并可能会产生长期效应的身体状况指标，将半年内患有慢性病赋值为 1，否则为 0。BMI 指数是衡量个体身体是否健康的一个标准②，由于本书研究贫困人口，因此将 BMI 指数低于最低标准值的赋值为 1，否则为 0。

（3）人文维度。该维度包括教育程度、信息获取和表达理解能力。该维度能够体现成年女性自身的综合素质。在教育程度指标上，依据 MPI 教育指标的设置，结合已有数据成年女性平均受教育年限，将成年女性受教

---

① 我国最新制定的贫困线是 2011 年划定的 2300 元的贫困线，本书根据该标准按 2010 年可比价对相应年份的贫困标准进行了计算。

② 身体质量指数（BMI）是国际上常用的衡量人体是否健康的重要标准。体重指数 BMI＝体重/身高的平方（国际单位 kg/m²），根据世界卫生组织定下的标准，亚洲人的 BMI（体重指标 Body Mass Index）若高于 22.9 便属于过重，低于 18.5 的会有相关疾病发生的危险。http：//www.haodf.com/zhuanjiaguandian/liudeyun_128044842.htm.

育程度初中及以下赋值为 1，否则为 0。信息获取是个人获取信息的途径，能反映个人接触外界事物并运用各种信息渠道的能力，将主要信息获取是通过他人转告，基本不涉及电视、广播、网络渠道的赋值为 1，否则为 0。表达理解能力是成年女性人文素质的外在体现，CFPS 数据库通过访员观察将个人表达理解能力由低到高赋值为 1~7，本书将该指标低于 3 的赋值为 1，否则为 0。

（4）精神生活维度。该维度包括新闻关注、休闲娱乐和生活满意度指标。该维度能够反映成年女性闲暇生活及内心的满意程度，是衡量女性精神面貌及心理状态的重要维度。将女性从不关注任何社会、政治等类似新闻的情况赋值为 1，否则为 0。将从不或很少使用互联网的赋值为 1，否则为 0。女性对自身生活不满意的赋值为 1，否则为 0。

（5）社会关系维度。该维度包括个人人际关系和个人在当地的地位两个指标。该维度能够衡量成年女性社会网络关系及社会资本的获得情况。CFPS 数据库将个人人际关系及个人在当地地位指标由低到高赋值为 0~10 分，本书将这两项指标低于均值赋分的赋值为 1，否则为 0。

（6）权利维度。该维度包括家庭决策权和财产权两个指标。该维度能够反映农村家庭内部成年女性对生活资产资源占有使用的情况，是衡量资产资源占有是否性别平等的重要维度。将成年女性在家庭重大事项，包括家庭重要收支、家产购买、重要活动决定等，没有决策权的赋值为 1，否则为 0。农村家庭财产主要包括房产、土地等，根据能获取的数据，将成年女性没有房产权的赋值为 1，否则为 0。

农村家庭成年女性多维贫困测度的维度及临界值如表 3-4 所示。

表 3-4　　农村家庭成年女性多维贫困测度的维度及临界值

维度	指标	剥夺临界值
经济	个人收入	个人收入低于国家贫困线赋值 1，否则为 0
	工作情况	从未有过家庭非农工作的赋值 1，否则为 0
	基本保障	购买基本医疗或养老保险的赋值 1，否则为 0

续表

维度	指标	剥夺临界值
健康	自评健康状况	健康状况自评不健康及以下赋值为1，否则为0
	是否患有慢性病	半年内患有慢性病赋值1，否则为0
	BMI指数	低于18.5赋值1，否则为0
人文	教育程度	成年人口教育水平初中以下赋值1，否则为0
	信息获取	主要通过他人转告获取信息赋值1，否则为0
	语言表达或理解能力	表达、理解能力较差及以下赋值1，否则为0
精神生活	新闻关注	从不关注任何社会、政治新闻赋值1，否则为0
	休闲娱乐	从不或很少使用互联网娱乐赋值1，否则为0
	生活满意度	对生活不满意赋值1，否则为0
社会关系	人际关系	个人人际关系差赋值1，否则为0
	个人在当地地位	个人在当地社会地位低赋值1，否则为0
权利	家庭决策权	家庭重大事项无决策权赋值1，否则为0
	财产权	没有房产权的赋值1，否则为0

二、农村家庭成年女性多维贫困维度与指标的权重

由于本书所选的农村家庭成年女性多维贫困指标间的共线性较小，如表3-5所示，各指标的相关性均小于0.31，此外，由于每个维度都有多个指标，因此本书采用等维度权重法。

等维度权重法，对成年女性各个维度分别赋值为1，再将各个维度下的指标均分该维度相应的权重。因此，权重设定如表3-6所示，其中，经济、健康、人文、精神生活、社会关系和权利维度各为1，经济维度的个人收入、工作情况和自评收入指标的权重分别为1/3；健康维度的自评健康、慢性病和BMI指数指标的权重分别为1/3；人文维度的教育程度、信息获取和理解表达能力指标的权重分别为1/3；精神生活维度的新闻关注、休闲娱乐和生活满意度指标的权重分别为1/3；社会关系维度的人际关系和个人社会地位指标的权重分别为1/2；权利维度的家庭决策权和财产权指标的权重分别为1/2。

表 3-5　　农村家庭成年女性多维贫困指标间的相关系数（2018）

指标	工作	保障	健康	bmi	慢性病	教育	信息	能力	新闻	网络	满意度	地位	人际	决策权	财产权
收入	0.31	-0.04	-0.01	0.00	0.08	0.20	-0.01	0.05	-0.04	0.22	0.14	0.03	0.04	-0.03	-0.01
工作		-0.03	-0.01	-0.04	0.03	0.19	-0.01	0.04	-0.01	0.12	0.01	-0.02	0.01	-0.05	-0.03
保障			-0.02	0.03	-0.03	-0.03	0.00	0.00	0.04	0.00	0.02	0.03	-0.02	0.00	0.03
健康				0	0.06	0.00	0.00	0.00	0.01	0.03	0.03	0.04	0.02	0.00	-0.01
bmi					0.01	-0.08	0.00	-0.01	0.00	0.00	0.04	0.02	0.05	0.06	0.02
慢性病						0.05	-0.01	0.02	-0.05	0.08	0.04	0.01	0.04	-0.03	-0.04
教育							0.02	0.06	0.07	0.24	0.03	0.01	0.01	-0.05	-0.02
信息								-0.02	-0.05	0.01	-0.03	-0.02	-0.02	-0.02	0.01
能力									0.03	0.12	0.07	0.04	0.04	0.00	0.02
新闻										0.05	0.04	0.07	0.04	0.03	0.05
网络											0.03	0.00	0.05	0.06	-0.05
满意度												0.25	0.09	-0.05	0.01
地位													0.09	0.01	-0.02
人际														0.01	-0.01
决策															0.09

表 3-6　　　　　　　　　农村家庭成年女性多维贫困指标权重

维度	指标	权重
经济	个人收入	1/3
	工作情况	1/3
	基本保障	1/3
健康	自评健康状况	1/3
	是否患有慢性病	1/3
	BMI 指数	1/3
人文	教育程度	1/3
	信息获取	1/3
	语言表达或理解能力	1/3
精神生活	新闻关注	1/3
	休闲娱乐	1/3
	生活满意度	1/3
社会关系	人际关系	1/2
	个人在当地地位	1/2
权利	家庭决策权	1/2
	财产权	1/2

第三节　农村家庭女性儿童多维贫困指标体系

一、农村家庭女性儿童多维贫困测度的维度与指标

本书结合已有研究及联合国儿童基金会的儿童多维贫困评价指标
（United-Nations，2007）、人类发展指数（HPI）和多维贫困指数（MPI），并
依据 CFPS 数据指标的可获得性和农村家庭女性儿童自身的特点，选取 5
个维度 12 个指标对农村家庭女性儿童多维贫困进行测量。每个指标的选取

及指标赋值如下：

（1）营养维度。营养是儿童生存和发展过程中重要的投入（Harper er al，2003），对儿童当前和以后的个人发展都至关重要（Mentis，2015）。该维度包括年龄别身高（HAZ）和年龄别体重（WAZ）两个指标。营养状况是女童身体健康状况的重要组成部分，本书采用国际上常用的衡量儿童长期健康积累的指标，即年龄别身高 Z 评分和年龄别体重 Z 评分[①]，将 Z 评分低于-2 的赋值为 1，否则为 0。

（2）健康维度。该维度包括看病次数、住院和医疗保险三个指标。结合样本女童过去一年平均看病次数，将看病次数超过 5 次的赋值为 1，否则为 0；将因病住院的赋值为 1，否则为 0；没有购买任何医疗保险的赋值为 1，否则为 0。

（3）教育维度。该维度包括适龄入学情况和学习关怀指标。该维度能够反映家庭对女童的教育重视。将适龄女童没有入学的赋值为 1，否则为 0。CFPS 数据库通过访员观察家庭环境对儿童学习的重视度，按强烈程度分别赋值为非常同意~非常不同意，将不同意和非常不同意的视为家庭缺乏对儿童教育的关注，并赋值为 1，否则为 0。

（4）生活保障维度。该维度包括经济、卫生和住房保障三个指标。经济保障是女童基本生活能否得到有效保障的底线，该指标用家庭人均收入来衡量，低于国家贫困线的赋值为 1，否则为 0。自来水与做饭燃料的使用不仅显著影响农民的生理健康，还有益于他们的精神健康，而且带给贫困家庭儿童的健康收益更大（Jalan et al.，2003；Zhang，2012；李华等，2013），卫生设施的改善可为儿童的早期成长带来源于家庭内部与邻居外部的双重收益（Andres et al.，2017），因此，将饮用水使用不方便和做饭使用传统燃料的赋值为 1，否则为 0。将住房存在如客厅架起睡觉的床、同住一室等情况的赋值为 1，否则为 0。

---

① Z 评分公式为：$Z=(W-RM)/SD$，W 为观测样本的身高或体重；RM 为参考标准（身高或体重）的中位数；SD 为参考标准的标准差。标准可参考世界卫生组织推荐的标准，在实际测算中，如果 HAZ、WAZ 和 WHZ 小于-2，表示儿童营养不良。

（5）个体成长维度。该维度包括信息剥夺和家庭陪伴指标。信息剥夺指标能够反映女童对外界信息的获取情况，我国农村地区互联网普及率提高①，用女童能否接触电脑、电视机电话等来衡量个体成长的信息接触，儿童居住环境中没有这些物品的赋值为1，否则为0。家庭陪伴指标能够反映父母对子女的日常生活照顾，该指标用父母与女童过去一年内生活在一起的时长来衡量，结合样本数据女童与父母平均不在一起生活的时长，将父母与女童过去一年超过7个月不生活在一起的赋值为1，否则为0。

农村家庭女性儿童多维贫困测量的维度及指标如表3-7所示。

表3-7　　　　农村家庭女性儿童多维贫困测量的维度及指标

维度	指标	剥夺临界值
营养	年龄别身高（HAZ）	HAZ小于-2表明营养不良赋值1
	年龄别体重（WAZ）	WAZ小于-2表明营养不良赋值1
健康	看病次数	过去一年因病去医院看病超过5次赋值1
	住院	过去一年因病住院赋值1
	医疗保险	没有购买任何医疗保险赋值1
教育	入学情况	适龄儿童没有入学的赋值1
	学习关怀	家庭缺乏对儿童教育的关注赋值1
生活保障	经济保障	家庭人均收入小于国家贫困线赋值1
	卫生保障	饮水困难、做饭燃料差的赋值1
	住房保障	住房有任何问题的赋值1
个体成长	信息剥夺	家中没有电脑、电视、电话等赋值1
	家庭陪伴	父母大半年不和孩子生活在一起赋值1

---

① 中国互联网络信息中心：我国网民数量已达7.31亿人，https：//www.ithome.com/html/it/290090.htm.

二、农村家庭女性儿童多维贫困维度与指标的权重

由于本书所选的农村家庭女性儿童多维贫困指标间的共线性较小，如表 3-8 所示，各指标的相关性均小于 0.30，此外，由于每个维度都有多个指标，因此本书采用等维度权重法。

表 3-8　　农村家庭女性儿童多维贫困指标间的相关系数（2018）

指标	身高	体重	看病次数	住院	医疗保险	入学情况	学习关怀	经济保障	卫生保障	住房保障	信息剥夺
体重	0.256										
看病次数	0.038	0.086									
住院	0.130	0.059	0.063								
医疗保险	0.025	-0.019	0.030	-0.002							
入学情况	0.085	0.049	0.053	-0.053	0.058						
学习关怀	0.088	0.116	0.008	0.037	0.024	0.051					
经济保障	0.057	0.100	0.063	0.064	0.009	0.029	0.107				
卫生保障	0.150	0.086	-0.017	0.001	-0.019	0.025	0.045	0.112			
住房保障	0.054	0.053	-0.039	-0.037	0.029	-0.020	0.047	0.129	0.057		
信息剥夺	-0.030	-0.075	-0.016	0.025	-0.029	-0.037	-0.019	0.006	0.023	-0.072	
家庭陪伴	-0.022	0.026	0.083	0.018	-0.005	-0.033	0.022	0.089	0.097	-0.026	-0.053

等维度权重法，对女性儿童各个维度分别赋值为 1，再将各个维度下的指标均分该维度相应的权重。因此，权重设定如表 3-9 所示，其中，营

养、健康、教育、生活保障和个体成长维度各为 1，营养维度的年龄别身高和年龄别体重指标的权重分别为 1/2；健康维度的看病次数、住院和医疗保险指标的权重分别为 1/3；教育维度的入学情况和学习关怀指标的权重分别为 1/2；生活保障维度的经济、卫生和住房保障指标的权重分别为 1/3；个体成长维度的信息剥夺和家庭陪伴指标的权重分别为 1/2。

表 3-9　　　　　　　　　农村家庭女性儿童多维贫困指标权重

维度	指标	权重
营养	年龄别身高（HAZ）	1/2
	年龄别体重（WAZ）	1/2
健康	看病次数	1/3
	住院	1/3
	医疗保险	1/3
教育	入学情况	1/2
	学习关怀	1/2
生活保障	经济保障	1/3
	卫生保障	1/3
	住房保障	1/3
个体成长	信息剥夺	1/2
	家庭陪伴	1/2

本 章 小 结

本章分别构建了农村家庭老年女性、成年女性和女性儿童多维贫困测量的体系框架，包括维度和指标、方法和权重。

第一，农村家庭老年女性。从基本保障、健康、精神生活和社交活动 4 个维度及各个维度下的共 11 个指标构建农村家庭老年女性多维贫困测量

的指标体系，并结合维度下的指标数量，各指标间的相关性，选取等维度
权重法对指标赋权。

第二，农村家庭成年女性。从经济、健康、人文、精神生活、社会关
系和权利 6 个维度及各个维度下的共 16 个指标构建农村家庭成年女性多维
贫困测量的指标体系，并结合维度下的指标数量，各指标间的相关性，选
取等维度权重法对指标赋权。

第三，农村家庭女性儿童。从营养、健康、教育、生活保障和个人成
长 5 个维度及各个维度下的共 12 个指标构建农村家庭女性儿童多维贫困测
量的指标体系，并结合维度下的指标数量，各指标间的相关性，选取等维
度权重法对指标赋权。

第四章　农村家庭女性多维贫困及动态性测度

第一节　多维贫困测度及动态性测度方法

一、多维贫困测度方法

本书采用 Alkire 和 Foster 提出的测度方法测算农村家庭女性贫困状况①，该测度方法简述如下：

第一，维度内贫困识别。根据调查数据库，假设 N 表示农村家庭成年人口数，$D \geqslant 2$ 表示多维贫困测度的维度数，$y = [y_{ij}]$ 指 $N \times D$ 维矩阵的取值，y_{ij} 表示个体 i 在第 j 个维度的观测值，行向量 y_i 是个体 i 的取值，列向量 y_j 是维度 j 的取值，z_j 表示维度 j 的贫困临界值，定义一个剥夺矩阵，$g^0 = [g_{ij}^0]$，代表个体 i 在维度 j 的贫困状况：

$$g_{ij}^0 = \begin{cases} 1 \ if \ y_{ij} < z_j \\ 0 \ if \ y_{ij} \geqslant z_j \end{cases} \tag{4-1}$$

第二，多维贫困识别。上式展示了每个个体在各个维度上的剥夺分布情况，若要判断该个体是否多维贫困，定义一个列向量代表个人忍受的总的贫困维度数，即汇总被剥夺维度总数，得到 c_i。再次，将剥夺维度总数

---

① 该方法还可对贫困广度和贫困深度的多维贫困指数进行测量，受篇幅所限，本书仅测量了贫困发生率的多维贫困指数。

（ c_i ）与设定多维贫困剥夺临界值(k)进行对比，判断个体是否存在多维贫困。若个体被剥夺的维度数(c_i)大于设定的多维贫困临界值(k)，则认定该个体存在多维贫困，否则，不存在多维贫困。ρ_k 为考虑 k 个维度时的识别贫困的函数，ρ_k 既受 z_j （维度内的被剥夺情况）的影响，又受跨维度 c_i 被剥夺情况的影响。

$$\rho_k(y_i;\ z) = \begin{cases} 1\ if\ c_i \geqslant k \\ 0\ if\ c_i < k \end{cases} \tag{4-2}$$

第三，贫困加总。在识别了各维度的被剥夺之后，需要进行维度加总，得到多维综合指数。M_0 即为调整后的多维贫困指数。它由两部分构成：一部分为 H（贫困发生率）；另一部分为 A（平均剥夺份额）：

$$H = H(x,\ z) = \sum_{i=1}^{N} q_{ij}(k)/N \tag{4-3}$$

$$A = \sum_{i=1}^{N} c_{ij}(k) \Big/ \sum_{i=1}^{N} q_{ij}(k) * d \tag{4-4}$$

$$M_0(x,\ z) = \mu[g^0(k)] = HA = \sum_{n=1}^{N} c_{ij}(k)/N * d \tag{4-5}$$

第四，贫困分解。多维贫困指数可以按照不同维度进行分解，其中 U 和 R 分别表示不同分组的人口数量①：

$$M(k) = \sum_{n=1}^{N} c_{ij}(k)/N * d = \frac{U}{N}M_U(k) + \frac{R}{N}M_R(k) \tag{4-6}$$

二、多维贫困动态性测度方法

在多维贫困测算的基础上，根据农村家庭人口在追踪年度内所处贫困的年限，将追踪人口的贫困动态性划分为从不贫困、暂时贫困和慢性贫困三种类型。具体方法为：假设 p_k^i 表示第 i 个个体在 T 时期内的总体多维贫困动态性，Y_k^i 为第 i 个个体在 T 时期内的贫困年份，T' 为判断暂时贫困和慢性贫困的临界值。当第 i 个个体在 T 时期内的多维贫困年份为 0 时，为从

---

① 该分组也可大于等于 2。

不贫困；当其多维贫困年份介于 0 和 T' 之间时，其贫困状态为暂时贫困；当其多维贫困年份大于 T' 时，为慢性贫困。具体划分方式如下：

$$p_k^i = \begin{cases} 0 \ if \ Y_k^i = 0 \\ 1 \ if \ 0 < Y_k^i \leqslant T' \\ 2 \ if \ T' < Y_k^i \leqslant T \end{cases} \qquad (4\text{-}7)$$

第二节　农村家庭老年女性多维贫困及动态性测度结果

一、农村家庭老年女性多维贫困发生率

全国农村家庭老年女性各指标多维贫困发生率①如图 4-1 所示。整体上来看，单个指标贫困发生率超过 50% 的指标数量约占总指标数量的一半。第一，全国农村家庭老年女性各指标贫困发生率最高的是自评健康和家庭地位，这两项指标的贫困发生率均值均超过了 60%，分别为 68.46% 和 67.14%，其中，自评健康指标在 2010—2018 追踪年度内持续在较高的贫困发生率水平，在各个年度内的贫困发生率均超过 55% 以上，整体上反映了农村家庭老年女性自身的身体状况处于较高的贫困状态，且呈越来越差的趋势。农村老年女性一方面由于自身的生理特征，经历生育阶段，而农村往往没有很好的产孕检这类的医疗措施，导致女性患有慢性病的较多，随着年龄的增长，健康问题逐渐凸显，另一方面农村老年女性在年轻时承担大部分家庭劳务，她们辛勤操劳农活和家务事，耗费了她们大量的体力和精力，身体健康难以得到保障。家庭地位指标在 2010 年的贫困发生率高达 80.41%，且在 2012、2014 年度均保持在 71% 以上的较高贫困发生率状态，这说明农村家庭的老年女性在家庭地位方面处于极高的贫困状

①　由于农村老年女性本书所选样本量的问题，本书对老年女性多维贫困及动态性的区域差异分析仅分析全国、东、中和西部地区。区域的划分参照了国家统计局有关地区的划分方法，http://www.stats.gov.cn/tjsj/zxfb/201405/t20140527_558611.html。

态，这也与我国农村家庭内部的实际情况是相符的，一方面是由于农村传统的文化意识观念"在家从父，出嫁从夫，夫死从子"根深蒂固，另一方面农村家庭的老年女性有着较强的依附性，这削弱了她们在家庭中的谈判地位，自然而然属于家庭的从属品，缺乏对家庭重大事务的话语权，但是家庭地位指标的贫困发生率在 2016 年度和 2018 年度呈现逐渐下降的趋势，下降到 2018 的 54.73%，相比 2010 年度，降幅达到了 32%，说明在追踪年度内，全国农村家庭老年女性在家庭内部中的地位略有改善。

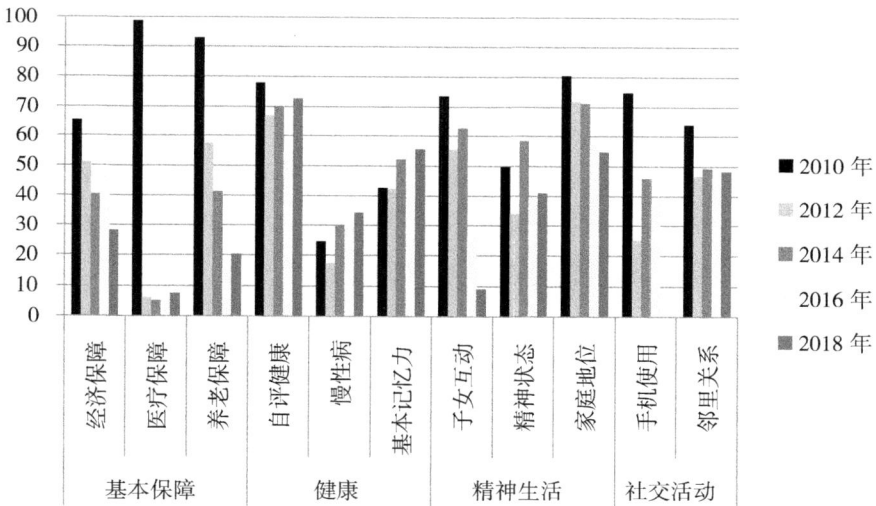

图 4-1　全国农村家庭老年女性各指标贫困发生率(%)

第二，经济保障、养老保障、基本记忆力、子女互动、精神状态和邻里关系指标的贫困发生率较高，这 6 项指标的贫困发生率在追踪年度内的均值均超过了 45%，但这些指标在 2010—2018 年贫困发生率呈逐渐下降趋势，且降幅明显。经济保障指标贫困发生率在追踪年度内有所下降，从 2010 年的 65.34% 下降到 2018 年的 28.17%，降幅约为 57%，说明农村家庭老年女性在经济保障上有所改善，特别是随着我国扶贫工作的持续推进，产业扶贫、兜底保障等措施明显改善了农村家庭人口的经济问题；养老保障指标贫困发生率从 2010 年的 92.91% 下降到 2018 年的 20.20%，降幅达到了 78%，说明我国农村的养老保障政策工作取得了良好成绩，农村家庭老年女性大部分享受到了养老保障的福利；记忆力指标在追踪年度呈现上升的趋势，且贫困发生率在 2010—2018 年均保持在 50% 左右，该指标与自身健康的变化趋势类似，随着年龄的增长，老年女性会出现一定程度的记忆力衰退，进一步说明了老年女性较差的身体状态；子女互动指标贫困发生率从 2010 年的 73.65% 下降到 2018 年的 9.05%，降幅达到了 88%，这反映了农村家庭成年子女与母亲的联系互动呈频繁、紧密的状态，一方面是由于农村乡土文化的根深蒂固，尊老爱幼、孝敬父母的传统文化的影响，另一方面尽管农村年轻的一代逐渐外迁，但随着基础设施的完善，通讯工具的普及，使得子女和母亲通过各种方式的交流互动能够得以实现；精神状态和邻里关系指标在追踪年度内的贫困发生率均在 40% 以上，这说明了农村家庭老年女性在精神状态和邻里交往方面处于一定程度的贫困状态。农村老年女性大部分文化程度不高，她们在日常闲暇时很少有兴趣爱好，缺乏精神慰藉，常常感到精神上的孤独。

第三，医疗保障、慢性病和手机使用这三项指标贫困发生率略高，在追踪年度内的贫困发生率均值均超过了 25%，分别为 25%、27% 和 37%。其中，医疗保险指标在追踪年度内的贫困发生率呈现逐渐下降的趋势，从 2010 年的 98.65% 下降到 2018 年的 7.5%，降幅高达 92%，说明农村地区医疗保险政策得到良好推广和实施，农村老年女性在基本医疗、补充医疗和大病医疗上得到有效保障；慢性病指标的贫困发生率呈现逐渐上升的趋势，与自评健康指标的变动趋势类似，进一步验证了农村家庭老年女性的身体状况一般，随着年龄的增长，患慢性病的较多；手机使用指标在追踪年度内的贫困发生率呈现逐渐下降的趋势，从 2010 年的 74.86% 下降到 2018 年的 0，降幅高达 100%，这说明了在我国脱贫攻坚的工作中，全国农村地区基础建设得到较大改善，基本通讯设施得到普及，农村人口普遍能使用基本通讯工具，在信息获取上得到保障。

东部地区农村家庭老年女性各指标贫困发生率如图 4-2 所示。整体上来看，单个指标贫困发生率超过 50% 的指标数量约占总指标数量的一半。

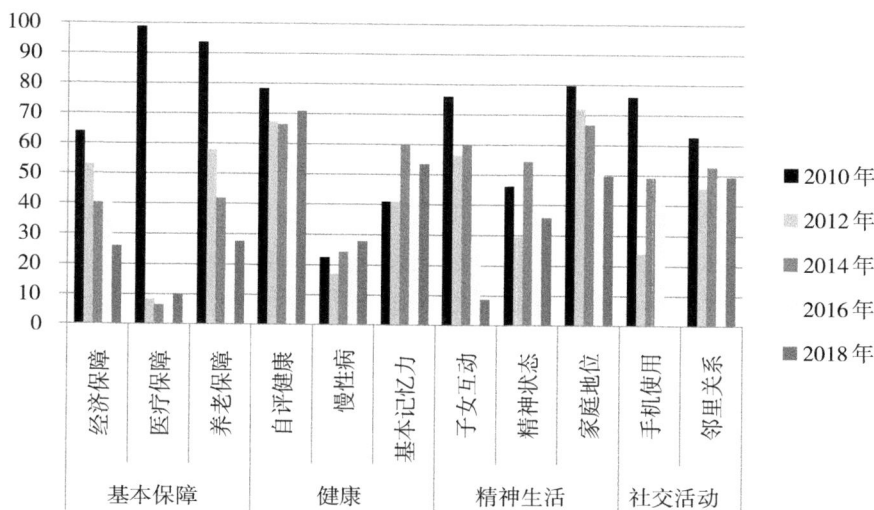

图 4-2 东部地区农村家庭老年女性各指标贫困发生率(%)

首先，东部地区农村家庭老年女性各指标贫困发生率最高的是自评健康和家庭地位，这两项指标的贫困发生率均值均超过了 60%，分别为67.34% 和 63.69%。其中，自评健康指标在 2010—2018 年追踪年度内持续在较高的贫困发生率水平，在各个年度内的贫困发生率均超过 54% 以上，反映了东部地区农村家庭老年女性身体状况处于较高的贫困状态，女性自身的生理特征和长期以来的辛勤操劳耗费了她们的体力和精力，身体状况受到一定的影响，该项指标贫困发生率在 2010—2016 年呈现下降趋势，仅在 2018 年略有上升，说明东部地区农村家庭老年女性健康状态相比全国农村地区的略好；家庭地位指标在 2010 年的贫困发生率高达 79.73%，略低于同年度全国农村该项指标的水平，但也反映了东部地区农村家庭的老年女性在家庭地位方面处于极高的贫困状态，这也与农村家庭的整体实际情况是相符的，农村传统的文化意识观念和农村老年女性缺乏经济独立性，使得她们对家庭有着较强的依附性，削弱了她们在家庭中的谈判能力，在家庭中更多的是属于从属的地位，但是家庭地位指标的贫困发生率在追踪年度内呈现逐渐下降的趋势，2018 年贫困发生率最低，为 49.58%，相比

2010 年，降幅达到了 38%，说明在追踪年度内，东部地区农村家庭的老年女性在家庭内部的地位有了一定的改善。

其次，经济保障、养老保障、基本记忆力、子女互动、精神状态和邻里关系指标的贫困发生率较高，这 6 项指标的贫困发生率在追踪年度内的均值均超过了 40%，但这些指标在 2010—2018 年贫困发生率呈逐渐下降趋势，且降幅明显。经济保障指标贫困发生率从 2010 年的 63.82% 下降到 2018 年的 25.96%，降幅达到了 59%，说明东部地区农村家庭老年女性在经济保障上有了较大程度的改善；养老保障指标在追踪年度内的贫困发生率从 2010 年的 93.63% 下降到 2018 年的 27.64%，降幅高达 70%，略低于全国该项指标的降低幅度水平，这说明东部地区农村的养老保障工作取得了良好成绩，该地区的农村家庭老年女性大部分享受到了养老保障的福利；基本记忆力指标的贫困发生率相较于全国地区的该项指标来说略低，均值为 48.84%，且该指标在追踪年度呈现上升的趋势，说明随着年龄的增长，老年女性会出现一定程度的记忆力衰退，进一步反映了老年女性较差的身体状态；子女互动指标同全国农村地区的该项指标类似，其贫困发生率呈现逐渐下降的趋势，这也反映了农村家庭目前较为广泛的现象，农村传统文化的根深蒂固和基本设施的改善，子女与母亲的联系互动更为紧密；精神状态和邻里关系指标在追踪年度内略有下降，但在追踪年度上均维持在 50% 左右的贫困发生率状态，整体上反映东部地区农村家庭老年女性在精神状态方面处于一定程度的贫困状态。农村老年女性大部分文化程度不高，她们在日常闲暇时很少有兴趣爱好，与邻里之间的互动联系较少，缺乏精神慰藉，常常感到精神上的孤独。

最后，医疗保障、慢性病和手机使用指标的贫困发生率的均值较高，均值分别为 26.03%、23.48% 和 38.02%。其中，医疗保障指标在追踪年度内贫困发生率的均值略低于全国农村的该项指标均值，且医疗保障指标整体上呈现下降的趋势，从 2010 年的 93.83% 下降到 2018 年的 10.05%，降幅达到了 90%，说明东部农村地区医疗保险政策得到良好实施，该地区农村家庭老年女性大部分享受到医疗保险的福利；慢性病指标贫困发生率呈现逐渐上升的趋势，与自评健康指标的变动趋势类似，进一步验证了农村家庭老年女性的身体状况一般，且患慢性病的较多；手机使用指标在追踪年度内的贫困发生率呈现逐渐下降的趋势，从 2010 年的 76.05% 下降到 2018 年的 0，降幅高达 100%，这说明了在我国脱贫攻坚的工作中，东部农村地区基础建设得到较大改善，基本通讯设施得到普及，农村人口普遍能使用基本通讯工具，在信息获取上得到保障。

中部地区农村家庭老年女性各指标多维贫困发生率如图 4-3 所示。整体上来看，单个指标贫困发生率超过 50% 的指标数量约占总指标数量的一半。

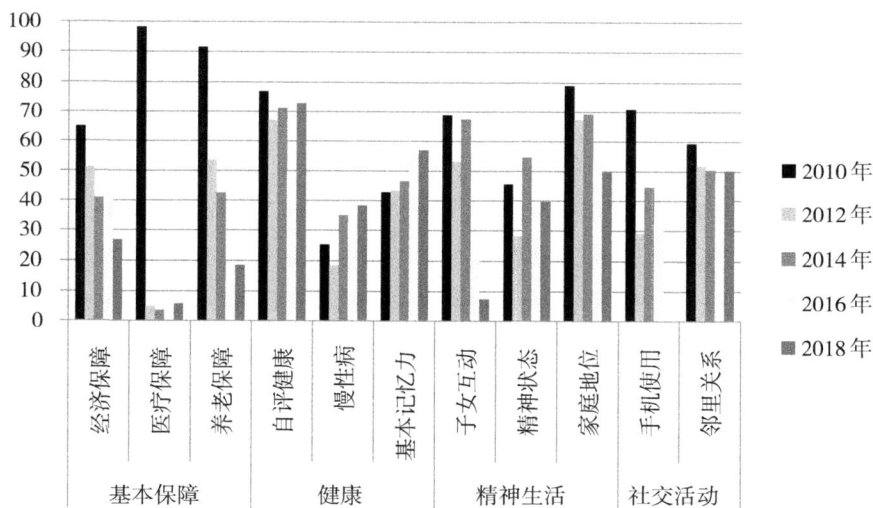

图 4-3　中部地区农村家庭老年女性各指标贫困发生率(%)

首先，中部地区农村家庭老年女性各指标贫困发生率最高的是自评健康和家庭地位，这两项指标的贫困发生率在追踪年度内的均值均超过了 60%，分别为 67.11% 和 63.85%。其中，自评健康指标贫困发生率在追踪年度内均保持在较高的水平，呈现先下降后上升的趋势，反映了中部地区农村家庭老年女性身体状况处于较高的贫困状态，女性自身的生理特征和长期以来的辛勤操劳耗费了她们的体力和精力，影响了她们的身体状况；家庭地位指标在 2010 年的贫困发生率高达 79.01%，反映了中部地区农村家庭的老年女性在家庭地位方面处于极高的贫困状态，这也与农村家庭的整体实际情况是相符的，农村传统的文化意识观念和农村老年女性缺乏经济独立性，使得她们对家庭有着较强的依附性，削弱了她们在家庭中的谈判能力，在家庭中更多的是属于从属的地位，但是家庭地位指标的贫困发生率在追踪年度内呈现逐渐下降的趋势，2018 年贫困发生率最低，为49.68%，相比 2010 年，降幅为 37%，说明中部地区农村家庭的老年女性在家庭中的地位有了一定的改善，且改善的状况相比东部地区略好。

其次，经济保障、养老保障、基本记忆力、子女互动、精神状态和邻里关系指标的贫困发生率较高，这 6 项指标的贫困发生率在追踪年度内的均值均超过了 45%，但这些指标在 2010—2018 年贫困发生率呈逐渐下降趋势，且降幅明显。经济保障指标贫困发生率从 2010 年的 64.88%下降到2018 年的 26.77%，降幅达到了 59%，说明产业扶贫、兜底保障等政策的推进，农村家庭老年女性在经济保障上有了较大程度地改善；养老保障指标从 2010 年的 91.43%下降到 2018 年的 18.42%，降幅高达 80%，下降幅度略高于上述其他地区的该项指标，这说明中部地区农村的养老保障工作取得了良好成绩，该地区的农村家庭老年女性大部分享受到了养老保障的福利；基本记忆力指标的贫困发生率相较于东部地区的该项指标来说略高，并且该指标在追踪年度呈现上升的趋势，该指标与自身健康的变化趋势类似，随着年龄的增长，老年女性会出现一定程度的记忆力衰退，对于近期发生的重大事情能够记住的不多；子女互动指标同上述其他农村地区的该项指标类似，其贫困发生率呈现逐渐下降的趋势，从 2010 年的68.74%下降到 2018 年的 7.49%，降幅高达 89%，这也反映了农村家庭目前较为广泛的现象，农村传统文化的根深蒂固和基本设施的改善，子女与母亲的联系互动更为紧密；精神状态和邻里关系指标在追踪年度内略有下降，但在追踪年度上均维持在 50%左右的贫困发生率状态，整体上反映中部地区农村家庭老年女性在精神状态方面处于一定程度的贫困状态。农村老年女性大部分文化程度不高，她们在日常闲暇时很少有兴趣爱好，与邻里之间的互动联系较少，缺乏精神慰藉，常常感到精神上的孤独。

最后，医疗保障、慢性病和手机使用指标的贫困发生率的均值较高，均值分别为 23.17%、29.94% 和 35.50%，其中，医疗保障指标在追踪年度内贫困发生率的均值略高于东部农村的该项指标均值，该指标整体上呈现下降的趋势，从 2010 年 98.07% 下降到 2018 年的 5.78%，降幅达到了 94%，说明中部农村地区医疗保险政策得到良好实施，该地区农村家庭老年女性大部分享受到医疗保险的福利；慢性病指标的贫困发生率呈现逐渐上升的趋势，与自评健康指标的变动趋势类似，进一步验证了农村家庭老年女性的身体状况一般，且患慢性病的较多；手机使用指标在追踪年度内的贫困发生率呈现逐渐下降的趋势，从 2010 年的 70.88% 下降到 2018 年的 0，降幅高达 100%，这说明了在我国脱贫攻坚的工作中，中部农村地区基础建设得到较大改善，基本通讯设施得到普及，农村人口普遍能使用基本通讯工具，在信息获取上得到保障。

　　西部地区农村家庭老年女性各指标贫困发生率如图 4-4 所示。整体上来看，单个指标贫困发生率超过 50% 的指标数量约占总指标数量的一半。

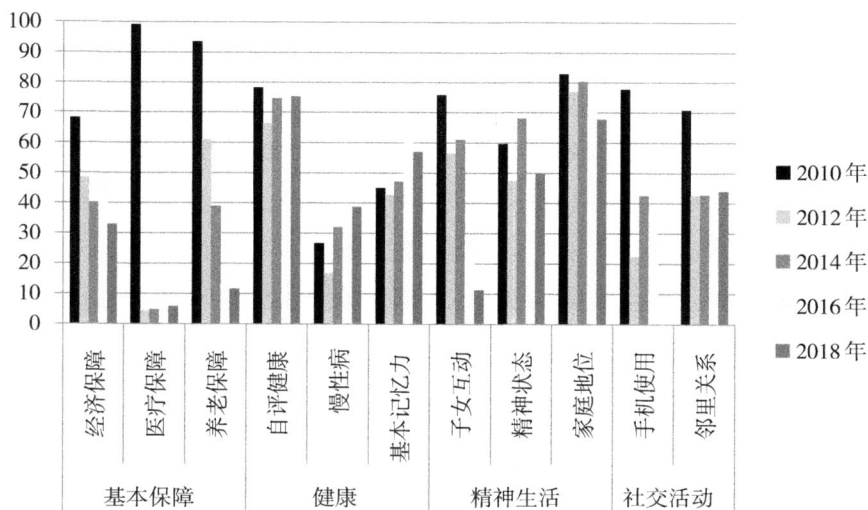

图 4-4　西部地区农村家庭老年女性各指标贫困发生率(%)

　　首先，西部地区农村家庭老年女性各指标贫困发生率最高的是自评健康和家庭地位，这两项指标的贫困发生率均值均超过了 70%，分别为

71.59%和75.77%，这两项指标值均超过上述其他地区。其中，自评健康指标在追踪年度内均保持在65%以上的贫困发生率，反映了西部地区农村家庭老年女性身体状况处于较高的贫困状态，女性自身的生理特征和长期以来的辛勤操劳耗费了她们的体力和精力，影响了她们的身体状况；家庭地位指标在2010—2018年的追踪年度内均保持在70%以上的贫困发生率，比上述其他地区的该项指标都要略高，反映了西部地区农村家庭的老年女性在家庭地位方面处于极高的贫困状态，这也与农村家庭的整体实际情况是相符的，农村传统的文化意识观念和农村老年女性缺乏经济独立性，使得她们对家庭有着较强的依附性，削弱了她们在家庭中的谈判能力，在家庭中更多的是属于从属的地位，但是家庭地位指标的贫困发生率在追踪年度内呈现逐渐下降的趋势，不过相比上述其他地区该指标的下降幅度来说，降幅较小，说明西部地区农村家庭的老年女性在家庭中的地位略有改善，且改善的状况相比上述其他地区来说都要弱。

其次，经济保障、养老保障、基本记忆力、子女互动、精神状态和邻里关系指标的贫困发生率较高，这6项指标的贫困发生率在追踪年度内的均值均超过了44%，但这些指标在2010—2018年贫困发生率呈逐渐下降趋势，且降幅明显。经济保障指标贫困发生率在追踪年度内有所下降，从2010年的68.03%下降到2018年的32.93%，降幅达到了52%，说明农村家庭老年女性在经济保障上有了一定程度的改善，但相比其他地区来说改善的幅度略小；养老保障指标从2010年的93.51%下降到2018年的11.54%，降幅高达88%，这说明西部地区农村的养老保障工作取得了良好成绩，该地区的农村家庭老年女性大部分享受到了养老保障的福利；基本记忆力指标在追踪年度内均保持在45%以上较高的贫困发生率，并且该指标在追踪年度呈现上升的趋势，该指标与自身健康的变化趋势类似，随着年龄的增长，老年女性会出现一定程度的记忆力衰退，对于近期发生的重大事情能够记住的不多；子女互动指标同上述其他农村地区的该项指标类似，其贫困发生率呈现逐渐下降的趋势，从2010年的75.72%下降到2018年的11.30%，降幅高达85%，这反映了由于农村传统文化的根深蒂固和基本设施的改善，子女与母亲的联系互动更为紧密；精神状态和邻里关系指标在追踪年度内的贫困发生率均值分别为48.17%和54.04%，精神状态指标贫困发生率在追踪年度内呈现略有下降的趋势，但整体保持在较高的贫困发生状态，反映西部地区农村家庭老年女性在精神状态方面处于一定程度的贫困状态。农村老年女性大部分文化程度不高，她们在日常闲暇时很少有兴趣爱好，缺乏精神慰藉，常常感到精神上的孤独。邻里关系指标追踪年度内的贫困发生率呈现较为平稳的趋势，反映西部地区农村家庭老年女性在闲暇生活中与邻里之间的互动关系及亲密程度上较为稳定。

最后，医疗保障、慢性病和手机使用指标的贫困发生率的均值较高，均值分别为23.80%、29.52%和36.01%，其中，医疗保障指标整体上呈现下降的趋势，从2010年的99.04%下降到2018年的5.77%，降幅达到了94%，说明西部农村地区医疗保险政策得到良好实施，该地区农村家庭老年女性大部分享受到医疗保险的福利；慢性病指标的贫困发生率呈现逐渐上升的趋势，与自评健康指标的变动趋势类似，进一步验证了农村家庭老年女性的身体状况一般，且患慢性病的较多；手机使用指标在追踪年度内的贫困发生率呈现逐渐下降的趋势，从2010年的77.64%下降到2018年的0，降幅高达100%，这说明了在我国脱贫攻坚的工作中，西部农村地区基础建设得到较大改善，基本通讯设施得到普及，农村人口普遍能使用基本通讯工具，在信息获取上得到保障。

二、农村家庭老年女性多维贫困指数分析

全国农村家庭老年女性多维贫困指数测度结果如表4-1所示。当K取不同的值时，全国农村家庭老年女性多维贫困测度结果存在一定的差异。当$K=1$时，多维贫困指数介于0.29~0.68，此时农村家庭老年女性多维贫困发生率较高，在五个追踪年度内的贫困发生率均超过了78%，2010年、2012年和2014年的多维贫困发生率接近100%，这表明全国大多数农村家庭老年女性在这五个追踪年度内处于1个及以上维度的贫困状态，在基本保障、健康、精神生活和社会活动这4个维度上均不贫困的农村家庭老年

女性极少；当 $K=2$ 时，多维贫困指数介于 $0.06\sim0.64$，此时农村家庭老年女性多维贫困发生率有所下降，从 $K=1$ 时的 99.9% 以下降到 $K=2$ 时的 90% 以下，2018 年农村家庭老年女性多维贫困发生率降低到 12.03%；当 $K=3$ 时，多维贫困指数介于 $0.001\sim0.32$，此时农村家庭女性多维贫困发生率急剧下降，从 $K=2$ 时的 90% 以下降到 $K=3$ 时的 39% 以下，2018 年的多维贫困发生率下降到了 0.07%；当 $K=4$ 时，只有 2010 年和 2014 年有农村家庭老年女性处于多维贫困状态，其余年份全国农村家庭老年女性多维贫困发生率均为 0。从不同的年份来看，当 K 取不同的值时，全国农村家庭老年女性多维贫困整体上呈现逐年下降的趋势，这表明全国农村家庭老年女性多维贫困的状态在一定程度上得到了缓解和改善。

表 4-1　　　　　　全国农村家庭老年女性多维贫困指数测度结果

K	年份	多维贫困个体数	贫困剥夺总额	多维贫困发生率	平均贫困剥夺份额	多维贫困指数
1	2010	1479	4014.17	99.93%	0.6785	0.6781
	2012	1426	2472.83	96.35%	0.4335	0.4177
	2014	1422	2791.83	96.08%	0.4908	0.4716
	2016	1249	2107.83	84.39%	0.4219	0.3561
	2018	1161	1767.00	78.44%	0.3805	0.2985
2	2010	1329	3766.00	89.80%	0.7084	0.6361
	2012	693	1386.17	42.82%	0.5001	0.2341
	2014	731	1749.83	49.39%	0.5984	0.2956
	2016	349	807.00	23.58%	0.5781	0.1363
	2018	178	399.17	12.03%	0.5606	0.0674
3	2010	574	1884.67	38.78%	0.8208	0.3184
	2012	147	125.33	9.93%	0.2132	0.0212
	2014	76	237.17	5.14%	0.7801	0.0401
	2016	23	70.00	1.55%	0.7607	0.0118
	2018	1	3.17	0.07%	0.7917	0.0005

续表

K	年份	多维贫困个体数	贫困剥夺总额	多维贫困发生率	平均贫困剥夺份额	多维贫困指数
4	2010	28	112.00	1.89%	1.0000	0.0189
	2012	107	0.00	7.23%	0.0000	0.0000
	2014	0	0.00	0.00%	0.0000	0.0000
	2016	0	0.00	0.00%	0.0000	0.0000
	2018	0	0.00	0.00%	0.0000	0.0000

东部地区农村家庭老年女性多维贫困指数测度结果如表 4-2 所示。当 $K=1$ 时，东部地区农村家庭老年女性多维贫困测度结果存在一定的差异。当 $K=1$ 时，多维贫困指数介于 0.28~0.68，此时东部地区农村家庭老年女性多维贫困发生率极高，在五个追踪年度内的贫困发生率均超过了 76%，2010 年的多维贫困发生率达到 100%，2012 年和 2014 年的多维贫困发生率均超过 95%，这表明东部大多数农村家庭老年女性在这五个追踪年度内处于 1 个及以上维度的贫困状态，在基本保障、健康、精神生活和社会活动这 4 个维度上均不贫困的农村家庭老年女性极少；当 $K=2$ 时，多维贫困指数介于 0.06~0.64，此时东部地区农村家庭老年女性多维贫困发生率有所下降，从 $K=1$ 时的 100% 以下降到 $K=2$ 时的 90% 以下，2018 年东部地区农村家庭老年女性多维贫困发生率降低到 11.22%；当 $K=3$ 时，多维贫困指数介于 0.00~0.32，此时东部地区农村家庭女性多维贫困发生率急剧下降，从 $K=2$ 时的 90% 以下降到 $K=3$ 时的 39% 以下，且 2018 年的多维贫困发生率为 0；当 $K=4$ 时，只有 2010 年和 2012 年有东部地区农村家庭老年女性处于多维贫困状态，其余年份东部地区农村家庭老年女性多维贫困发生率均为 0。从不同的年份来看，当 K 取不同的值时，东部地区农村家庭老年女性多维贫困整体上呈现逐年下降的趋势，这表明东部地区农村家庭老年女性多维贫困的状态在一定程度上得到了缓解和改善。

表4-2　　　东部地区农村家庭老年女性多维贫困指数测度结果

K	年份	多维贫困个体数	贫困剥夺总额	多维贫困发生率	平均贫困剥夺份额	多维贫困指数
1	2010	597	1608.00	100.00%	0.6734	0.6734
	2012	571	987.67	95.64%	0.4324	0.4136
	2014	570	1121.00	95.48%	0.4917	0.4694
	2016	493	828.50	82.58%	0.4201	0.3469
	2018	454	687.17	76.05%	0.3784	0.2878
2	2010	538	1511.67	90.28%	0.7011	0.6330
	2012	270	546.67	45.23%	0.5062	0.2289
	2014	285	696.00	47.74%	0.6105	0.2915
	2016	134	310.50	22.45%	0.5793	0.1300
	2018	67	153.00	11.22%	0.5709	0.0641
3	2010	230	743.67	38.53%	0.8083	0.3114
	2012	44	25.33	7.37%	0.1439	0.0106
	2014	38	118.33	6.37%	0.7785	0.0496
	2016	10	30.33	1.68%	0.7583	0.0127
	2018	0	0.00	0.00%	0.0000	0.0000
4	2010	10	40.00	1.68%	1.0000	0.0168
	2012	36	0.00	6.03%	0.0000	0.0000
	2014	0	0.00	0.00%	0.0000	0.0000
	2016	0	0.00	0.00%	0.0000	0.0000
	2018	0	0.00	0.00%	0.0000	0.0000

　　中部地区农村家庭老年女性多维贫困指数测度结果如表4-3所示。当 K 取不同的值时，中部地区农村家庭老年女性多维贫困测度结果存在一定的差异。当 $K=1$ 时，多维贫困指数介于 0.29~0.66，此时中部地区农村家庭老年女性多维贫困发生率极高，在五个追踪年度内的贫困发生率均超过

了 77%，2010 年、2012 年和 2015 年的多维贫困发生率均超过 95%，这表明中部大多数农村家庭老年女性在这五个追踪年度内处于 1 个及以上维度的贫困状态，在基本保障、健康、精神生活和社会活动这 4 个维度上均不贫困的农村家庭老年女性极少；当 $K=2$ 时，多维贫困指数介于 0.06~0.61，此时中部地区农村家庭老年女性多维贫困发生率有所下降，从 $K=1$ 时的 99% 以下降到 $K=2$ 时的 88% 以下，2018 年中部地区农村家庭老年女性多维贫困发生率降低到 10.92%；当 $K=3$ 时，多维贫困指数介于 0.00~0.26，此时中部地区农村家庭女性多维贫困发生率急剧下降，从 $K=2$ 时的 88% 以下降到 $K=3$ 时的 32% 以下，2018 年的多维贫困发生率为 0.00%；当 $K=4$ 时，只有 2010 年和 2012 年有农村家庭老年女性处于多维贫困状态，其余年份中部地区农村家庭老年女性多维贫困发生率均为 0。从不同的年份来看，当 K 取不同的值时，中部地区农村家庭老年女性整体上呈现下降的趋势，这表明中部地区农村家庭老年女性多维贫困的状态在一定程度上得到了缓解和改善。

表 4-3　　中部地区农村家庭老年女性多维贫困指数测度结果

K	年份	多维贫困个体数	贫困剥夺总额	多维贫困发生率	平均贫困剥夺份额	多维贫困指数
1	2010	466	1226.00	99.79%	0.6577	0.6563
	2012	443	772.00	94.86%	0.4357	0.4133
	2014	450	882.67	96.36%	0.4904	0.4725
	2016	390	627.83	83.51%	0.4025	0.3361
	2018	360	543.67	77.09%	0.3775	0.2910
2	2010	407	1127.83	87.15%	0.6928	0.6038
	2012	193	402.50	41.33%	0.5214	0.2155
	2014	234	548.17	50.11%	0.5856	0.2935
	2016	88	202.00	18.84%	0.5739	0.1081
	2018	51	112.00	10.92%	0.5490	0.0600

续表

K	年份	多维贫困个体数	贫困剥夺总额	多维贫困发生率	平均贫困剥夺份额	多维贫困指数
3	2010	146	481.50	31.26%	0.8245	0.2578
	2012	43	59.00	9.21%	0.3430	0.0316
	2014	17	53.33	3.64%	0.7843	0.0286
	2016	6	18.33	1.28%	0.7639	0.0098
	2018	0	0.00	0.00%	0.0000	0.0000
4	2010	7	28.00	1.50%	1.0000	0.0150
	2012	24	0.00	5.14%	0.0000	0.0000
	2014	0	0.00	0.00%	0.0000	0.0000
	2016	0	0.00	0.00%	0.0000	0.0000
	2018	0	0.00	0.00%	0.0000	0.0000

西部地区农村家庭老年女性多维贫困指数测度结果如表 4-4 所示。当 K 取不同的值时，西部地区农村家庭老年女性多维贫困测度结果存在一定的差异。当 $K=1$ 时，多维贫困指数介于 0.32~0.71，此时西部地区农村家庭老年女性多维贫困发生率极高，在五个追踪年度内的贫困发生率均超过了 83%，2010 年的多维贫困发生率达到 100%，2012 年和 2014 年的多维贫困发生率超过 96%，这表明西部大多数农村家庭老年女性在这五个追踪年度内处于 1 个及以上维度的贫困状态，在基本保障、健康、精神生活和社会活动这 4 个维度上均不贫困的农村家庭老年女性极少；当 $K=2$ 时，多维贫困指数介于 0.08~0.68，此时西部地区农村家庭老年女性多维贫困发生率有所下降，从 $K=1$ 时的 100% 以下降到 $K=2$ 时的 93% 以下，2018 年农村家庭老年女性多维贫困发生率降低到 14.42%；当 $K=3$ 时，多维贫困指数介于 0.002~0.40，此时西部地区农村家庭女性多维贫困发生率急剧下降，从 $K=2$ 时的 93% 以下降到 $K=3$ 时的 48% 以下，2018 年的多维贫困发生率下降到了 0.24%；当 $K=4$ 时，只有 2010 年和 2012 年有农村家庭老年

女性处于多维贫困状态，其余年份西部地区农村家庭老年女性多维贫困发生率均为0。从不同的年份来看，当K取不同的值时，西部地区农村家庭老年女性整体上呈现一定程度的下降，在有些年份略有反弹，这表明西部地区农村家庭老年女性多维贫困的状态在一定程度上得到了缓解和改善。

表4-4　　　西部地区农村家庭老年女性多维贫困指数测度结果

K	年份	多维贫困个体数	贫困剥夺总额	多维贫困发生率	平均贫困剥夺份额	多维贫困指数
1	2010	416	1180.17	100.00%	0.7092	0.7092
	2012	412	713.17	99.04%	0.4327	0.4286
	2014	402	788.17	96.63%	0.4901	0.4737
	2016	366	651.50	87.98%	0.4450	0.3915
	2018	347	536.17	83.41%	0.3863	0.3222
2	2010	383	1126.50	92.07%	0.7353	0.6770
	2012	230	437.00	55.29%	0.4750	0.2626
	2014	212	505.67	50.96%	0.5963	0.3039
	2016	127	294.50	30.53%	0.5797	0.1770
	2018	60	134.17	14.42%	0.5590	0.0806
3	2010	198	659.50	47.60%	0.8327	0.3963
	2012	60	41.00	14.42%	0.1708	0.0246
	2014	21	65.50	5.05%	0.7798	0.0394
	2016	7	21.33	1.68%	0.7619	0.0128
	2018	1	3.17	0.24%	0.7917	0.0019
4	2010	11	44.00	5.64%	1.0000	0.0264
	2012	47	0.00	11.30%	0.0000	0.0000
	2014	0	0.00	0.00%	0.0000	0.0000
	2016	0	0.00	0.00%	0.0000	0.0000
	2018	0	0.00	0.00%	0.0000	0.0000

三、农村家庭老年女性多维贫困指标贡献率

在农村家庭老年女性多维贫困测度的基础上，按前文所述方法，对多维贫困指标进行了分解①，得出不同 K 值下各个指标对多维贫困指数的贡献率，表 4-5 为 $K=2$ 和 $K=3$ 时的全国农村家庭老年女性多维贫困指标贡献率。可以看出，各多维贫困指标对多维贫困指数的贡献率存在一定程度的差异，而当 $K=2$ 和 $K=3$ 时，同一多维贫困指标对多维贫困指数的贡献率有所不同。

首先，主要差异方面，当 $K=2$ 时，多维贫困指标贡献率最高的是邻里关系指标和自评健康指标，这两项指标贡献率的均值分别为 14.66% 和 12.02%；当 $K=3$ 时，多维贫困指标贡献率最高的是邻里关系指标和手机使用指标，这两项指标贡献率的均值分别为 15.41% 和 13.62%。这说明全国农村家庭老年女性日常社会活动缺乏对邻居的信任，随着年龄增加身体状况变差，使用手机的概率偏少，一方面与她们对手机这种通讯工具的认识有关，另一方面也反映了她们的社交网络比较狭窄，在她们日常的社会交往活动中不需要用到手机，综合来看社会交往维度对多维贫困指数的贡献最高。当 $K=2$ 时，家庭地位、手机使用和记忆力指标对多维贫困指数的贡献率较高，均值介于 9%~12%，当 $K=3$ 时，经济保障、自评健康和家庭地位指标较高，均值介于 9%~11%，说明了农村女性在家庭的地位偏低，普遍身体状况一般。

其次，当 $K=2$ 和 $K=3$ 时，同一多维贫困指标对多维贫困指数的贡献率表现一致的方面，经济保障和养老保障指标对多维贫困指数的贡献介于 7%~9%，说明农村家庭老年女性在经济和养老方面还处于一定程度的贫困状态，这也印证了全国农村老年女性的生活常态，年轻时她们主要承担无酬的家庭劳务，随着岁月的流逝，她们的家庭任务完成后，成为家庭的附属品，既没有自己独立的经济收入来源也缺乏养老方面的保障。

---

①　多维贫困指标的分解方法见式 4-6。

子女互动和精神状态指标对多维贫困指数的贡献率也较高，均值均在8%左右，说明了农村家庭老年女性缺乏子女的照料和精神慰藉，孤独感的频率较高。慢性病指标对多维贫困指数的贡献率均值均在7%左右，该指标说明了农村家庭老年女性患有慢性病的较多。医疗保障指标对多维贫困指数的贡献率最低，均值在3%左右，说明医疗保险政策基本上已经全部普及，老年女性大部分享受到了该项政策的福利。

表 4-5　　　　全国农村家庭老年女性多维贫困指标贡献率(%)

指标 \ K 年份	K=2						K=3					
	2010	2012	2014	2016	2018	均值	2010	2012	2014	2016	2018	均值
经济保障	8.08	10.51	7.30	9.67	8.52	8.82	8.24	8.24	7.59	10.48	10.53	9.02
医疗保障	11.64	1.47	1.07	1.40	3.34	3.78	10.10	2.39	1.97	0.48	0.00	2.99
养老保障	11.06	9.91	7.26	3.55	6.43	7.64	9.71	9.04	7.45	1.43	10.53	7.63
自评健康	9.67	12.41	11.91	11.40	14.70	12.02	9.48	10.11	10.26	10.48	10.53	10.17
有无慢性病	3.14	4.47	6.23	7.19	10.52	6.31	4.09	6.91	7.59	8.57	10.53	7.54
基本记忆力	5.44	8.37	8.53	11.03	12.94	9.26	6.37	8.78	6.61	10.48	10.53	8.55
子女互动	8.80	9.57	10.04	5.04	3.59	7.41	8.05	7.45	9.14	6.19	10.53	8.27
精神状态	6.39	7.79	9.75	8.38	11.56	8.77	7.27	8.51	8.85	9.52	10.53	8.94
家庭地位	9.79	12.10	11.09	10.99	11.19	11.03	9.06	9.04	9.98	9.52	10.53	9.63
手机使用	14.10	9.41	13.12	15.37	0.00	10.40	14.17	22.74	14.76	16.43	0.00	13.62
邻里关系	11.90	14.79	13.72	15.99	16.91	14.66	13.48	15.56	15.81	16.43	15.79	15.41

在农村家庭老年女性多维贫困测度的基础上，按前文所述方法，对多维贫困指标进行了分解，得出不同 K 值下各个指标对多维贫困指数的贡献率，表 4-6 为 K=2 和 K=3 时的东部地区农村家庭老年女性多维贫困指标贡献率。可以看出，各多维贫困指标对多维贫困指数的贡献率存在一定程度的差异，而当 K=2 和 K=3 时，同一多维贫困指标对多维贫困指数的贡献率有所不同。

表 4-6　　　　东部地区农村家庭老年女性多维贫困指标贡献率(％)

K 年份 指标	K = 2						K = 3					
	2010	2012	2014	2016	2018	均值	2010	2012	2014	2016	2018	均值
经济保障	7.94	11.34	7.04	8.91	7.19	8.48	7.93	9.21	7.61	9.89	0.00	6.93
医疗保障	11.80	2.01	1.25	1.83	5.23	4.42	10.26	0.00	2.82	1.10	0.00	2.84
养老保障	11.27	9.82	7.42	4.29	8.28	8.22	10.09	9.21	6.76	1.10	0.00	5.43
自评健康	9.77	12.01	11.54	11.70	14.38	11.88	9.50	9.21	9.86	10.99	0.00	7.91
有无慢性病	2.91	4.27	5.56	6.66	8.93	5.67	3.90	6.58	5.92	7.69	0.00	4.82
基本记忆力	5.25	8.35	9.34	10.52	12.42	9.18	6.36	9.21	7.89	10.99	0.00	6.89
子女互动	9.15	9.88	9.43	5.58	4.36	7.68	8.52	6.58	8.73	5.49	0.00	5.86
精神状态	5.95	6.89	9.19	8.05	11.55	8.33	6.95	10.53	9.01	10.99	0.00	7.50
家庭地位	9.83	12.01	10.63	9.45	10.02	10.39	8.92	7.89	10.14	8.79	0.00	7.15
手机使用	14.49	9.51	13.65	15.78	0.00	10.69	14.39	33.55	15.21	16.48	0.00	15.93
邻里关系	11.64	14.73	14.94	17.23	17.65	15.24	13.18	15.79	16.06	16.48	0.00	12.30

　　首先，主要差异方面，当 $K=2$ 时，多维贫困指标贡献率最高的是邻里关系指标和自评健康指标，这两项指标贡献率的均值分别为 15.24％ 和 11.88％；当 $K=3$ 时，多维贫困指标贡献率最高的是手机使用指标和邻里关系指标，这两项指标贡献率的均值分别为 15.93％ 和 12.30％。这说明东部地区农村家庭老年女性日常社会活动缺乏对邻居的信任，随着年龄增加身体状况变差，使用手机的概率偏少，一方面与她们对手机这种通讯工具的认识有关，另一方面也反映了她们的社交网络比较狭窄，在她们日常的社会交往活动中不需要用到手机，综合来看社会交往维度对多维贫困指数的贡献最高。当 $K=2$ 时，家庭地位、手机使用和记忆力指标对多维贫困指数的贡献率较高，均值介于 9％~12％，当 $K=3$ 时，自评健康、精神状态和家庭地位指标较高，均值介于 7％~8％，说明了东部地区农村女性在家庭的地位偏低，普遍身体状况一般。

　　其次，当 $K=2$ 和 $K=3$ 时，同一多维贫困指标对多维贫困指数的贡献率表现一致的方面，经济保障和养老保障指标对多维贫困指数的贡献介于6%~8%，说明农村家庭老年女性在经济和养老方面还处于一定程度的贫困状态，这也印证了东部地区农村老年女性的生活常态，年轻时她们主要承担无酬的家庭劳务，随着岁月的流逝，她们的家庭任务完成后，成为家庭的附属品，既没有自己独立的经济收入来源也缺乏养老方面的保障。

子女互动和精神状态指标对多维贫困指数的贡献率也较高，均值均在7%左右，说明了东部地区农村家庭老年女性缺乏子女的照料和精神慰藉，孤独感的频率较高。慢性病指标对多维贫困指数的贡献率均值均在5%左右，该指标反映了东部地区农村家庭女性随着年龄的增长患有慢性病的较多。医疗保障指标对多维贫困指数的贡献率最低，均值在4%以下，说明东部地区农村医疗保险政策基本上已经普及，老年女性大部分享受到了该项政策的福利。

在农村家庭老年女性多维贫困测度的基础上，按前文所述方法，对多维贫困指标进行了分解，得出不同 K 值下各个指标对多维贫困指数的贡献率，表4-7为 $K=2$ 和 $K=3$ 时的中部地区农村家庭老年女性多维贫困指标贡献率。可以看出，各多维贫困指标对多维贫困指数的贡献率存在一定程度的差异，而当 $K=2$ 和 $K=3$ 时，同一多维贫困指标对多维贫困指数的贡献率基本一致。

首先，当 $K=2$ 和 $K=3$ 时，对多维贫困指数贡献最高的指数是手机使用和邻里关系指标。当 $K=2$ 时两项指标贡献率的均值分别为 10.81% 和 14.76%，当 $K=3$ 时两项指标贡献率的均值分别为 13.19% 和 11.98%，这说明中部地区农村家庭老年女性使用手机的数量较少，一方面与她们对手机这种通讯工具的认识有关，另一方面也反映了她们的社交网络比较狭窄，在她们日常的社会交往活动中不需要用到手机。邻里关系指标进一步说明了中部地区农村家庭老年女性的社会活动范围狭窄，综合来看，中部地区农村老年女性的社会交往维度对多维贫困指数的贡献最高。

其次，当 $K=2$ 时，自评健康、基本记忆力和家庭地位指标对多维贫困指数的贡献率较高，均值介于9%~12%，当 $K=3$ 时，自评健康和家庭地位指标较高，均值介于7%~8%。说明了农村女性在家庭的地位偏低，普遍身体状况一般。说明了中部地区农村老年女性在家庭的地位偏低，普遍身体状况一般。经济保障和养老保障指标对多维贫困指数的贡献率也较高，介于 5%~8%，且这两项指标的贡献率比东部地区的偏高，说明中部地区农村家庭老年女性在经济和养老方面贫困状态比东部地区的要弱，这也说明了中部地区农村老年女性在完成照料家庭任务后，大部分成为家庭的附属品，既没有自己独立的经济收入来源也缺乏养老方面的保障。

子女互动和精神状态指标对多维贫困指数的贡献率也较高，均值在 7% 左右，这两项指标的贡献率均值比东部地区的略高，说明了中部地区农村家庭老年女性缺乏子女的照料和精神上的慰藉，而且她们本身的社交活动也很狭窄，感到孤独的状况时有发生，在精神状态上整体上比东部地区的略差。基本记忆力和慢性病指标在 $K=2$ 和 $K=3$ 时对多维贫困指数的贡献率在 5%~9%，进一步说明了老年女性的身体状况较差。医疗保障指标对多维贫困指数的贡献率最低，均值在 3% 以下，说明医疗保险政策基本上已经全部普及，中部地区农村老年女性大部分享受到了该项政策的福利。

表 4-7　　　中部地区农村家庭老年女性多维贫困指标贡献率（%）

K 年份 指标	K=2						K=3					
	2010	2012	2014	2016	2018	均值	2010	2012	2014	2016	2018	均值
经济保障	8.36	9.94	7.05	9.41	8.33	8.62	8.72	7.91	6.25	10.91	0.00	6.76
医疗保障	11.82	1.41	0.85	0.99	2.68	3.55	10.04	4.52	1.88	0.00	0.00	3.29
养老保障	11.14	9.61	7.18	3.14	7.44	7.70	9.28	8.47	9.38	1.82	0.00	5.79
自评健康	9.84	12.51	12.10	10.23	15.18	11.97	9.62	10.17	10.63	10.91	0.00	8.26
有无慢性病	3.34	4.80	6.81	7.42	11.31	6.77	4.15	6.21	10.00	9.09	0.00	5.89
基本记忆力	5.70	8.61	8.03	11.22	13.39	9.39	6.85	9.04	6.25	9.09	0.00	6.25
子女互动	8.42	9.03	11.37	4.46	3.27	7.31	7.62	7.34	9.37	9.09	0.00	6.68
精神状态	6.12	6.54	9.55	9.08	12.20	8.70	7.06	7.34	9.37	7.27	0.00	6.21
家庭地位	9.84	11.35	10.70	10.40	11.01	10.66	8.93	8.47	8.75	9.09	0.00	7.05
手机使用	13.83	11.43	12.68	16.09	0.00	10.81	14.43	22.03	13.13	16.36	0.00	13.19
邻里关系	11.57	15.78	13.68	17.57	15.18	14.76	13.29	15.25	15.00	16.36	0.00	11.98

在农村家庭老年女性多维贫困测度的基础上，按前文所述方法，对多维贫困指标进行了分解，得出不同 K 值下各个指标对多维贫困指数的贡献率，表4-8为 $K=2$ 和 $K=3$ 时的西部地区农村家庭老年女性多维贫困指标贡献率。可以看出，各多维贫困指标对多维贫困指数的贡献率存在一定程度的差异，而当 $K=2$ 和 $K=3$ 时，同一多维贫困指标对多维贫困指数的贡献率有所不同。

首先，主要差异方面，当 $K=2$ 时，多维贫困指标贡献率最高的是邻里关系指标和自评健康指标，这两项指标贡献率的均值分别为 13.94% 和 12.18%；当 $K=3$ 时，多维贫困指标贡献率最高的是邻里关系指标和手机使用指标，这两项指标贡献率的均值分别为 15.61% 和 12.49%。这说明西部地区农村家庭老年女性日常社会活动缺乏对邻居的信任，随着年龄的增加身体状况变差，使用手机的概率偏小，一方面与她们对手机这种通讯工具的认识有关，另一方面也反映了她们的社交网络比较狭窄，在她们日常的社会交往活动中不需要用到手机，综合来看社会交往维度对多维贫困指数的贡献最高。当 $K=2$ 时，精神状态、手机使用和家庭地位指标对多维贫困指数的贡献率较高，均值介于 9%~12%，当 $K=3$ 时，自评健康和家庭地位指标较高，均值均超过 10%，说明了西部农村女性在家庭的地位偏低，普遍身体状况一般。

其次，当 $K=2$ 和 $K=3$ 时，同一多维贫困指标对多维贫困指数的贡献率表现一致的方面，经济保障和养老保障指标对多维贫困指数的贡献率介于 7%~9%，且经济和养老保障这两项指标的贡献率比上述其他地区偏高，说明西部地区农村家庭老年女性在经济上更加缺乏保障，这也说明了西部地区农村老年女性在完成照料家庭任务后，大部分成为家庭的附属品，既没有自己独立的经济收入来源也缺乏养老方面的保障。

子女互动和精神状态指标对多维贫困指数的贡献率也较高，均值均在 7%~8%，且这两项指标贡献率比其他地区略高，说明了西部地区农村家庭老年女性缺少精神上的慰藉，而且她们本身的社交活动也很狭窄，感到孤独的状况时有发生，在精神状态整体上比上述其他地区略差。慢性病指标对多维贫困指数的贡献率均值均超过了6%，该指标比其他地区略高，反映了西部地区农村家庭女性随着年龄的增长患有慢性病的较其他地区多。医疗保障指标对多维贫困指数的贡献率最低，均值在3%以下，说明农村医疗保险政策基本上已经普及，西部地区老年女性大部分享受到了该项政策的福利。

表4-8　　　　西部地区农村家庭老年女性多维贫困指标贡献率（%）

K年份 指标	K=2						K=3					
	2010	2012	2014	2016	2018	均值	2010	2012	2014	2016	2018	均值
经济保障	7.99	9.99	7.91	10.64	10.19	9.34	8.24	8.13	8.65	10.94	10.53	9.30
医疗保障	11.24	0.84	1.05	1.25	1.74	3.22	9.96	0.81	0.51	0.00	0.00	2.26
养老保障	10.68	10.30	7.12	3.06	3.48	6.93	9.60	9.76	7.12	1.56	10.53	7.71
自评健康	9.35	12.81	12.20	11.88	14.66	12.18	9.35	10.57	10.69	9.38	10.53	10.10
有无慢性病	3.25	4.42	6.53	7.58	11.68	6.69	4.25	8.13	8.65	9.38	10.53	8.19
基本记忆力	5.44	8.16	7.98	11.43	13.17	9.24	6.01	8.13	4.58	10.94	10.53	8.04
子女互动	8.70	9.69	7.43	4.88	2.98	6.74	7.83	8.13	9.67	4.69	10.53	8.17
精神状态	7.25	10.07	10.74	8.26	11.93	9.65	7.78	8.94	8.14	9.38	10.53	8.95
家庭地位	9.68	12.89	12.13	13.02	12.67	12.08	9.30	10.57	10.69	10.94	10.53	10.41
手机使用	13.85	7.44	12.85	14.43	0.00	9.71	13.72	17.07	15.27	16.41	0.00	12.49
邻里关系	12.56	13.96	12.06	13.58	17.52	13.94	13.95	15.85	16.03	16.41	15.79	15.61

四、农村家庭老年女性多维贫困动态性测度结果

全国农村家庭老年女性多维动态性的测度结果如表4-9所示。当K=1时，从不贫困的农村家庭老年女性数量为0，暂时贫困的老年女性数量为18，占比1.22%，慢性贫困的老年女性数量为1462，占比98.78%。这表明，全国农村家庭老年女性大部分经历了1维的暂时贫困，这是由于K=1时极高的贫困发生率导致的；当K=2时，从不贫困的老年女性数量为47，

占比 3.18%，暂时贫困的老年女性数量为 868，占比 58.65%，慢性贫困的老年女性数量为 565，占比 38.18%，慢性贫困小于暂时贫困的老年女性数量；当 $K=3$ 时，从不贫困的老年女性数量为 761，占比 51.42%，暂时贫困的老年女性数量为 709，占比为 47.91%，慢性贫困的老年女性数量为 10，占比 0.68%，慢性贫困远小于暂时贫困的老年女性数量；当 $K=4$ 时，从不贫困的老年女性数量为 1347，占比 91.01%，暂时贫困的老年女性数量为 133，占比 8.99%，没有老年女性处于慢性贫困状态。由此可见，当 $K=1$ 时，全国农村家庭老年女性多维贫困动态性以慢性贫困为主；当 $K=2$ 时，全国农村家庭老年女性多维贫困动态性以暂时贫困为主；当 $K=3$ 时，同时存在从不贫困和暂时贫困，且两种状态比例相当；当 $K=4$ 时，全国农村家庭老年女性多维贫困动态性以从不贫困为主。

表 4-9　　全国农村家庭老年女性多维贫困动态性测度结果

K	从不贫困		暂时贫困		慢性贫困	
	数量	比例	数量	比例	数量	比例
1	0	0.00%	18	1.22%	1462	98.78%
2	47	3.18%	868	58.65%	565	38.18%
3	761	51.42%	709	47.91%	10	0.68%
4	1347	91.01%	133	8.99%	0	0.00%

东部地区农村家庭老年女性多维动态性的测度结果如表 4-10 所示。当 $K=1$ 时，从不贫困的农村家庭老年女性数量为 0，暂时贫困的老年女性数量为 12，占比 2.01%，慢性贫困的老年女性数量为 585，占比 97.99%。这表明，东部地区农村家庭老年女性大部分经历了 1 维的暂时贫困，这是由于 $K=1$ 时极高的贫困发生率导致的；当 $K=2$ 时，从不贫困的老年女性数量为 15，占比 2.51%，暂时贫困的老年女性数量为 371，

占比 62.14%，慢性贫困的老年女性数量为 211，占比 35.34%，慢性贫困远小于暂时贫困的老年女性数量；当 $K=3$ 时，从不贫困的老年女性数量为 317，占比 53.10%，暂时贫困的老年女性数量为 275，占比为 46.06%，慢性贫困的老年女性数量为 5，占比 0.84%，慢性贫困远小于暂时贫困的老年女性数量；当 $K=4$ 时，从不贫困的老年女性数量为 551，占比 92.29%，暂时贫困的老年女性数量为 46，占比 7.71%，没有老年女性处于慢性贫困状态。由此可见，当 $K=1$ 时，东部地区农村家庭老年女性多维贫困动态性以慢性贫困为主；当 $K=2$ 时，东部地区农村家庭老年女性多维贫困动态性以暂时贫困为主；当 $K=3$ 时，同时存在从不贫困和暂时贫困，且两种状态比例相当；当 $K=4$ 时，东部农村家庭老年女性多维贫困动态性以从不贫困为主。

表 4-10　东部地区农村家庭老年女性多维贫困动态性测度结果

K	从不贫困		暂时贫困		慢性贫困	
	数量	比例	数量	比例	数量	比例
1	0	0.00%	12	2.01%	585	97.99%
2	15	2.51%	371	62.14%	211	35.34%
3	317	53.10%	275	46.06%	5	0.84%
4	551	92.29%	46	7.71%	0	0.00%

　　中部地区农村家庭老年女性多维动态性的测度结果如表 4-11 所示。当 $K=1$ 时，从不贫困的农村家庭老年女性数量为 0，暂时贫困的老年女性数量为 6，占比 1.28%，慢性贫困的老年女性数量为 461，占比 98.72%。这表明，中部地区农村家庭老年女性大部分经历了 1 维的暂时贫困，这是由于 $K=1$ 时极高的贫困发生率导致的；当 $K=2$ 时，从不贫困的老年女性数量为 22，占比 4.71%，暂时贫困的老年女性数量为 291，

占比 62.31%，慢性贫困的老年女性数量为 154，占比 32.98%，慢性贫困小于暂时贫困的老年女性数量；当 $K=3$ 时，从不贫困的老年女性数量为 273，占比 58.46%，暂时贫困的老年女性数量为 192，占比为 41.11%，慢性贫困的老年女性数量为 2，占比 0.43%，慢性贫困远小于暂时贫困的老年女性数量；当 $K=4$ 时，从不贫困的老年女性数量为 437，占比 93.58%，暂时贫困的老年女性数量为 30，占比 6.42%，没有老年女性处于慢性贫困状态。由此可见，当 $K=1$ 时，中部地区农村家庭老年女性多维贫困动态性以慢性贫困为主；当 $K=2$ 时，中部地区农村家庭老年女性多维贫困动态性以暂时贫困为主；当 $K=3$ 时，同时存在从不贫困和暂时贫困，从不贫困比暂时贫困比例略高；当 $K=4$ 时，中部农村家庭老年女性多维贫困动态性以从不贫困为主。

表 4-11 中部地区农村家庭老年女性多维贫困动态性测度结果

K	从不贫困		暂时贫困		慢性贫困	
	数量	比例	数量	比例	数量	比例
1	0	0.00%	6	1.28%	461	98.72%
2	22	4.71%	291	62.31%	154	32.98%
3	273	58.46%	192	41.11%	2	0.43%
4	437	93.58%	30	6.42%	0	0.00%

西部地区农村家庭老年女性多维动态性的测度结果如表 4-12 所示。当 $K=1$ 时，从不贫困和暂时贫困的农村家庭老年女性数量均为 0，老年女性均处于慢性贫困状态。这表明，西部地区农村家庭老年女性全部经历了 1 维的暂时贫困，这是由于 $K=1$ 时极高的贫困发生率导致的；当 $K=2$ 时，从不贫困的老年女性数量为 10，占比 2.40%，暂时贫困的老年女性数量为 206，占比 49.52%，慢性贫困的老年女性数量为 200，占比 48.08%，慢性贫困和暂时贫困比例相近；当 $K=3$ 时，从不贫困的老年女性数量为 171，

占比 41.11%，暂时贫困的老年女性数量为 242，占比 58.17%，慢性贫困的老年女性数量为 3，占比 0.72%，慢性贫困远小于暂时贫困的老年女性数量；当 $K=4$ 时，从不贫困的老年女性数量为 359，占比 86.30%，暂时贫困的老年女性数量为 57，占比 13.70%，此时没有老年女性处于慢性贫困状态。由此可见，当 $K=1$ 时，西部地区农村家庭老年女性多维贫困动态性以慢性贫困为主；当 $K=2$ 时，西部地区农村家庭老年女性多维贫困动态性同时存在暂时贫困和慢性贫困，两者比例相近；当 $K=3$ 时，同时存在从不贫困和暂时贫困，且从不贫困比暂时贫困比例低，当 $K=4$ 时，西部农村家庭老年女性多维贫困动态性以从不贫困为主。

表4-12　　西部地区农村家庭老年女性多维贫困动态性测度结果

K	从不贫困		暂时贫困		慢性贫困	
	数量	比例	数量	比例	数量	比例
1	0	0.00%	0	0.00%	416	100.00%
2	10	2.40%	206	49.52%	200	48.08%
3	171	41.11%	242	58.17%	3	0.72%
4	359	86.30%	57	13.70%	0	0.00%

第三节　农村家庭成年女性多维贫困及动态性测度结果

一、农村家庭成年女性多维贫困发生率

全国农村家庭成年女性 2010—2018 年各指标贫困的发生率如图 4-5 所示[1]。从整体上来看，单个指标贫困发生率超过 50% 的指标数量约占总指标数量的一半。

―――――――――

　　[1]　根据筛选出的农村成年人口数量，本书对成年女性多维贫困及动态性的区域差异分析分为全国、东、中、西和东北地区。区域划分参照国家统计局有关地区的划分方法。

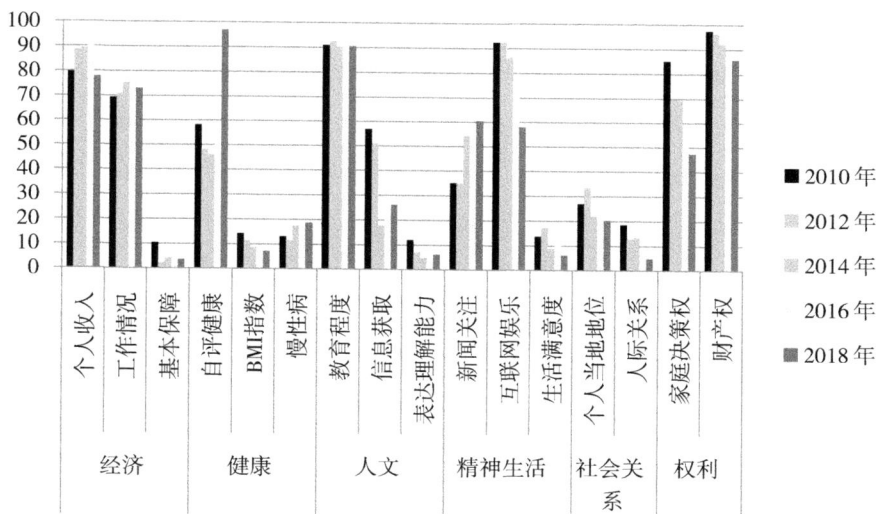

图 4-5 全国农村家庭成年女性各指标贫困发生率(%)

第一,各指标贫困发生率最高的是个人收入、教育程度、互联网娱乐和财产权,这四项指标在追踪年度内贫困发生率的均值均超过了 80%,分别为 85.34%、91.19%、80.29% 和 92.12%。个人收入指标在追踪年度内均保持在 77% 以上的较高贫困发生率,说明全国家庭成年女性在个人收入的获取上较为贫乏,体现了掩盖在家庭关系下的女性个人收入的贫困问题;教育程度在追踪年度内的贫困发生率均在 90% 以上,说明农村成年女性普遍受高度教育的情况极少,且她们很少接受技能等方面的培训;财产权指标在追踪年度内的贫困发生率均在 85% 以上,这表明农村家庭成年女性在家庭财产权这块处于极高的贫困状态,这也与农村地区的普通状况是相符的,农村女性未出嫁时被认为将来总是别人家的人,女性在家庭财产,特别是农村家庭最重要的资产土地、房屋上有使用权,但是几乎没有任何继承权,当女性通过婚姻关系嫁到别人家时,农村传统的"在家从父,出嫁从夫,夫死从子"的文化观念根深蒂固,使得她们在家庭重要资产上极度缺乏权利;互联网娱乐指标呈逐渐下降趋势,从 2010 年的 92.33% 下降到 2018 年的 57.95%,降幅达到了 37%,说明随着农村基础设施的完善，互联网的发展普及，农村家庭女性使用互联网工具的现象增多。

　　第二，贫困发生率较高的是工作情况、自评健康和家庭决策权，这三项指标贫困发生率在追踪年度内的均值均超过了 60%，均值分别为72.49%、60% 和 64.39%。工作情况指标在追踪年度内均保持在 70% 以上的贫困发生率状态，这说明了"男主外女主内"的传统农村思想意识及社会性别观念根植于农村家庭成年女性的内心，在生活家庭需要时，她们以一种自然态度回归家庭，承担照料家庭中的老人、幼儿的责任，即她们主要从事自家农事生产，外出务工或获得有工资收入工作的极少；自评健康指标呈现先下降后上升的趋势，这也与生命周期有关，成年女性在青年时期身体状况普通良好，随着年岁的增长，由于长期的家务劳动耗费了她们大量的体力和精力，身体状况呈现变差的趋势；家庭决策权指标说明农村家庭成年女性在家庭的重大事项，包括农事决策、资产购买、家庭重大支出等事项上缺乏很大的决定权，在农村，这些家庭事件往往由家庭的男性决定，父亲、丈夫及已经长大的儿子比女儿、妻子及母亲有更大的话语权，这不仅与中国传统农村的文化意识有关，而且由于农村家庭成年女性对家庭的男性有较强的依附性，她们主要负责家庭各种的无酬劳动，即她们没有自己独立的经济来源，经济独立的缺乏也导致她们在家庭重大事项上缺乏决策权，但是，可以发现，家庭决策权指标的贫困发生率呈现逐渐下降的趋势，由 2010 年的 85.18% 下降到了 2018 年的 47.39%，降幅达到了44%，这表明整体上，随着时代的变迁，农村经济的发展，城镇化的推进，我国农村成年女性在家庭中的从属地位发生了较大的转变，农村家庭的意识也逐渐转变，认识到女性在各种事项上具备的能力，因此在家庭重大事项的决策权指标上的贫困发生率有了较大的改善。

　　第三，全国农村家庭成年女性各指标贫困发生率较高的有信息获取、新闻关注和个人当地地位，这三项指标的贫困发生率均值均在 40% 左右，均值分别为 34.78%、47.63% 和 26.39%。信息获取指标呈逐渐下降趋势，从 2010 年的 56.91% 下降到 2018 年的 26.16%，降幅达到了 50%，说明随着农村经济发展，社会进步，基础设施的完善，农村成年女性能够通过接触互联网等相关网络渠道获取信息；新闻关注指标在追踪年度的贫困发生率呈上升趋势，这说明了农村家庭成年女性在平时生活中通过电视或网络对政治、社会等方面的新闻缺乏一定的关注度，这可能与她们自身文化程度不高，平时闲暇时更多地愿意去关注自己家庭生活和村居对自家生活有较大影响的事件，而对国家政治类新闻缺乏兴趣，不会也不愿去关注；个人当地社会地位指标贫困发生率呈现下降的趋势，说明农村家庭成年女性在所居村居具有一定的社会地位，这与农村整体的思想意识转变有关，人们逐渐认识到农村女性的各种能力不仅在家庭事务和各项村居事件的推动上都起到了很大的作用，而且随着农村男性的一部分外流，留守在农村的女性群体居多，她们在各项事件的推动上的作用凸显，个人在当地的社会地位也随之而改善。

第四，贫困发生率较低的指标有基本保障、BMI 指数、慢性病、表达理解能力、生活满意度和人际关系。这 6 项指标在追踪年度内的贫困发生率均值均在 15% 以下。基本保障指标在 2018 年的贫困发生率仅为 3.59%，说明农村成年女性在基本医疗服务等方面得到保障；BMI 指数指标在一定程度上有下降的趋势，但是慢性病指标却呈现上升的趋势，这也充分说明了农村家庭成年女性普遍身体良好，但随着年龄的增长，她们更易患慢性病，这与女性的生理结构有一定的关系，农村地区女性群体的"两癌"等慢性病较多；表达理解能力指标贫困发生率较低，说明农村家庭成年女性虽然普遍受教育程度不高，但是她们在与人沟通，表达能力上都较好；生活满意度和人际关系这两项指标在追踪年度内贫困发生率的均值分别为 11.83% 和 11.65%，且都呈现一定程度的下降，说明整体上农村家庭成年女性对其生活还是比较满意的，这可能与她们自身的需求有关，家庭和睦、子女健康成长往往对她们来说是最重要的，只要家人好，她们就会很满足了。人际关系指标说明了农村家庭成年女性在邻里交往上都较好，这也与她们的网络圈有一定的关系，农村家庭成年女性的社会交往往往有较强的同质性，主要是亲属、左右邻居，活动圈子较小，日常琐事的交流是她们的主要话题。

2010—2018 年东部地区农村家庭成年女性各指标贫困发生率如图 4-6 所示。

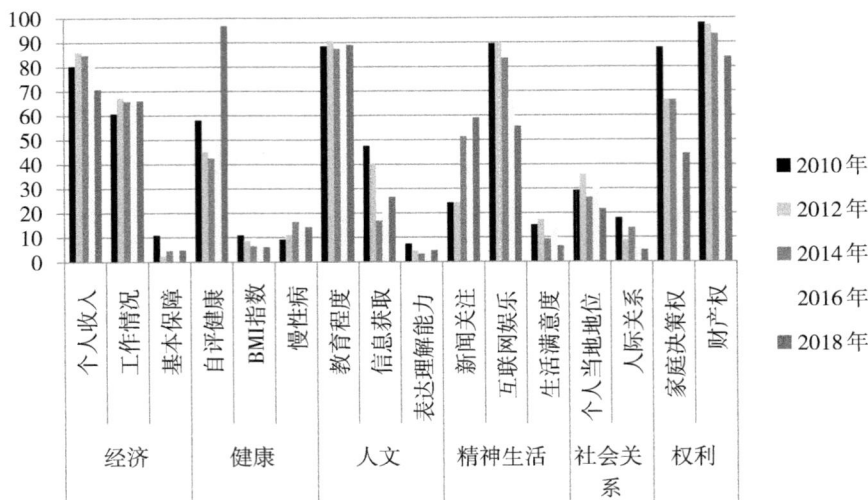

图 4-6 东部地区农村家庭成年女性各指标贫困发生率(%)

第一,各个指标贫困发生率存在较大的差异。东部地区农村家庭成年女性各指标贫困发生率最高的是个人收入、教育程度、互联网娱乐和财产权指标,这四项指标的贫困发生率均值均超过了 77%,分别为 81.83%、89.02%、77.03% 和 92.10%。个人收入指标贫困发生率在追踪年度内均保持在 70% 以上,略低于全国该项指标水平,说明了掩盖在家庭关系下的女性个人收入贫困问题;教育程度指标在追踪年度内贫困发生率均在 88% 以上,说明东部地区农村家庭成年女性普遍受教育程度在初中以下,她们也较少接受其他的非正式教育或技能培训;互联网娱乐指标贫困发生率从 2010 年的 89.45% 下降到 2018 年的 55.54%,降幅达到了 37%,且比全国的该项指标贫困发生率略低,说明随着农村地区基础设施的完善,东部地区农村家庭成年女性在闲暇生活中使用互联网进行社交、娱乐的增多;财产权指标在追踪年度内呈下降趋势,但各年度的贫困发生率均保持在 83%

以上，说明东部地区农村家庭成年女性在家庭内部的财产权占有上一直处于较高的贫困状态。

第二，农村家庭成年女性贫困发生率较高的有工作情况、自评健康和家庭决策权，这三项指标的贫困发生率均值均在 60% 左右，分别为64.99%、58.26% 和 61.03%。工作情况指标贫困发生率在追踪年度内均在60% 以上，但比全国地区的略低，这说明了东部地区的农村家庭成年女性相比全国来说，更多的从事自家农业生产外的工作，这与东部地区农村的整体经济水平和环境也有一定的关系；家庭决策权指标贫困发生率略低于全国水平，且呈现逐渐下降的趋势，从 2010 年的 87.73% 下降到 2018 年的44.35%，下降幅度为 50%，这说明了东部地区农村家庭成年女性在家庭事务的决策权上有了很大程度的改善，女性在农村家庭中的地位日益凸显。

第三，信息获取、新闻关注和个人当地地位指标的贫困发生率较高，这三项指标在追踪年度内贫困发生率的均值分别为 30.25%、41.36% 和28.59%。信息获取指标呈下降趋势，说明随着农村经济发展，社会进步，基础设施的完善，农村成年女性能够通过接触互联网等相关网络渠道获取信息；新闻关注指标的贫困发生率呈现上升趋势，说明东部地区农村家庭成年女性和全国整体农村家庭成年女性一样，在平时闲暇时对国家的政治、社会类的新闻关注不高；个人当地地位贫困发生率在追踪年度内略有降低，说明随着经济发展、社会进步、家庭结构的变化，农村女性的地位逐渐凸显。

第四，贫困发生率较低的指标有基本保障、BMI 指数、慢性病、表达理解能力、生活满意度和人际关系。这 6 项指标在追踪年度内的贫困发生率均值均在 13% 以下。基本保障指标在 2018 年的贫困发生率仅为 4.84%，略高于全国地区的该项指标，说明东部地区农村成年女性在基本医疗服务等方面得到保障；BMI 指数指标的贫困发生率较低，均值不到 10%，为7.51%，患有慢性病指标贫困发生率的均值也较低，为 12.72%，但是该项指标却呈现逐年上升的趋势，说明东部地区农村家庭成年女性整体身体状况良好，但患慢性病的贫困发生率却随着年龄的增加逐渐凸显；表达理解能力在追踪年度内的贫困发生率均在 7% 以下，说明东部地区农村成年女性在与人理解沟通上没有障碍；生活满意度和人际关系两个指标在追踪年度内贫困发生率均值分别为 12.29% 和 10.12%，且都呈现下降的趋势，说明东部地区的农村家庭成年女性对生活的满意度在逐渐提升，她们的社交圈子也较为广泛。

2010—2018 年中部地区农村家庭成年女性各指标贫困发生率如图 4-7 所示，该地区各个指标贫困发生率存在一定程度上的差异。

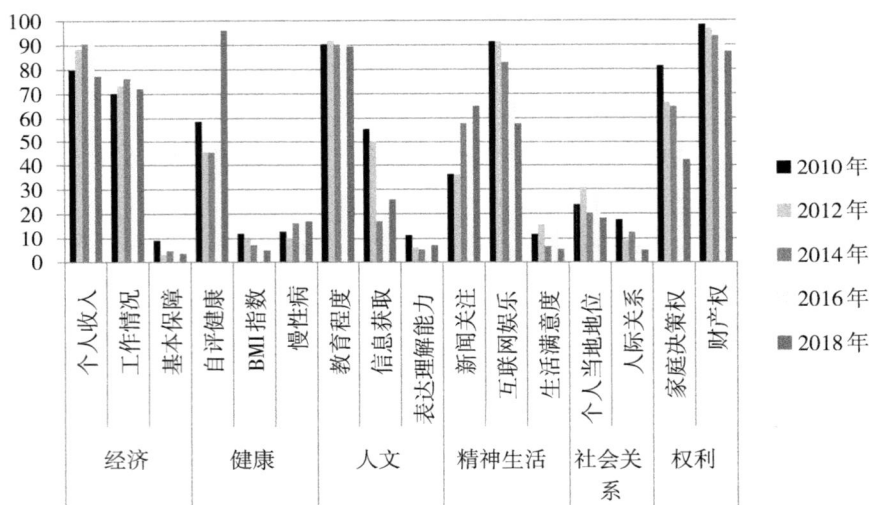

图 4-7　中部地区农村家庭成年女性各指标贫困发生率(%)

第一，中部地区农村家庭成年女性各项指标中贫困发生率最高的是个人收入、教育程度、互联网娱乐和财产权指标，这四项指标的贫困发生率均值均超过了 78%，分别为 85.54%、90.49%、78.51% 和 93.53%。其中，个人收入指标在追踪年度内的贫困发生率均在 80% 以上，略高于东部地区的该项指标，说明中部地区农村成年女性获取自己个人收入较少，个人收入贫困掩盖在家庭关系下；教育程度在追踪年度内的贫困发生率均在 89% 以上，说明中部地区成年女性普遍受教育程度偏低，且接受技能培训、非教育学历的机会很少；互联网娱乐指标贫困发生率从 2010 年的 91.37%下降到 2018 年的 57.60%，降幅达到了 37%，说明与东部地区农村家庭成年女性类似，随着农村基础设施的完善，中部地区农村家庭成年女性在日常闲暇生活中使用互联网进行社交、娱乐的增多；财产权指标在追踪年度内贫困发生率均保持在 87%以上，略高于东部地区的该项指标，这说明中部地区农村家庭成年女性在家庭重大财产、资源上缺乏占有权。

第二，中部地区农村家庭成年女性贫困发生率较高的指标是工作情况、自评健康和家庭决策权，这三项指标在追踪年度内贫困发生率均值均超过了 58%，分别为 73.35%、58.94%和 60.77%。工作情况指标贫困发生率在追踪年度内均在 70%以上，高于东部地区的该项指标，这说明了中部地区的农村家庭女性在到达一定年龄阶段时，可能由于家庭的需要，在传统的文化意识和女性自身的本能驱动下，自然而然的回归家庭，从事自家农事活动相较于东部地区的成年女性来说较多；家庭决策权的贫困发生率呈现逐渐下降的趋势，且下降幅度较为明显，该项指标在 2010 年的贫困发生率达到了 86.14%，而到 2016 年其贫困发生率为 58.15%，下降幅度约为 33%，下降幅度略低于东部地区农村家庭成年女性的该项指标，这说明了中部地区农村家庭成年女性在家庭事务的决策权上有了一定程度的改善，女性在农村家庭中的地位日益凸显。

第三，信息获取、新闻关注和个人当地地位指标贫困发生率较高，这三个指标的贫困发生率均值分别为 33.56%、50.62%和 24.18%。信息获取指标呈下降趋势，从 2010 年的 55.41%下降到 2018 年的 25.77%，降幅达到了 53%，说明随着农村经济发展，社会进步，基础设施的完善，中部地区农村成年女性能够通过接触互联网等相关网络渠道获取信息；新闻关注指标的贫困发生率呈现上升趋势，说明中部地区农村家庭成年女性和其他地区的农村成年女性类似，在平时闲暇时对国家的政治、社会类的新闻关注不高；个人当地地位指标贫困发生率略有下降，低于东部地区的该项指标，说明随着经济发展，社会进步，家庭结构的变化，农村成年女性个人的地位逐渐提高。

第四，贫困发生率较低的指标有基本保障、BMI 指数、慢性病、表达理解能力、生活满意度和人际关系。这 6 项指标在追踪年度内的贫困发生率均值均在 15% 以下。基本保障指标在 2018 年的贫困发生率仅为 3.48%，说明中部地区农村成年女性在基本医疗服务等方面得到保障；BMI 指数指标的贫困发生率较低，均值为 7.70%，且呈现逐年下降的趋势，患有慢性病指标贫困发生率的均值为 14.56%，但是该项指标却在追踪年度内略有上升，说明中部地区农村家庭女性整体身体状况良好，但随着年龄的增加患慢性病的状况逐渐凸显；生活满意度和人际关系两项指标在追踪年度内的贫困发生率均值分别为 10.18% 和 10.28%，均呈现逐渐下降的趋势，且生活满意度指标贫困发生率的均值比东部地区的略低，说明中部地区的农村家庭成年女性对生活的满意度较高，她们日常的人际关系也较好。

2010—2018 年西部地区农村家庭成年女性各指标贫困发生率如图 4-8 所示，该地区各项指标贫困发生率存在一定程度上的差异。

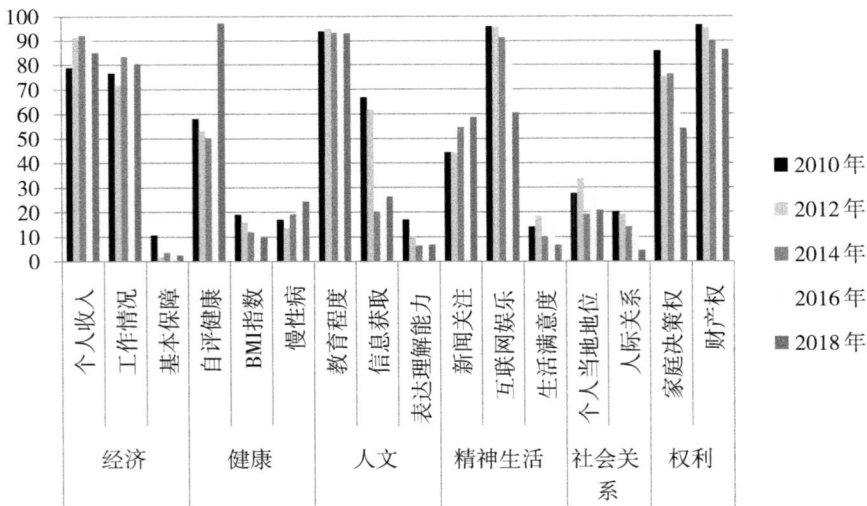

图 4-8　西部地区农村家庭成年女性各指标贫困发生率(%)

第一，西部地区农村家庭成年女性各项指标中贫困发生率最高的是个人收入、教育程度、互联网娱乐和财产权，这四项指标的贫困发生率均值均超过了 85.00%，均值均高于东部地区和中部地区，分别为 88.45%、93.76%、85.00% 和 91.03%。个人收入指标在追踪年度内贫困发生率均在 78% 以上，说明了西部地区农村家庭成年女性获得个人收入的极少，女性个人收入贫困问题往往被掩盖在家庭内部关系中；教育程度指标贫困发生率极高，在各年度均发生在 92% 以上，均值比东部和中部地区的都要略高，说明西部地区农村家庭成年女性相较于东部和中部地区来说，她们普遍受教育程度更低，能够完成义务教育的更少，获得其他非正式教育的机会也更缺乏；互联网娱乐指标贫困发生率从 2010 年的 95.77% 下降到 2018 年的 60.46%，但比东部、中部的略高，这不仅与农村家庭的行为意识日常闲暇偏好的选取有关，也可能与西部地区的经济发展水平相关，农村地区互联网的普及较其他地区差，农村女性较少接触互联网，更难以使用互联网作为闲暇时的娱乐方式；财产权指标贫困发生率在追踪年度内均在 86% 以上，且该项指标贫困发生率和上述其他地区类似，说明西部地区农村家庭成年女性在财产权的占有上也处于较高的贫困状态。

第二，西部地区农村家庭成年女性贫困发生率较高的指标是工作情况、自评健康和家庭决策权，这三项指标贫困发生率均值分别为 78.83%、62.41% 和 70.36%。工作情况指标的贫困发生率较东部和中部地区的要高，这说明了西部地区的大多数农村家庭成年女性可能由于家庭的需要，并且在传统的文化意识和女性自身的本能驱动下，一直选择照料家庭，从事自家农事活动相较于东部和中部地区的女性来说较多；自评健康指标呈上升趋势，说明农村家庭成年女性随着年龄的增加身体状况普遍下降；家庭决策权的贫困发生率呈现逐渐下降的趋势，该项指标贫困发生率从 2010 年的 85.81% 下降到 2018 年的 54.12%，下降幅度约为 37%，该项指标贫困发生率高于东部和中部地区，这说明了西部地区农村家庭成年女性在家庭事务的决策权上有了一定程度的改善，女性在农村家庭中的地位日益凸显，但是相较东部和中部地区来说该项指标的改善还略低，这也说明了西部地区农村家庭成年女性地位比东部和中部的略低。

第三，信息获取、新闻关注和个人当地地位三个指标的贫困发生率较高，均值分别为 39.98%、51.17% 和 14.14%。信息获取指标贫困发生率呈下降趋势，从 2010 年的 66.70% 下降到 2018 年的 26.16%，降幅达到了 61%，说明随着农村经济发展，社会进步，基础设施的完善，西部地区农村成年女性能够通过接触互联网等相关网络渠道获取信息；新闻关注指标的贫困发生率与东部和中部地区类似，存在较高的贫困发生状态，说明西部地区农村家庭成年女性和其他地区的农村成年女性类似，在平时闲暇时对国家的政治、社会类的新闻关注不高；个体社会地位指标贫困发生率在追踪年度内均在 20% 左右，且该指标贫困发生率变化幅度不大，这说明了西部地区农村家庭成年女性在当地的社会地位较好。

第四，贫困发生率较低的指标有基本保障、BMI 指数、慢性病、表达理解能力、生活满意度和人际关系。这 6 项指标在追踪年度内的贫困发生率均值均在 19% 以下。基本保障指标在 2018 年的贫困发生率仅为 2.52%，说明西部地区农村成年女性在基本医疗服务等方面得到保障；BMI 指数指标较东部和中部地区的贫困发生率略高，均值超过了 10%，为 13.40%，但该指标的变动趋势呈现一定程度的下降；慢性病指标贫困发生率的均值相较东部和中部地区来说略高，为 19.05%，且该项指标在追踪年度内的贫困发生率呈上升趋势，说明西部地区农村家庭成年女性整体身体状况比东部和中部地区的农村家庭成年女性略差，且患慢性病的状况始终存在；表达理解能力指标贫困发生率呈下降趋势；生活满意度和人际关系两个指标贫困发生率在追踪年度内均值分别为 12.70% 和 14.14%，这两个指标的贫困发生率比东部和中部地区的均值要高，说明西部地区农村家庭成年女性对生活的满意度相较于东部和中部地区来说略低，生活圈和人际交往上也较差。但是这两项指标在追踪年度内的贫困发生率均呈现下降的趋势，说明西部地区经济的发展，环境的改善，西部地区农村家庭成年女性对生活的满意度也在逐渐的提高，日常的人际关系也较之前年份略为改善。

二、农村家庭成年女性多维贫困指数分析

2010—2018 年全国农村家庭成年女性多维贫困指数测度的结果如表 4-

13 所示。当 K 取不同的值时，全国农村家庭成年女性多维贫困测度结果存在一定的差异。当 $K=1$ 时，多维贫困指数介于 $0.42\sim0.49$，此时农村家庭成年女性多维贫困发生率极高，在五个连续追踪年度内的贫困发生率均超过了 99%，2010 年和 2012 年的多维贫困发生率接近 100%，这表明全国大多数农村家庭成年女性在这五个连续追踪年度内处于 1 个及以上维度的贫困状态，在经济、健康、人文、精神生活、社会关系和权利这 6 个维度上均不贫困的农村家庭成年女性极少；当 $K=2$ 时，多维贫困指数介于 $0.37\sim0.48$，此时农村家庭成年女性多维贫困发生率有所下降，从 $K=1$ 时的 99.9% 以下降到 $K=2$ 时的 96% 以下，2018 年农村家庭成年女性多维贫困发生率降低到 82.33%；当 $K=3$ 时，多维贫困指数介于 $0.16\sim0.30$，此时农村家庭成年女性多维贫困发生率大幅度下降，从 $K=2$ 时的 96% 以下降到 $K=3$ 时的 45% 以下，整体降幅超过 50% 以上，2018 年的多维贫困发生率下降到了 29.86%；当 $K=4$ 时，多维贫困指数介于 $0.01\sim0.06$，全国农村家庭成年女性多维贫困发生率下降到 9% 以下，这说明处于 4 个维度以上的贫困状态的农村家庭成年女性较少；当 $K=5$ 时，农村家庭成年女性多维贫困发生率低于 6.5%，说明处于 5 个维度的极端贫困状态的农村家庭成年女性数量极少。从不同的年份来看，当 K 取不同的值时，农村家庭成年女性多维贫困整体上呈现逐年下降的趋势，这表明全国农村家庭成年女性多维贫困的状态在一定程度上得到了缓解和改善。

表 4-13　　**全国农村家庭成年女性多维贫困指数测度结果**

K	年份	多维贫困个体数	贫困剥夺总额	多维贫困发生率	平均贫困剥夺份额	多维贫困指数
1	2010	2697	7989.00	99.93%	0.4938	0.4932
	2012	2696	7615.00	99.89%	0.4708	0.4702
	2014	2687	7171.83	99.56%	0.4450	0.4431
	2016	2679	6882.67	99.26%	0.4282	0.4250
	2018	2685	6841.17	99.48%	0.4247	0.4225

K	年份	多维贫困 个体数	贫困剥夺 总额	多维贫困 发生率	平均贫困 剥夺份额	多维贫困 指数
2	2010	2576	7794.00	95.44%	0.5043	0.4813
	2012	2451	7214.00	90.81%	0.4905	0.4455
	2014	2333	6608.50	86.44%	0.4721	0.4081
	2016	2210	6137.00	81.88%	0.4628	0.3790
	2018	2222	6096.00	82.33%	0.4572	0.3764
3	2010	1400	4876.67	51.87%	0.5806	0.3011
	2012	1202	4138.83	44.54%	0.5739	0.2556
	2014	980	3313.17	36.31%	0.5635	0.2046
	2016	827	2756.17	30.64%	0.5554	0.1702
	2018	806	2657.17	29.86%	0.5495	0.1641
4	2010	234	1007.17	8.67%	0.7174	0.0622
	2012	156	670.83	5.78%	0.7167	0.0414
	2014	105	439.00	3.89%	0.6968	0.0271
	2016	48	203.00	1.78%	0.7049	0.0125
	2018	48	200.33	1.77%	0.6956	0.0124
5	2010	17	86.83	6.30%	0.8513	0.0536
	2012	7	35.33	2.59%	0.8413	0.0218
	2014	2	10.33	0.07%	0.8611	0.0064
	2016	0	0.00	0.00%	0.0000	0.0000
	2018	0	0.00	0.00%	0.0000	0.0000

2010—2018年东部地区农村家庭成年女性多维贫困指数测度的结果如表4-14所示。当 K 取不同的值时，东部农村家庭成年女性多维贫困测度结果存在一定的差异。当 $K=1$ 时，多维贫困指数介于 0.40~0.48，此时东部地区农村家庭成年女性多维贫困发生率极高，在五个追踪年度内的贫困发生率均超过了98%，各个追踪年度的多维贫困发生率接近100%，这表明

东部地区大部分的农村家庭成年女性在这五个追踪年度内处于 1 个及以上
维度的贫困状态，在经济、健康、人文、精神生活、社会关系和权利这 6
个维度上均不贫困的东部地区农村家庭成年女性极少；当 $K=2$ 时，多维贫
困指数介于 0.32~0.46，此时农村家庭成年女性多维贫困发生率有所下降，
从 $K=1$ 时的 99.9% 以下降到 $K=2$ 时的 96% 以下，2018 年农村家庭成年女
性多维贫困发生率降低到 77.39%；当 $K=3$ 时，多维贫困指数介于 0.11~
0.25，此时农村家庭成年女性多维贫困发生率大幅度下降，从 $K=2$ 时的
96% 以下降到 $K=3$ 时的 43% 以下，整体降幅超过 55% 以上，2018 年的多
维贫困发生率下降到了 23.68%；当 $K=4$ 时，多维贫困指数介于 0.01~
0.05，东部地区农村家庭成年女性多维贫困发生率下降到 7% 以下，这说
明处于 4 个维度以上的贫困状态的农村家庭成年女性较少；当 $K=5$ 时，农
村家庭成年女性多维贫困发生率和多维贫困指数均接近 0，说明东部地区
的农村家庭成年女性处于 5 个维度的极端贫困状态人数极少。从不同的年
份来看，当 K 取不同的值时，农村家庭成年女性多维贫困整体上呈现逐年
下降的趋势，这表明全国东部地区家庭成年女性多维贫困的状态在一定程
度上得到了缓解和改善。

表 4-14　　东部地区农村家庭成年女性多维贫困指数测度结果

K	年份	多维贫困 个体数	贫困剥夺 总额	多维贫困 发生率	平均贫困 剥夺份额	多维贫困 指数
1	2010	928	2634.17	99.89%	0.4731	0.4726
	2012	928	2473.67	99.89%	0.4443	0.4438
	2014	924	2384.33	99.46%	0.4301	0.4278
	2016	919	2200.33	98.92%	0.3990	0.3947
	2018	923	2261.50	99.35%	0.4084	0.4057
2	2010	885	2566.17	95.26%	0.4833	0.4604
	2012	805	2271.83	86.65%	0.4704	0.4076
	2014	767	2135.33	82.56%	0.4640	0.3831
	2016	684	1830.50	73.63%	0.4460	0.3284
	2018	719	1932.67	77.39%	0.4480	0.3467

K	年份	多维贫困 个体数	贫困剥夺 总额	多维贫困 发生率	平均贫困 剥夺份额	多维贫困 指数
3	2010	396	1358.67	42.63%	0.5718	0.2438
	2012	319	1083.67	34.34%	0.5662	0.1944
	2014	282	968.17	30.36%	0.5722	0.1737
	2016	194	647.33	20.88%	0.5561	0.1161
	2018	220	728.50	23.68%	0.5519	0.1307
4	2010	60	256.50	6.46%	0.7125	0.0460
	2012	30	128.67	3.23%	0.7148	0.0231
	2014	35	147.50	3.77%	0.7024	0.0265
	2016	14	59.17	1.51%	0.7044	0.0106
	2018	15	64.00	1.61%	0.7111	0.0115
5	2010	0	0.00	0.00%	0.0000	0.0000
	2012	1	5.00	0.11%	0.8333	0.0008
	2014	1	5.33	0.10%	0.8889	0.0009
	2016	0	0.00	0.00%	0.0000	0.0000
	2018	0	0.00	0.00%	0.0000	0.0000

2010—2018 年中部地区农村家庭成年女性多维贫困指数测度的结果如表 4-15 所示。当 K 取不同的值时，中部农村家庭成年女性多维贫困测度结果存在一定的差异。当 $K=1$ 时，多维贫困指数介于 0.41~0.49，此时中部地区农村家庭成年女性多维贫困发生率极高，在五个追踪年度内的贫困发生率均超过了 98%，各个追踪年度内的多维贫困发生率接近 100%，这表明中部地区大多数的农村家庭成年女性在这五个追踪年度内处于 1 个及以上维度的贫困状态，在经济、健康、人文、精神生活、社会关系和权利这 6 个维度上均不贫困的东部地区农村家庭成年女性极少；当 $K=2$ 时，多维贫困指数介于 0.36~0.47，此时农村家庭成年女性多维贫困发生率有所下降，从 $K=1$ 时的 99.9% 以下降到 $K=2$ 时的 95% 以下，2018 年农村家庭成年女性多维贫困发生率降低到 81.06%；当 $K=3$ 时，多维贫困指数介于

0.15~0.29，此时中部地区农村家庭成年女性多维贫困发生率大幅度下降，从 $K=2$ 时的95%以下降到 $K=3$ 时的50%以下，整体降幅接近50%，2018年的多维贫困发生率下降到了27.96%；当 $K=4$ 时，多维贫困指数介于0.01~0.05，中部地区农村家庭成年女性多维贫困发生率下降到7%以下，这说明处于4个维度以上贫困状态的农村家庭成年女性较少；当 $K=5$ 时，农村家庭成年女性多维贫困发生率下降到0.4%以下，说明中部地区极少有农村家庭成年女性处于5个维度的极端贫困状态。从不同的年份来看，当 K 取不同的值时，农村家庭成年女性多维贫困整体上基本呈现逐年下降的趋势，这表明中部地区农村家庭成年女性多维贫困的状态在一定程度上得到了缓解和改善。

表4-15　　中部地区农村家庭成年女性多维贫困指数测度结果

K	年份	多维贫困个体数	贫困剥夺总额	多维贫困发生率	平均贫困剥夺份额	多维贫困指数
1	2010	775	2247.83	99.87%	0.4834	0.4828
	2012	774	2131.83	99.74%	0.4591	0.4579
	2014	772	2029.00	99.48%	0.4380	0.4358
	2016	767	1961.67	98.84%	0.4263	0.4213
	2018	771	1934.50	99.35%	0.4182	0.4155
2	2010	734	2183.67	94.59%	0.4958	0.4690
	2012	698	2007.33	89.95%	0.4793	0.4311
	2014	670	1864.50	86.34%	0.4638	0.4005
	2016	643	1762.00	82.86%	0.4567	0.3784
	2018	629	1706.17	81.06%	0.4521	0.3664
3	2010	383	1317.17	49.36%	0.5732	0.2829
	2012	312	1064.17	40.21%	0.5685	0.2286
	2014	245	824.00	31.57%	0.5605	0.1770
	2016	216	717.83	27.84%	0.5539	0.1542
	2018	217	708.33	27.96%	0.5440	0.1521

K	年份	多维贫困 个体数	贫困剥夺 总额	多维贫困 发生率	平均贫困 剥夺份额	多维贫困 指数
4	2010	52	222.67	6.70%	0.7137	0.0478
	2012	33	145.33	4.25%	0.7340	0.0312
	2014	26	107.50	3.35%	0.6891	0.0231
	2016	8	33.67	1.03%	0.7014	0.0072
	2018	13	53.50	1.67%	0.6859	0.0115
5	2010	2	10.33	0.26%	0.8611	0.0022
	2012	3	15.00	0.39%	0.8333	0.0032
	2014	0	0.00	0.00%	0.0000	0.0000
	2016	0	0.00	0.00%	0.0000	0.0000
	2018	0	0.00	0.00%	0.0000	0.0000

　　2010—2018 年西部地区农村家庭成年女性多维贫困指数测度的结果如表 4-16 所示。当 K 取不同的值时，西部农村家庭成年女性多维贫困测度结果存在一定的差异。当 $K=1$ 时，多维贫困指数介于 0.44~0.53，此时西部地区农村家庭成年女性多维贫困发生率极高，在五个追踪年度内的贫困发生率均超过了 99%，2010 年和 2012 年的多维贫困发生率达到了 100%，这表明西部地区大部分的农村家庭成年女性在追踪年度内处于 1 个及以上维度的贫困状态，在经济、健康、人文、精神生活、社会关系和权利这 6 个维度上均不贫困的西部地区农村家庭成年女性极少；当 $K=2$ 时，多维贫困指数介于 0.41~0.52，此时农村家庭成年女性多维贫困发生率有所下降，从 $K=1$ 时的 100% 以下降到 $K=2$ 时的 97% 以下，2018 年农村家庭成年女性多维贫困发生率降低到 87.93%；当 $K=3$ 时，多维贫困指数介于 0.20~0.37，此时西部地区农村家庭成年女性多维贫困发生率大幅度下降，从 $K=2$ 时的 97% 以下降到 $K=3$ 时的 63% 以下，整体降幅达到了 35% 以上，2018 年的多维贫困发生率下降到了 37.12%；当 $K=4$ 时，多维贫困指数介于 0.01~0.09，西部地区农村家庭成年女性多维贫困发生率下降到 13% 以

下，这说明处于 4 个维度以上贫困状态的农村家庭成年女性较少；当 $K=5$ 时，农村家庭成年女性多维贫困发生率下降到 2% 以下，说明西部地区极少有农村家庭成年女性处于 5 个维度的极端贫困状态。从不同的年份来看，当 K 取不同的值时，农村家庭成年女性多维贫困整体上呈现逐年下降的趋势，这表明西部地区农村家庭成年女性多维贫困的状态在一定程度上得到了缓解和改善。

表 4-16　　西部地区农村家庭成年女性多维贫困指数测度结果

K	年份	多维贫困个体数	贫困剥夺总额	多维贫困发生率	平均贫困剥夺份额	多维贫困指数
1	2010	775	3105.00	100.00%	0.5206	0.5206
	2012	774	3009.50	100.00%	0.5046	0.5046
	2014	772	2761.50	99.70%	0.4644	0.4630
	2016	767	2720.67	99.89%	0.4566	0.4562
	2018	771	2645.17	99.69%	0.4449	0.4435
2	2010	734	3044.17	96.28%	0.5302	0.5104
	2012	698	2934.83	95.37%	0.5160	0.4921
	2014	670	2608.67	90.14%	0.4852	0.4374
	2016	643	2544.50	88.83%	0.4803	0.4266
	2018	629	2457.17	87.93%	0.4686	0.4120
3	2010	383	2200.83	62.47%	0.5907	0.3690
	2012	312	1991.00	57.44%	0.5811	0.3338
	2014	245	1521.00	45.57%	0.5596	0.2550
	2016	216	1391.00	41.95%	0.5560	0.2332
	2018	217	1220.33	37.12%	0.5512	0.2046
4	2010	52	528.00	12.27%	0.7213	0.0885
	2012	33	396.83	9.36%	0.7112	0.0665
	2014	26	184.00	4.43%	0.6970	0.0308
	2016	8	110.17	2.62%	0.7062	0.0185
	2018	13	82.83	2.01%	0.6903	0.0139

续表

K	年份	多维贫困个体数	贫困剥夺总额	多维贫困发生率	平均贫困剥夺份额	多维贫困指数
5	2010	2	76.50	1.51%	0.8500	0.0128
	2012	3	15.33	0.30%	0.8518	0.0026
	2014	0	5.00	0.10%	0.8333	0.0008
	2016	0	0.00	0.00%	0.0000	0.0000
	2018	0	0.00	0.00%	0.0000	0.0000

三、农村家庭成年女性多维贫困指标贡献率

在农村家庭成年女性多维贫困测度的基础上，按前文所述方法，对多维贫困指标进行了分解，得出不同 K 值下各个指标对多维贫困指数的贡献率，表4-17为 $K=2$ 和 $K=3$ 时的全国农村家庭成年女性多维贫困指标贡献率。可以看出，各多维贫困指标对多维贫困指数的贡献率存在一定程度的差异，而当 $K=2$ 和 $K=3$ 时，同一多维贫困指标对多维贫困指数的贡献率基本一致。

首先，贡献率最高的是财产权指标和家庭决策权指标，当 $K=2$ 和 $K=3$ 时，财产权指标对多维贫困的贡献率均值分别达到了16.40%和14.39%，家庭决策权指标对多维贫困指数的贡献率分别为11.97%和12.08%。这印证了农村家庭成年女性的普遍状态，女性在资产占有和家庭重大事项的决策上缺乏权力。

其次，个人收入、工作情况、教育程度和互联网娱乐这四个指标对多维贫困指数的贡献率也较高，介于8%~11%，反映了农村家庭成年女性由于传统思想观念，受教育程度不高，在家赡养老人养育子女的情况普遍，难以从事自家农活外的工作，获得自己个人收入的情况较少，同时，农村家庭成年女性社会网络同质性较强，闲暇生活方面较为缺乏，串门聊天情况较为普遍。健康自评、新闻关注和个人社会地位这三个指标对多维贫困指数的贡献率略高，贡献率介于5%~8%，反映了农村家庭成年女性健康状况随着年龄

的增长,大部分出现一定的问题,并且由于传统农村文化的根深蒂固,女性的社会地位普遍一般,她们对社会发展、相关政策方面的新闻关注度较少。

再次,基本保障、BMI 指数、慢性病、信息获取、理解表达能力、生活满意度和人际关系指标对多维贫困指数的贡献率较低,均不超过 5%。这说明了随着我国对农村福利的兜底、宣传和发展,农村家庭成年女性绝大部分人口购买了基本医疗保险,女性身体健康状况虽有所下降,但她们患慢性病的较少,整体上农村家庭成年女性对自己的生活较为满意。

表 4-17　　全国农村家庭成年女性多维贫困指标贡献率(%)

K 年份\指标	K = 2						K = 3					
	2010	2012	2014	2016	2018	均值	2010	2012	2014	2016	2018	均值
个人收入	9.04	10.30	10.99	11.54	10.35	10.44	8.67	9.34	9.65	9.91	9.71	9.46
工作情况	7.82	8.19	9.56	9.57	9.68	8.96	7.75	7.74	8.96	8.97	8.96	8.48
基本保障	1.15	0.28	0.51	0.54	0.49	0.59	1.20	0.37	0.62	0.64	0.56	0.68
健康自评	6.60	5.89	5.96	6.85	11.84	7.43	7.07	6.61	6.96	7.61	10.04	7.66
BMI 指数	1.62	1.36	1.09	0.99	0.97	1.21	2.01	1.73	1.41	1.43	1.23	1.56
慢性病	1.50	1.43	2.25	2.37	2.59	2.03	1.89	1.77	2.92	2.94	3.02	2.51
教育程度	10.19	10.81	11.11	11.49	11.48	11.02	9.36	9.54	9.68	9.89	9.95	9.68
信息获取	6.42	6.23	2.26	2.90	3.48	4.26	6.61	6.73	2.56	3.20	3.55	4.53
理解能力	1.39	0.89	0.66	0.50	0.89	0.87	1.90	1.23	1.04	0.75	1.28	1.24
新闻关注	4.03	4.30	7.04	7.03	8.03	6.09	4.98	5.41	7.66	7.37	7.78	6.64
互联网娱乐	10.31	10.72	10.55	9.55	7.96	9.82	9.39	9.58	9.50	9.09	8.46	9.20
生活满意度	1.58	2.13	1.18	1.89	0.90	1.54	2.12	2.98	1.82	2.84	1.47	2.25
社会地位	4.64	6.23	4.40	6.18	4.33	5.16	5.86	7.55	5.89	7.93	5.98	6.64
人际关系	3.18	2.33	2.72	1.89	1.02	2.23	3.83	2.94	4.12	2.36	1.75	3.00
家庭决策权	14.35	12.42	13.15	10.19	9.74	11.97	13.14	12.13	12.83	10.67	11.63	12.08
财产权	16.18	16.50	16.57	16.51	16.26	16.40	14.19	14.34	14.40	14.40	14.64	14.39

在农村家庭成年女性多维贫困测度的基础上，按前文所述方法，对东部地区农村家庭成年女性的多维贫困指标进行了分解，得出不同 K 值下各个指标对多维贫困指数的贡献率，表 4-18 为 $K=2$ 和 $K=3$ 时的东部地区农村家庭成年女性多维贫困指标贡献率。可以看出，各多维贫困指标对多维贫困指数的贡献率存在一定程度的差异，而当 $K=2$ 和 $K=3$ 时，同一多维贫困指标对多维贫困指数的贡献率基本一致。首先，贡献率最高的是财产权指标和家庭决策权指标，当 $K=2$ 和 $K=3$ 时，财产权指标对多维贫困的贡献率均值分别达到了 16.96% 和 14.42%，家庭决策权指标对多维贫困指数的贡献率分别为 11.89% 和 11.60%。这印证了东部农村家庭成年女性的普遍状态，女性在资产占有和家庭重大事项的决策上缺乏权力。

表 4-18　　东部地区农村家庭成年女性多维贫困指标贡献率(%)

K 年份 指标	$K=2$						$K=3$					
	2010	2012	2014	2016	2018	均值	2010	2012	2014	2016	2018	均值
个人收入	9.48	10.52	10.82	11.72	9.90	10.49	9.00	9.47	9.47	9.89	9.88	9.54
工作情况	7.22	8.13	8.76	8.96	9.14	8.44	7.53	7.75	8.23	8.29	8.28	8.02
基本保障	1.26	0.32	0.59	0.71	0.72	0.72	1.15	0.49	0.79	0.72	0.87	0.80
健康自评	6.90	5.97	5.76	7.30	12.14	7.61	7.68	7.11	6.92	8.34	10.07	8.02
BMI 指数	1.26	1.03	0.78	0.84	0.88	0.96	1.47	1.41	1.00	1.23	0.92	1.21
慢性病	1.09	1.45	2.26	2.04	2.09	1.79	1.50	1.88	3.03	2.88	2.93	2.44
教育程度	10.35	11.14	11.02	11.76	11.62	11.18	9.47	9.69	9.54	9.94	9.88	9.70
信息获取	5.65	5.31	2.20	2.91	3.60	3.93	5.77	5.63	2.20	3.14	3.75	4.10
理解能力	0.88	0.62	0.47	0.64	0.74	0.67	1.30	0.89	0.86	1.03	0.92	1.00
新闻关注	2.87	3.24	6.91	6.85	8.11	5.60	4.05	4.46	7.68	7.00	7.91	6.22
互联网娱乐	10.40	10.95	10.46	9.49	8.07	9.87	9.49	9.69	9.40	8.81	8.33	9.14
生活满意度	1.81	2.35	1.33	2.22	1.00	1.74	2.80	3.69	1.99	3.50	1.74	2.74
社会地位	5.22	7.28	5.60	7.24	4.99	6.07	6.66	8.95	7.95	9.81	6.93	8.06
人际关系	3.21	1.76	2.95	1.34	1.11	2.07	4.05	2.54	4.23	1.93	2.13	2.98
家庭决策权	15.43	12.61	13.06	8.93	9.42	11.89	13.69	11.86	12.50	8.96	10.98	11.60
财产权	16.95	17.32	17.02	17.04	16.45	16.96	14.39	14.49	14.20	14.52	14.48	14.42

其次，个人收入、工作情况、教育程度和互联网使用娱乐这四个指标对多维贫困指数的贡献率也较高，介于8%～11%，反映了农村家庭成年女性由于传统思想观念，受教育程度不高，在家赡养老人养育子女的情况普遍，难以从事自家农活外的工作，获得自己个人收入的情况较少，同时，农村家庭成年女性社会网络同质性较强，闲暇生活方面较为缺乏，串门聊天情况较为普遍。健康自评、新闻关注和个人社会地位这三个指标对多维贫困指数的贡献率略高，贡献率介于5%～8%，反映了农村家庭成年女性健康状况随着年龄的增长，大部分出现一定的问题，并且由于传统农村文化的根深蒂固，女性的社会地位普遍一般，她们对社会发展、相关政策方面的新闻关注度较少。

最后，基本保障、BMI指数、慢性病、信息获取、理解表达能力、生活满意度和人际关系指标对多维贫困指数的贡献率较低，均不超过4%。说明了随着我国对农村福利的兜底、宣传和发展，农村家庭成年女性绝大部分人口都购买了基本医疗保险，女性身体健康状况虽有所下降，但她们患慢性病的较少，整体上农村家庭成年女性对自己的生活较为满意。

在农村家庭成年女性多维贫困测度的基础上，按前文所述方法，对中部地区农村家庭成年女性的多维贫困指标进行了分解，得出不同K值下各个指标对多维贫困指数的贡献率，表4-19为$K=2$和$K=3$时的中部地区农村家庭成年女性多维贫困指标贡献率。可以看出，各多维贫困指标对多维贫困指数的贡献率存在一定程度的差异，而当$K=2$和$K=3$时，同一多维贫困指标对多维贫困指数的贡献率基本一致。首先，贡献率最高的是财产权指标和家庭决策权指标，当$K=2$和$K=3$时，财产权指标对多维贫困的贡献率均值分别达到了16.93%和14.69%，家庭决策权指标对多维贫困指数的贡献率分别为11.55%和11.91%。这印证了中部农村家庭成年女性的普遍状态，成年女性在资产占有和家庭重大事项的决策上缺乏权力。

其次，个人收入、工作情况、教育程度和互联网使用娱乐这四个指标对多维贫困指数的贡献率也较高，介于9%～11%，反映了农村家庭成年女性由于传统思想观念，受教育程度不高，在家赡养老人养育子女的情况普遍，难以从事自家农活外的工作，获得自己个人收入的情况较少，同时，农村家庭成年女性社会网络同质性较强，闲暇生活方面较为缺乏，串门聊

天情况较为普遍。健康自评、新闻关注和个人社会地位这三个指标对多维
贫困指数的贡献率略高，贡献率介于 5%～8%，反映了农村家庭成年女性
健康状况随着年龄的增长，大部分出现一定的问题，并且由于传统农村文
化的根深蒂固，女性的社会地位普遍一般，她们对社会发展、相关政策方
面的新闻关注度较少。

最后，基本保障、BMI 指数、慢性病、信息获取、理解表达能力、生
活满意度和人际关系指标对多维贫困指数的贡献率较低，均不超过 4.5%。
说明了随着我国对农村福利的兜底、宣传和发展，农村家庭成年女性绝大
部分人口购买了基本医疗保险，女性身体健康状况虽有所下降，但她们患
慢性病的较少，整体上农村家庭成年女性对自己的生活较为满意。

表 4-19　　中部地区农村家庭成年女性多维贫困指标贡献率(%)

指标 ＼ K 年份	K = 2						K = 3					
	2010	2012	2014	2016	2018	均值	2010	2012	2014	2016	2018	均值
个人收入	9.28	10.56	11.26	11.71	10.45	10.65	8.86	9.43	9.67	9.98	9.55	9.50
工作情况	8.01	8.70	9.83	9.78	9.75	9.21	7.62	8.05	9.02	8.87	9.03	8.52
基本保障	1.05	0.35	0.57	0.49	0.49	0.59	1.29	0.53	0.81	0.65	0.47	0.75
健康自评	6.81	5.70	5.92	6.72	11.92	7.41	7.36	6.39	7.20	7.80	10.12	7.77
BMI 指数	1.40	1.16	0.88	0.74	0.64	0.96	1.77	1.38	1.13	1.25	0.56	1.22
慢性病	1.48	1.28	2.09	2.33	2.36	1.91	1.87	1.44	2.91	2.88	2.64	2.35
教育程度	10.33	11.04	11.33	11.63	11.53	11.17	9.49	9.55	9.59	9.94	10.07	9.73
信息获取	6.43	6.29	2.18	2.48	3.54	4.18	6.73	6.99	2.55	2.74	3.67	4.54
理解能力	1.33	0.78	0.72	0.47	1.05	0.87	1.90	1.16	1.25	0.79	1.84	1.39
新闻关注	4.29	4.58	7.53	7.81	8.85	6.61	5.09	5.95	7.81	7.94	8.47	7.05
互联网娱乐	10.43	10.89	10.39	9.31	7.97	9.80	9.44	9.58	9.34	8.78	8.71	9.17
生活满意度	1.37	1.99	0.91	1.68	0.82	1.35	1.80	2.85	1.58	2.93	1.41	2.11
社会地位	4.19	5.88	4.18	5.96	3.81	4.80	5.50	7.66	5.58	7.80	5.51	6.41
人际关系	2.98	1.64	2.57	1.59	1.08	1.97	3.57	2.07	4.61	2.37	1.84	2.89
家庭决策权	13.99	12.18	12.52	10.10	8.97	11.55	13.21	12.36	12.32	10.52	11.15	11.91
财产权	16.62	16.96	17.11	17.20	16.76	16.93	14.50	14.61	14.62	14.77	14.96	14.69

在农村家庭成年女性多维贫困测度的基础上，按前文所述方法，对西部地区农村家庭成年女性的多维贫困指标进行了分解，得出不同 K 值下各个指标对多维贫困指数的贡献率，表4-20 为 $K=2$ 和 $K=3$ 时的西部地区农村家庭成年女性多维贫困指标贡献率。可以看出，各多维贫困指标对多维贫困指数的贡献率存在一定程度的差异，而当 $K=2$ 和 $K=3$ 时，同一多维贫困指标对多维贫困指数的贡献率基本一致。

首先，贡献率最高的是财产权指标和家庭决策权指标，当 $K=2$ 和 $K=3$ 时，财产权指标对多维贫困的贡献率均值分别达到了 15.59% 和 14.22%，家庭决策权指标对多维贫困指数的贡献率分别为 12.30% 和 12.41%。这印证了西部农村家庭成年女性的普遍状态，成年女性在资产占有和家庭重大事项的决策上缺乏权力。

其次，个人收入、工作情况、教育程度和互联网使用娱乐这三个指标对多维贫困指数的贡献率也较高，介于 8.5%~11%，反映了农村家庭成年女性由于传统思想观念，受教育程度不高，在家赡养老人养育子女的情况普遍，难以从事自家农活外的工作，获得自己个人收入的情况较少，同时，农村家庭成年女性社会网络同质性较强，闲暇生活方面较为缺乏，串门聊天情况较为普遍。健康自评、新闻关注和个人社会地位这三个指标对多维贫困指数的贡献率略高，贡献率介于 5%~8%，反映了农村家庭成年女性健康状况随着年龄的增长，大部分出现一定的问题，并且由于传统农村文化的根深蒂固，女性的社会地位普遍一般，她们对社会发展、相关政策方面的新闻关注度较少。

最后，基本保障、BMI 指数、慢性病、信息获取、理解表达能力、生活满意度和人际关系指标对多维贫困指数的贡献率较低，均不超过5%，说明了随着我国对农村福利的兜底、宣传和发展，农村家庭成年女性绝大部分人口购买了基本医疗保险，女性身体健康状况虽有所下降，但她们患慢性病的较少，整体上农村家庭成年女性对自己的生活较为满意。

表4-20　　西部地区农村家庭成年女性多维贫困指标贡献率(%)

K年份 指标	K = 2						K = 3					
	2010	2012	2014	2016	2018	均值	2010	2012	2014	2016	2018	均值
个人收入	8.50	9.95	10.94	11.28	10.64	10.26	8.36	9.22	9.75	9.87	9.70	9.38
工作情况	8.19	7.88	10.03	9.86	10.05	9.20	7.97	7.58	9.40	9.34	9.31	8.72
基本保障	1.14	0.19	0.41	0.45	0.31	0.50	1.20	0.22	0.42	0.60	0.44	0.58
健康自评	6.20	5.95	6.16	6.63	11.54	7.30	6.51	6.46	6.86	7.16	9.97	7.39
BMI 指数	2.08	1.76	1.50	1.28	1.26	1.58	2.48	2.09	1.82	1.61	1.80	1.96
慢性病	1.85	1.52	2.35	2.63	3.13	2.30	2.15	1.89	2.85	2.30	3.31	2.50
教育程度	9.95	10.39	11.03	11.20	11.34	10.78	9.21	9.44	9.82	9.85	9.92	9.65
信息获取	7.05	6.89	2.36	3.18	3.34	4.56	7.06	7.20	2.78	3.47	3.36	4.77
理解能力	1.85	1.17	0.78	0.42	0.89	1.02	2.27	1.46	1.03	0.60	1.17	1.31
新闻关注	4.83	4.92	6.79	6.63	7.39	6.11	5.50	5.64	7.56	7.24	7.29	6.65
互联网娱乐	10.15	10.43	10.73	9.76	7.85	9.78	9.30	9.51	9.64	9.39	8.39	9.25
生活满意度	1.53	2.05	1.24	1.79	0.88	1.50	1.89	2.66	1.84	2.49	1.34	2.04
社会地位	4.48	5.65	3.58	5.58	4.17	4.69	5.59	6.73	4.73	7.12	5.70	5.97
人际关系	3.28	3.24	2.63	2.50	0.89	2.51	3.86	3.62	3.78	2.55	1.48	3.06
家庭决策权	13.70	12.44	13.67	11.16	10.54	12.30	12.77	12.15	13.31	11.54	12.29	12.41
财产权	15.21	15.55	15.81	15.64	15.75	15.59	13.88	14.11	14.40	14.16	14.55	14.22

四、农村家庭成年女性多维贫困动态性测度结果

全国农村家庭成年女性多维贫困动态性的测度结果如表4-21所示。当 $K=1$ 时，从不贫困和暂时贫困的农村家庭成年女性数量均为0，占比均为0，慢性贫困的成年女性数量为2699，占比为100.00%。这表明，全国农村家庭成年女性都经历了1维的慢性贫困，这是由于 $K=1$ 时极高的贫困发生率导致的；当 $K=2$ 时，从不贫困的成年女性数量为21，占比0.78%，暂时贫困的成年女性数量为166人，占比6.15%，慢性贫困的成年女性数量为2512，占比92.07%，慢性贫困仍然大于暂时贫困的成年女性数量，且数量差距较大；当 $K=3$ 时，从不贫困的成年女性数量为620，占比

22.97%，暂时贫困的成年女性数量为 1113，占比为 41.24%，慢性贫困的成年女性数量为 966，占比 35.79%，此时暂时贫困略多于慢性贫困的成年女性数量；当 $K=4$ 时，从不贫困的成年女性数量为 2236，占比 82.85%，暂时贫困的成年女性数量为 443，占比 16.41%，慢性贫困的成年女性数量仅为 20，暂时贫困远多于慢性贫困的人口数量；当 $K=5$ 时，从不贫困的成年女性数量为 2673，占比 99.04%，暂时贫困的成年女性数量仅为 26，占比 0.96%，此时没有成年女性处于慢性贫困的状态。由此可见，当 $K=1$ 和 $K=2$ 时，全国农村家庭成年女性多维贫困动态性以慢性贫困为主；当 $K=3$ 时，全国农村家庭成年女性多维贫困动态性以暂时贫困为主；当 $K=4$ 和 $K=5$ 时，全国农村家庭成年女性多维贫困动态性以从不贫困为主。

表 4-21　　　全国农村家庭成年女性多维贫困动态性测度结果

K	从不贫困		暂时贫困		慢性贫困	
	数量	比例	数量	比例	数量	比例
1	0	0.00%	0	0.00%	2699	100.00%
2	21	0.78%	166	6.15%	2512	93.07%
3	620	22.97%	1113	41.24%	966	35.79%
4	2236	82.85%	443	16.41%	20	0.74%
5	2673	99.04%	26	0.96%	0	0.00%

东部地区农村家庭成年女性多维贫困动态性的测度结果如表 4-22 所示。当 $K=1$ 时，从不贫困和暂时贫困的农村家庭成年女性数量均为 0，慢性贫困的成年女性数量为 929，占比为 100.00%。这表明，东部农村家庭成年女性都经历了 1 维的慢性贫困，这是由于 $K=1$ 时极高的贫困发生率导致的；当 $K=2$ 时，从不贫困的成年女性数量为 10，占比 1.08%，暂时贫困的成年女性数量为 82，占比 8.83%，慢性贫困的成年女性数量为 837，占比 90.10%，慢性贫困仍然大于暂时贫困的成年女性数量，且数量差距较大；当 $K=3$ 时，从不贫困的成年女性数量为 304，占比 32.72%，暂时贫困的成年女性数量为 393，占比为 42.30%，慢性贫困的成年女性数量为

232，占比 24.97%，此时从不贫困、暂时贫困和慢性贫困的成年女性数量相差不大；当 $K=4$ 时，从不贫困的成年女性数量为 809，占比 87.08%，暂时贫困的成年女性数量为 113，占比 12.16%，慢性贫困的成年女性数量仅为 7，暂时贫困远多于慢性贫困的人口数量；当 $K=5$ 时，从不贫困的成年女性数量为 927，占比 99.78%，暂时贫困的成年女性数量仅为 2，占比 0.22%，此时没有成年女性处于慢性贫困的状态。由此可见，当 $K=1$ 和 $K=2$ 时，东部地区农村家庭成年女性多维贫困动态性以慢性贫困为主；当 $K=3$ 时，东部农村家庭成年女性多维贫困动态性以暂时贫困为主；当 $K=4$ 和 $K=5$ 时，东部地区农村家庭成年女性多维贫困动态性以从不贫困为主，尤其是当 $K=5$ 时，东部地区农村家庭没有成年女性处于多维贫困的状态。

表 4-22　　　东部地区农村家庭成年女性多维贫困动态性测度结果

K	从不贫困		暂时贫困		慢性贫困	
	数量	比例	数量	比例	数量	比例
1	0	0.00%	0	0.00%	929	100.00%
2	10	1.08%	82	8.83%	837	90.10%
3	304	32.72%	393	42.30%	232	24.97%
4	809	87.08%	113	12.16%	7	0.75%
5	927	99.78%	2	0.22%	0	0.00%

中部地区农村家庭成年女性多维贫困动态性的测度结果如表 4-23 所示。当 $K=1$ 时，从不贫困和暂时贫困的农村家庭成年女性数量均为 0，占比均为 0，慢性贫困的成年女性数量为 776，占比 100.00%。这表明，中部农村家庭成年女性都经历了 1 维的慢性贫困，这是由于 $K=1$ 时极高的贫困发生率导致的；当 $K=2$ 时，从不贫困的成年女性数量为 8，占比 1.03%，暂时贫困的成年女性数量为 50，占比 6.44%，慢性贫困的成年女性数量为 718，占比 92.53%，慢性贫困仍然大于暂时贫困的成年女性数量，且差距较大；当 $K=3$ 时，从不贫困的成年女性数量为 184，占比 23.71%，暂时贫困的成年女性数量为 366，占比为 47.16%，慢性贫困的成年女性数量为

226，占比 29.12%，此时暂时贫困略多于慢性贫困的成年女性数量；当 $K=4$ 时，从不贫困的成年女性数量为 668，占比 86.08%，暂时贫困的成年女性数量为 105，占比 13.53%，慢性贫困的成年女性数量仅为 3，占比 0.39%，；当 $K=5$ 时，从不贫困的成年女性数量为 771，占比 99.36%，暂时贫困的成年女性数量为 5，占比 0.64%，此时没有成年女性处于慢性贫困状态。由此可见，当 $K=1$ 和 $K=2$ 时，中部地区农村家庭成年女性多维贫困动态性以慢性贫困为主；当 $K=3$ 时，中部农村家庭成年女性多维贫困动态性以暂时贫困为主；当 $K=4$ 和 $K=5$ 时，中部地区农村家庭成年女性多维贫困动态性以从不贫困为主。

表 4-23　　中部地区农村家庭成年女性多维贫困动态性测度结果

K	从不贫困		暂时贫困		慢性贫困	
	数量	比例	数量	比例	数量	比例
1	0	0.00%	0	0.00%	776	100.00%
2	8	1.03%	50	6.44%	718	92.53%
3	184	23.71%	366	47.16%	226	29.12%
4	668	86.08%	105	13.53%	3	0.39%
5	771	99.36%	5	0.64%	0	0.00%

西部地区农村家庭成年女性多维贫困动态性的测度结果如表 4-24 所示。当 $K=1$ 时，从不贫困和慢性贫困的农村家庭成年女性数量为 0，占比均为 0，慢性贫困的成年女性数量为 994，占比为 100.00%。这表明，西部农村家庭成年女性都经历了 1 维的慢性贫困，这是由于 $K=1$ 时极高的贫困发生率导致的；当 $K=2$ 时，从不贫困的成年女性数量为 3，占比 0.30%，暂时贫困的成年女性数量为 34，占比 3.42%，慢性贫困的成年女性数量为 957，占比 96.28%，慢性贫困远大于暂时贫困的成年女性数量；当 $K=3$ 时，从不贫困的成年女性数量为 132，占比 13.28%，暂时贫困的成年女性数量为 354，占比为 35.61%，慢性贫困的成年女性数量为 508，占比 51.11%，此时慢性贫困仍然远大于暂时贫困的成年女性数量；当 $K=4$ 时，

从不贫困的成年女性数量为 759，占比 76.36%，暂时贫困的成年女性数量为 225，占比 22.64%，慢性贫困的成年女性数量为 10，占比 1.01%；当 $K=5$ 时，从不贫困的成年女性数量为 975，占比 98.09%，暂时贫困的成年女性数量为 19，占比 1.91%，此时没有成年女性处于慢性贫困状态。由此可见，当 $K=1$、$K=2$ 和 $K=3$ 时，西部地区农村家庭成年女性多维贫困动态性以慢性贫困为主；当 $K=4$ 和 $K=5$ 时，西部地区农村家庭成年女性多维贫困动态性以从不贫困为主。

表 4-24　　西部地区农村家庭成年女性多维贫困动态性测度结果

K	从不贫困		暂时贫困		慢性贫困	
	数量	比例	数量	比例	数量	比例
1	0	0.00%	0	0.00%	994	100.00%
2	3	0.30%	34	3.42%	957	96.28%
3	132	13.28%	354	35.61%	508	51.11%
4	759	76.36%	225	22.64%	10	1.01%
5	975	98.09%	19	1.91%	0	0.00%

第四节　农村家庭女性儿童多维贫困及动态性测度结果

一、农村家庭女性儿童多维贫困发生率

2010—2018 年全国农村家庭女性儿童各指标多维贫困发生率①如图 4-9 所示。整体上来看，各个指标贫困发生率存在较大的差异。第一，全国农村家庭女性儿童各指标贫困发生率最高的是年龄别体重、卫生保障和学习关怀指标，这三项指标的贫困发生率均值均超过了 55%，分别为 64.33%、

---

①　由于农村女童本书所选样本量的问题，本书对女童多维贫困及动态性的区域差异分析仅分析全国、东、中和西部地区。区域的划分参照了国家统计局有关地区的划分方法，http：//www.stats.gov.cn/tjsj/zxfb/201405/t20140527_558611.html。

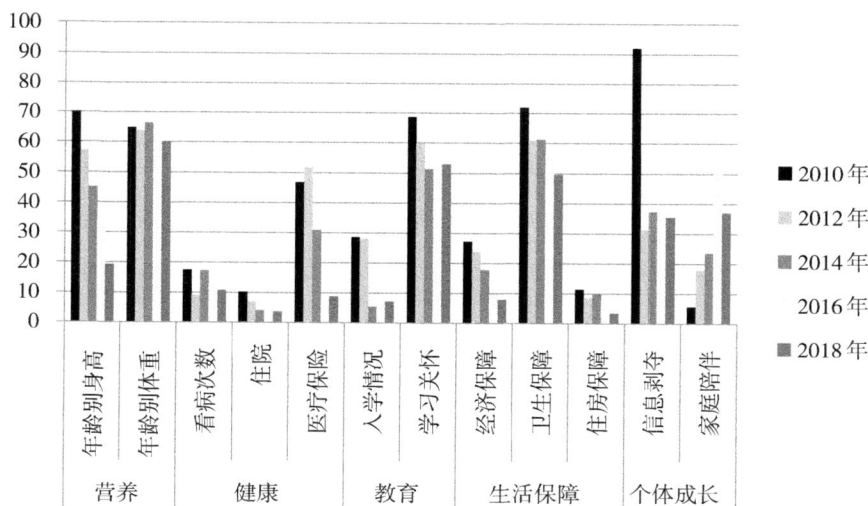

图 4-9 全国农村家庭女性儿童各指标贫困发生率(%)

60.00%和57.04%。其中，年龄别体重指标在追踪年度内均保持在较高的贫困发生率，说明农村家庭的女童普遍缺乏一定的营养；卫生保障指标呈逐渐下降的趋势，从2010年的71.94%下降到2018年的49.70%，下降幅度达到31%，说明随着我国对农村环境设施改善的投入，特别是以"两不愁三保障"为核心指标的脱贫攻坚任务中，农村家庭饮用水、做饭燃料问题得到了很大改善；学习关怀指标在追踪年度内贫困发生率均超过了50%，说明农村家庭对女童的学习普遍关注度不高，出现这样的原因是，一方面，传统的性别文化观念意识导致缺乏对女童的学习教育关怀，另一方面，农村家庭经济、文化等客观资本因素的匮乏，使得女童本身所在的原生家庭普遍缺失教育学习的氛围，但是该指标在追踪年度内贫困发生率呈现逐渐下降的趋势，从2010年的68.66%下降到2018年的52.99%，下降幅度接近25%，说明随着传统文化观念的转变，社会的发展，农村家庭对教育意识的提高，他们逐渐加强了对女童教育学习方面的重视。

第二，贫困发生率较高的指标是年龄别身高和信息剥夺指标，这两项指标的均值分别为 45.10% 和 46.81%。年龄别身高指标和年龄别体重指标类似，都反映了农村家庭女童营养方面的缺乏，但是年龄别身高指标呈现逐渐下降的趋势，从 2010 年的 70.15% 下降到 2018 年的 19.25%，下降幅度高达 72%，说明随着农村经济的发展，农村家庭女童的营养状况得到了较大改善；信息剥夺指标的贫困发生率呈现逐渐下降的趋势，从 2010 年的 91.94% 下降到 2018 年的 35.52%，下降幅度达到 61%，说明随着农村基础设施的完善，网络等资源的逐渐普及，女性儿童在信息获取上有了较大程度的改善。

第三，医疗保险和家庭陪伴指标贫困发生率较高，均值分别为 29.16% 和 27.28%。其中，医疗保险指标在追踪年度内呈现逐渐下降的趋势，从 2010 年的 46.86% 下降到 2018 年的 8.66%，降幅高达 82%，说明农村家庭女性儿童普遍享受了医疗保险的政策；家庭陪伴指标贫困发生率呈现上升的趋势，从 2010 年的 5.52% 上升到 2018 年的 37.01%，上升幅度较大，说明农村家庭父母外出数量增多，陪伴女童的时间和精力有限。

第四，看病次数、入学情况和经济保障指标在追踪年度内贫困发生率均值均在 15% 左右，这也说明了农村家庭整体的经济状况转好；看病次数指标反映了农村家庭女性儿童在成长过程中的身体状况良好，入学情况指标贫困发生率从 2010 年的 28.66% 下降到 2018 年的 7.16%，说明农村家庭女性儿童基本上在达到上学年龄时都能够接受学习教育，很少有辍学或不能上学的现象出现。住院和住房保障指标的贫困发生率均值均在 8% 以下，说明农村女童在生病就医、基本住房方面已得到较好保障。

东部地区农村家庭女性儿童各指标多维贫困发生率如图 4-10 所示。整体上来看，各个指标贫困发生率存在较大的差异。

第一，东部地区农村家庭女性儿童各指标贫困发生率最高的是年龄别体重、学习关怀、卫生保障和信息剥夺指标，这四项指标在追踪年度内贫困发生率均值均超过了 45%，分别为 58.55%、49.33%、45.39% 和 48.19%。其中，年龄别体重指标在追踪各年度内均保持在 55% 以上较高的贫困发生率，说明东部农村家庭的女童营养上有所缺乏；学习关怀指标在

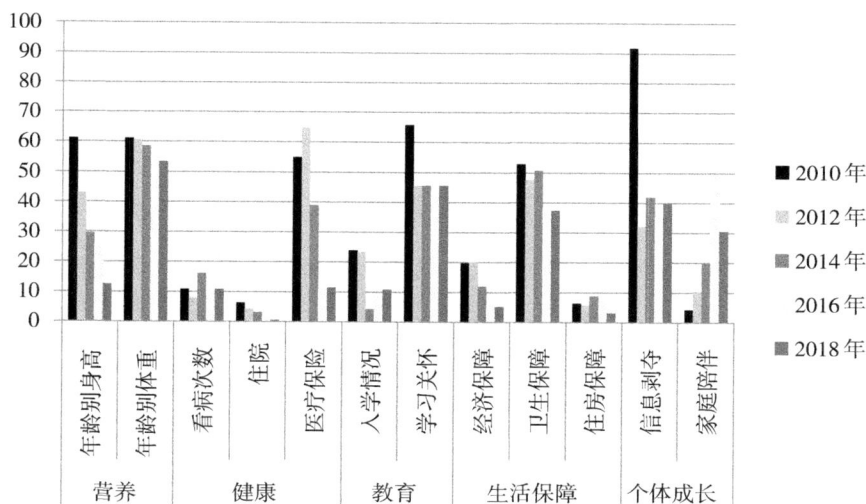

图 4-10　东部地区农村家庭女性儿童各指标贫困发生率(%)

追踪各年度内贫困发生率均在 45% 以上，说明东部地区农村家庭缺乏对女童的学习关注，农村家庭家长自身的文化水平和农村家庭传统的性别观念，都导致了对女童教育学习的重视度偏低，该指标略有下降，且低于全国地区的该指标贫困发生率，说明随着传统文化观念的转变加上时代的发展，东部地区农村家庭意识的提高，他们逐渐加强了对女童教育学习方面的重视；卫生保障指标在追踪年度内的贫困发生率呈下降趋势，从 2010 年的 52.85% 下降到 2018 年的 37.31%，低于全国地区的该指标，说明东部农村家庭在饮用水、做饭燃料方面得到较好改善；信息剥夺指标贫困发生率从 2010 年的 91.71% 下降到 2018 年的 39.90%，下降幅度达到 56%，说明东部农村基本设施改善较好，网络等资源的逐渐普及，女性儿童在信息获取上有了较大程度的改善。

第二，贫困发生率较高的指标是年龄别身高和医疗保险指标，这两项指标的均值分别为 34.30% 和 36.16%。其中，年龄别身高指标贫困发生率和年龄别体重指标类似，反映了东部农村家庭女童营养方面的缺乏，但是该指标呈现逐渐下降的趋势，从 2010 年的 61.14% 下降到 2018 年的 12.44%，下降幅度接近 80%，低于全国的该项指标，说明东部农村家庭女童的营养状况得到较大改善；医疗保险指标在追踪年度内整体上呈现下降的趋势，从 2010 年的 54.92% 下降到 2018 年的 11.40%，降幅高达 80%，说明东部农村家庭女性儿童普遍享有医疗保险政策。

第三，家庭陪伴指标的贫困发生率在追踪年度内的均值为 22.80%，该指标贫困发生率呈先下降后上升的趋势，且略高于全国的该项指标，说明东部地区农村家庭父母外出数量增多，陪伴女童的时间和精力有限；看病次数、入学情况和经济保障指标在追踪年度内贫困发生率均值均在 15% 以下，看病次数指标反映了农村家庭女性儿童在成长过程中的身体状况良好，入学情况指标贫困发生率从 2010 年的 23.83% 下降到 2018 年的 10.88%，略高于全国的该项指标，说明东部农村家庭女性儿童基本上享受义务教育政策，很少有辍学或不能上学的现象出现。住院和住房保障指标的贫困发生率均值在 6% 以下，且这两项指标贫困发生率均呈现逐渐下降的趋势，说明东部地区农村家庭女性儿童在生病就医、基本住房方面已得到较好保障。

中部地区农村家庭女性儿童各指标多维贫困发生率如图 4-11 所示。整体上来看，各个指标贫困发生率存在较大的差异。

第一，中部地区农村家庭女性儿童各指标贫困发生率最高的是年龄别体重、学习关怀和卫生保障指标，这三项指标的贫困发生率均值均超过了 50%，分别为 60.81%、58.92% 和 54.41%。其中，年龄别体重指标在追踪各年度内均保持在 60% 以上较高的贫困发生率，说明中部农村家庭的女童营养方面较为缺乏；学习关怀指标在追踪各年度内均保持在 50% 以上的贫困发生率，说明中部地区农村家庭缺乏对女童的学习关注，农村家庭家长自身的文化水平和农村家庭传统的性别观念，都导致了对女童教育学习的重视度偏低，但是该指标在追踪年度内贫困发生率呈现逐渐下降的趋势，从 2010 年的 67.12% 下降到 2018 年的 48.65%，说明随着传统文化观念的转变，社会的发展，农村家庭教育意识的提高，他们逐渐加强了对女童教

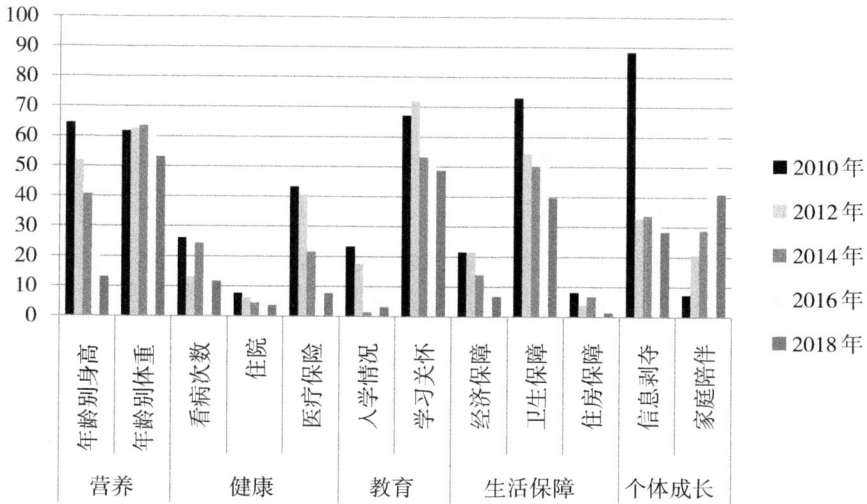

图 4-11 中部地区农村家庭女性儿童各指标贫困发生率(%)

育学习方面的重视;卫生保障指标在追踪年度内的贫困发生率呈下降趋势,从 2010 年的 72.97%下降到 2018 年的 39.64%,下降幅度达到 46%,略低于东部地区的该指标,说明中部地区农村家庭在饮用水、做饭燃料等方面得到较大改善。

第二,贫困发生率较高的指标是年龄别身高、信息剥夺和家庭陪伴指标,这三项指标在追踪年度内贫困发生率的均值分别为 38.38%、44.05%和 31.62%。年龄别身高指标和年龄别体重指标类似,都反映了农村家庭女童营养的缺乏,但是该指标呈现逐渐下降的趋势,从 2010 年的 64.41%下降到 2018 年的 13.06%,下降幅度高达 80%,说明中部地区农村家庭女童的营养状况有了较大程度的改善;信息剥夺指标呈逐渐下降趋势,从 2010 年的 88.29%下降到 2018 年的 28.38%,降幅达到 68%,说明中部农村基本设施改善较好,网络等资源的逐渐普及,女性儿童在信息获取上有了较大程度的改善;家庭陪伴指标贫困发生率呈现上升的趋势,最低为 2010 年的 7.21%,最高达到了 60.36%,高于东部地区的该项指标,说明中部地区农村家庭父母外出数量较其他地区略多,陪伴女童的时间和精力较其他地区略少。

第三，看病次数、医疗保险和经济保障指标的贫困发生率均值分别为17.57%、23.60%和14.41%。其中，看病次数指标比东部地区的略高，反映了中部农村家庭女性儿童在成长过程中的身体状况较东部略差；医疗保险指标在追踪年度内呈现下降的趋势，从2010年的43.24%下降到2018年的7.66%，降幅高达82%，说明中部农村女童普遍享有基本医疗保险的政策；经济保障指标贫困发生率从2010年的21.62%下降到2018年的6.76%，降幅达到67%，说明中部地区农村家庭整体的经济状况有了一定程度的改善。

第四，住院、入学情况和住房保障指标在追踪年度内的贫困发生率均值均在10%以下。住院指标贫困发生率均呈现下降的趋势，说明中部农村女童在成长过程中身体状态良好；入学指标从2010年的23.42%下降到2018年的3.15%，略低于东部地区的该项指标，说明中部农村家庭女性儿童普遍享有义务教育的政策，很少有辍学或不能上学的现象出现；住房保障指标贫困发生率从2010年的8.11%下降到2018年的1.35%，略低于东部地区的该项指标，说明中部地区农村家庭在住房环境上得到较好的改善。

西部地区农村家庭女性儿童各指标多维贫困发生率如图4-12所示。整体上来看，各个指标贫困发生率存在较大的差异。第一，西部地区农村家庭女性儿童各指标贫困发生率最高的是年龄别身高、年龄别体重、学习关怀和卫生保障指标，这四项指标的贫困发生率均值均超过了60%，分别为60.00%、71.76%、61.33%和75.92%。其中，年龄别体重指标在追踪各年度内均保持在67%以上的贫困发生率，年龄别身高从2010年的81.96%下降到2018年的29.80%，这两项指标贫困发生率的均值比中部地区的要高，说明整体上西部地区农村家庭女性儿童在营养方面较其他地区要差；学习关怀指标在各追踪年度内均保持在55%以上的贫困发生率，高于上述其他地区的该指标，说明西部地区相比其他地区，农村家庭更缺乏对女童的学习关注，农村家庭传统的性别观念和经济等客观资本条件的限制，都

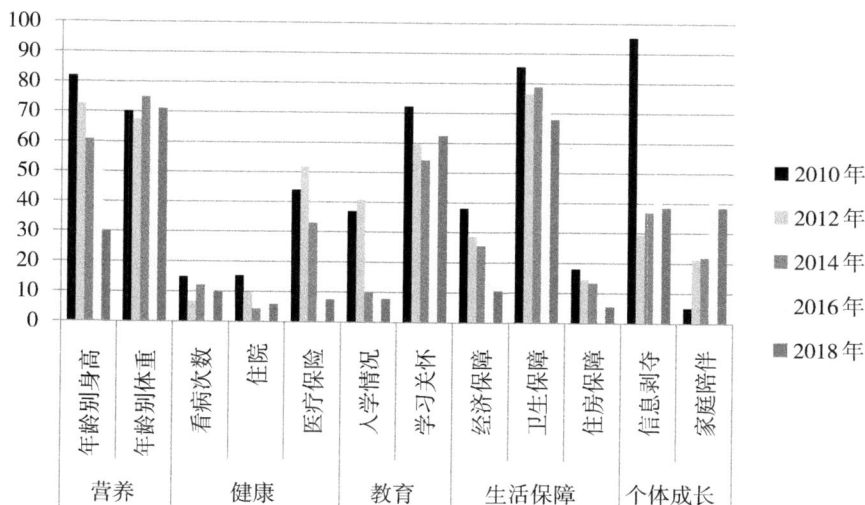

图 4-12　西部地区农村家庭女性儿童各指标贫困发生率(%)

导致了西部地区对女童教育重视度偏低；卫生保障指标在追踪年度内的贫困发生率呈现逐渐下降的趋势，从 2010 年的 72.97% 下降到 2018 年的 39.64%，下降幅度达到 46%，说明西部地区农村家庭在饮用水、做饭燃料方面得到改善。

第二，贫困发生率较高的指标是医疗保险、信息剥夺和家庭陪伴指标，这三项指标的均值分别为 28.71%、48.16% 和 26.90%。其中，医疗保险指标在追踪年度内呈现下降的趋势，从 2010 年的 43.92% 下降到 2018 年的 7.45%，降幅达到 83%，说明西部农村家庭女性儿童基本上享有医疗保险政策；信息剥夺指标从 2010 年的 95.29% 下降到 2018 年的 38.43%，降幅达到 60%，说明西部农村基本设施改善较好，网络等资源逐渐普及，女性儿童在信息获取上有了较大程度的改善；家庭陪伴指标贫困发生率呈现上升的趋势，从最低为 2010 年的 5.10%，最高达到了 47.84%，说明西部农村和其他地区类似，父母陪伴女童的时间和精力有限。

第三，入学情况和经济保障指标的贫困发生率的均值分别为 20.78% 和 23.37%。其中，入学情况指标贫困发生率从 2010 年的 36.86% 下降到

2018 年的 7.84%，降幅达到 79%，说明西部农村家庭女性儿童基本上在达到上学年龄时都能够接受学习教育，很少有辍学或不能上学的现象出现；经济保障指标贫困发生率呈下降趋势，从 2010 年的 38.04% 下降到 2018 年的 10.59%，降幅达到 72%，说明西部地区农村家庭整体的经济状况有了较大程度的改善。

第四，看病次数、住院和住房保障指标贫困发生率的均值在 12% 以下。其中，住院和看病次数指标呈逐渐下降趋势，反映了农村家庭女性儿童在成长过程中的身体状况较好；住房保障指标贫困发生率从 2010 年的 18.04% 下降到 2018 年的 5.49%，降幅达到 70%，说明随着我国脱贫攻坚工作的持续推进，西部农村家庭住房基本得到保障。

二、农村家庭女性儿童多维贫困指数分析

2010—2018 年全国农村家庭女性儿童多维贫困指数测度的结果如表 4-25 所示。当 K 取不同的值时，全国农村家庭女性儿童多维贫困测度结果存在一定的差异。当 $K=1$ 时，多维贫困指数介于 0.24~0.45，此时农村家庭女性儿童多维贫困发生率较高，在五个追踪年度内的贫困发生率均超过了 74%，2010 年度的多维贫困发生率高达 96%，这表明全国大多数农村家庭女性儿童在这五个追踪年度内处于 1 个及以上维度的贫困状态，在营养、健康、教育、生活保障和个体成长这 5 个维度上均不贫困的农村家庭女性儿童较少；当 $K=2$ 时，多维贫困指数介于 0.08~0.36，此时农村家庭女性儿童多维贫困发生率有所下降，从 $K=1$ 时的 97% 以下降到 $K=2$ 时的 68%以下，2018 年农村家庭女性儿童多维贫困发生率降低到 18.81%；当 $K=3$时，多维贫困发生率低于 12%，此时农村家庭女性儿童多维贫困发生率急剧下降，从 $K=2$ 时的 68% 以下降到 $K=3$ 时的 19% 以下，2018 年的多维贫困发生率下降到了 1.94%；当 $K=4$ 时，2010—2018 年各年均只有极少女性儿童处于多维贫困状态，表明较少的农村家庭女性儿童处于 3 个或 4 个以上维度的贫困状态。从不同的年份来看，当 K 取不同的值时，农村家庭女性儿童多维贫困整体上呈现逐年下降的趋势，这表明全国农村家庭女性

儿童多维贫困的状态在一定程度上得到了缓解和改善。

表 4-25　　　　全国农村家庭女性儿童多维贫困指数测度结果

K	年份	多维贫困个体数	贫困剥夺总额	多维贫困发生率	平均贫困剥夺份额	多维贫困指数
1	2010	646	1496.50	96.42%	0.4633	0.4467
	2012	599	1174.33	89.40%	0.3921	0.3505
	2014	546	1007.00	81.49%	0.3688	0.3006
	2016	556	996.67	82.98%	0.3585	0.2975
	2018	500	805.67	74.63%	0.3223	0.2405
2	2010	458	1204.17	68.36%	0.5258	0.3595
	2012	282	694.67	42.09%	0.4927	0.2074
	2014	222	531.00	33.13%	0.4784	0.1585
	2016	200	468.00	29.85%	0.4680	0.1397
	2018	126	291.83	18.81%	0.4632	0.0871
3	2010	124	397.83	18.51%	0.6417	0.1188
	2012	42	127.00	6.27%	0.6048	0.0379
	2014	28	85.67	4.18%	0.6119	0.0256
	2016	25	60.33	3.73%	0.4827	0.0180
	2018	13	28.83	1.94%	0.4436	0.0086
4	2010	5	12.83	0.75%	0.5133	0.0038
	2012	1	0.00	0.15%	0.0000	0.0000
	2014	1	0.00	0.15%	0.0000	0.0000
	2016	6	0.00	0.89%	0.0000	0.0000
	2018	4	0.00	0.60%	0.0000	0.0000

　　2010—2018 年东部地区农村家庭女性儿童多维贫困指数测度的结果如表 4-26 所示。当 K 取不同的值时，东部地区农村家庭女性儿童多维贫困测度结果存在一定的差异。当 $K=1$ 时，多维贫困指数介于 0.21~0.40，此时农村家庭女性儿童多维贫困发生率较高，在五个追踪年度内的贫困发生率均超过了 70%，2010 年的多维贫困发生率高达 95%，这表明东部地区大多

数农村家庭女性儿童在这五个追踪年度内处于 1 个及以上维度的贫困状态，在营养、健康、教育、生活保障和个体成长这 5 个维度上均不贫困的农村家庭女性儿童较少；当 $K=2$ 时，多维贫困指数介于 0.04~0.27，此时农村家庭女性儿童多维贫困发生率急剧下降，从 $K=1$ 时的 95% 以下降到 $K=2$ 时的 53% 以下，2018 年农村家庭女性儿童多维贫困发生率降低到 11.40%；当 $K=3$ 时，多维贫困发生率低于 12%，此时农村家庭女性儿童多维贫困发生率较低，从 $K=2$ 时的 53% 以下降到 $K=3$ 时的 12% 以下，2018 年的多维贫困发生率为 1.55%；当 $K=4$ 时，仅 2010 年和 2018 年有极少数女性儿童处于多维贫困状态，其余年份农村家庭女性儿童多维贫困指数和多维贫困发生率均为 0，表明东部地区极少有农村家庭女性儿童处于 4 个以上维度的贫困状态。从不同的年份来看，当 K 取不同的值时，农村家庭女性儿童多维贫困整体上呈现逐年下降的趋势，这表明东部地区农村家庭女性儿童多维贫困的状态在一定程度上得到了缓解和改善。

表 4-26　　东部地区农村家庭女性儿童多维贫困指数测度结果

K	年份	多维贫困个体数	贫困剥夺总额	多维贫困发生率	平均贫困剥夺份额	多维贫困指数
1	2010	182	383.17	94.30%	0.4211	0.3971
	2012	156	297.83	80.83%	0.3588	0.2900
	2014	137	242.67	70.98%	0.3543	0.2515
	2016	148	245.83	76.68%	0.3322	0.2547
	2018	139	201.67	72.02%	0.2902	0.2090
2	2010	102	260.00	52.85%	0.5098	0.2694
	2012	57	132.67	29.53%	0.4655	0.1375
	2014	48	113.83	24.87%	0.4743	0.1180
	2016	38	86.00	19.69%	0.4526	0.0891
	2018	22	46.83	11.40%	0.4258	0.0485

续表

K	年份	多维贫困个体数	贫困剥夺总额	多维贫困发生率	平均贫困剥夺份额	多维贫困指数
3	2010	22	67.67	11.40%	0.6152	0.0701
	2012	4	12.83	2.07%	0.6417	0.0133
	2014	3	9.67	1.55%	0.6444	0.0100
	2016	1	3.00	0.05%	0.6000	0.0031
	2018	3	3.16	1.55%	0.2111	0.0033
4	2010	2	4.00	1.04%	0.4000	0.0041
	2012	0	0.00	0.00%	0.0000	0.0000
	2014	0	0.00	0.00%	0.0000	0.0000
	2016	0	0.00	0.00%	0.0000	0.0000
	2018	2	0	1.04%%	0.0000	0.0000

　　2010—2018 年中部地区农村家庭女性儿童多维贫困指数测度的结果如表 4-27 所示。当 K 取不同的值时，中部地区农村家庭女性儿童多维贫困测度结果存在一定的差异。当 $K=1$ 时，多维贫困指数介于 0.20~0.43，此时农村家庭女性儿童多维贫困发生率较高，在五个追踪年度内的贫困发生率均超过了 66%，2010 年和 2012 年的多维贫困发生率均超过 90%，这表明中部地区大多数农村家庭女性儿童在这五个追踪年度内处于 1 个及以上维度的贫困状态，在营养、健康、教育、生活保障和个体成长这 5 个维度上均不贫困的农村家庭女性儿童较少；当 $K=2$ 时，多维贫困指数介于 0.05~0.34，此时农村家庭女性儿童多维贫困发生率急剧下降，从 $K=1$ 时的 95% 以下降到 $K=2$ 时的 65% 以下，2018 年农村家庭女性儿童多维贫困发生率降低到 12.16%；当 $K=3$ 时，多维贫困发生率低于 16%，此时农村家庭女性儿童多维贫困发生率较低，从 $K=2$ 时的 65% 以下降到 $K=3$ 时的 16% 以下，2018 年的多维贫困发生率为 1.80%；当 $K=4$ 时，多维贫困发生率低于 0.90%，只有 2016 年和 2018 年有极少数女性儿童处于多维贫困状态，

表明中部地区农村家庭女性儿童处于 4 个以上维度的贫困状态的数量极少。从不同的年份来看，当 K 取不同的值时，农村家庭女性儿童多维贫困整体上呈现逐年下降的趋势，这表明中部地区农村家庭女性儿童多维贫困的状态在一定程度上得到了缓解和改善。

表 4-27　　　中部地区农村家庭女性儿童多维贫困指数测度结果

K	年份	多维贫困个体数	贫困剥夺总额	多维贫困发生率	平均贫困剥夺份额	多维贫困指数
1	2010	209	471.00	94.14%	0.4507	0.4243
	2012	201	375.33	90.54%	0.3735	0.3381
	2014	177	311.67	79.73%	0.3522	0.2808
	2016	182	312.67	81.98%	0.3436	0.2817
	2018	148	224.67	66.67%	0.3036	0.2024
2	2010	144	372.67	64.86%	0.5176	0.3357
	2012	79	193.50	35.59%	0.4899	0.1743
	2014	62	146.67	27.93%	0.4715	0.1317
	2016	58	133.33	26.13%	0.4598	0.1201
	2018	27	62.33	12.16%	0.4617	0.0562
3	2010	35	114.00	15.77%	0.6514	0.1027
	2012	9	28.17	4.05%	0.6259	0.0254
	2014	4	13.33	1.80%	0.6667	0.0120
	2016	6	12.83	2.70%	0.4278	0.0116
	2018	4	9.00	1.80%	0.4500	0.0081
4	2010	0	0.00	0.00%	0.0000	0.0000
	2012	0	0.00	0.00%	0.0000	0.0000
	2014	0	0.00	0.00%	0.0000	0.0000
	2016	2	0.00	0.90%	0.0000	0.0000
	2018	1	0.00	0.45%	0.0000	0.0000

2010—2018 年西部地区农村家庭女性儿童多维贫困指数测度的结果如表 4-28 所示。当 K 取不同的值时，西部地区农村家庭女性儿童多维贫困测度结果存在一定的差异。当 $K=1$ 时，多维贫困指数介于 0.29 ~ 0.50，此时农村家庭女性儿童多维贫困发生率较高，在五个追踪年度内的贫困发生率均超过了 80%，2010 年、2012 年和 2014 年的多维贫困发生率均超过 90%，这表明西部地区大多数农村家庭女性儿童在这五个追踪年度内处于 1 个及以上维度的贫困状态，在营养、健康、教育、生活保障和个体成长这 5 个维度上均不贫困的农村家庭女性儿童较少；当 $K=2$ 时，多维贫困指数介于 0.14 ~ 0.45，此时农村家庭女性儿童多维贫困发生率下降较多，从 $K=1$ 时的 100% 以下降到 $K=2$ 时的 83% 以下，2018 年农村家庭女性儿童多维贫困发生率降低到 30.20%；当 $K=3$ 时，多维贫困发生率低于 27%，此时农村家庭女性儿童多维贫困发生率较低，从 $K=2$ 时的 83% 以下降到 $K=3$ 时的 27% 以下，2018 年的多维贫困发生率为 2.35%；当 $K=4$ 时，多维贫困发生率低于 1.6%，表明西部地区农村家庭女性儿童处于 4 个以上维度的贫困状态的数量极少。从不同的年份来看，当 K 取不同的值时，农村家庭女性儿童多维贫困整体上呈现逐年下降的趋势，这表明西部地区农村家庭女性儿童多维贫困的状态在一定程度上得到了缓解和改善。

表 4-28　　西部地区农村家庭女性儿童多维贫困指数测度结果

K	年份	多维贫困个体数	贫困剥夺总额	多维贫困发生率	平均贫困剥夺份额	多维贫困指数
1	2010	255	642.33	100.00%	0.5038	0.5038
	2012	242	519.17	94.90%	0.4291	0.4072
	2014	232	452.67	90.98%	0.3902	0.3550
	2016	226	438.17	88.63%	0.3878	0.3437
	2018	213	379.33	83.53%	0.3562	0.2975

续表

K	年份	多维贫困个体数	贫困剥夺总额	多维贫困发生率	平均贫困剥夺份额	多维贫困指数
2	2010	212	571.50	83.14%	0.5392	0.4482
	2012	146	368.50	57.25%	0.5048	0.2890
	2014	112	271.00	43.92%	0.4839	0.2125
	2016	104	248.67	40.78%	0.4782	0.1950
	2018	77	182.67	30.20%	0.4745	0.1433
3	2010	67	216.17	26.27%	0.6453	0.1695
	2012	29	86.00	11.37%	0.5931	0.0675
	2014	21	62.67	8.24%	0.5968	0.0492
	2016	18	44.50	7.06%	0.4944	0.0349
	2018	6	16.67	2.35%	0.5556	0.0131
4	2010	3	8.83	1.18%	0.5889	0.0069
	2012	1	0.00	0.39%	0.0000	0.0000
	2014	1	0.00	0.39%	0.0000	0.0000
	2016	4	0.00	1.57%	0.0000	0.0000
	2018	1	0.00	0.04%	0.0000	0.0000

三、农村家庭女性儿童多维贫困指标贡献率

在农村家庭女性儿童多维贫困测度的基础上，按前文所述方法，对多维贫困指标进行了分解，得出不同 K 值下各个指标对多维贫困指数的贡献率，$K=2$ 和 $K=3$ 时的全国农村家庭女性儿童多维贫困指标贡献率如表4-29所示。可以看出，各多维贫困指标对多维贫困指数的贡献率存在一定程度的差异，而当 $K=2$ 和 $K=3$ 时，同一多维贫困指标对多维贫困指数的贡献率基本一致。

第一，贡献率最高的指标。年龄别身高和年龄别体重指标的贡献率均较高，在 $K=2$ 和 $K=3$ 时均值值均超过了14%，两者共同说明了农村家庭女

性儿童在营养维度上的贫困较高；教育关怀指标对多维贫困指数的贡献率较高，当 $K=2$ 和 $K=3$ 时，贡献率的均值分别为 16.77% 和 16.32%，说明农村家庭普遍缺乏对女童的教育关怀，一方面是农村一直以来的传统文化意识，缺乏对女孩的教育投资，另一方面能力、经济和时间客观资本的缺乏使得农村家庭对女童的教育问题有心无力。

第二，当 $K=2$ 和 $K=3$ 时，信息获取和家庭陪伴指标对多维贫困指数的贡献率均值均在 10% 左右，说明农村家庭女性儿童在个体成长维度上有较高的贫困问题，缺少父母的陪伴，能够通过电视网络获取信息的情况较差；当 $K=2$ 和 $K=3$ 时，卫生保障指标对多维贫困贡献率的均值分别为 10.70% 和 9.93%，说明农村家庭在饮用水、燃料使用方面还有待改善。

第三，当 $K=2$ 和 $K=3$ 时，医疗保障和适龄入学指标对多维贫困指数的贡献率均值均在 5% 左右，说明农村家庭女性儿童大部分购买了基本医疗保险，且都享受了基本的义务教育政策；就医次数、因病住院、经济保障和住房保障指标对多维贫困的贡献率较低，当 $K=2$ 和 $K=3$ 时，这些指标的贡献率均值均不超过 5%，反映了全国农村家庭女性儿童基本上在经济和住房上不存在贫困，她们的身体状况良好。

表 4-29 　　全国农村家庭女性儿童多维贫困指标贡献率(%)

K 年 指标	K=2						K=3					
	2010	2012	2014	2016	2018	均值	2010	2012	2014	2016	2018	均值
年龄别身高	16.03	16.27	15.54	14.10	12.34	14.85	14.83	15.35	14.01	14.92	12.14	14.25
年龄别体重	14.28	15.91	18.74	19.34	19.36	17.53	14.58	16.54	15.76	19.89	19.08	17.17
就医次数	2.55	1.73	3.39	3.21	3.31	2.84	3.52	2.10	3.89	3.31	5.78	3.72
因病住院	1.69	1.82	0.94	1.00	1.71	1.43	1.68	2.36	2.33	1.66	1.16	1.84
医疗保险	6.48	8.16	6.53	1.57	2.63	5.07	6.20	7.09	5.84	4.42	2.31	5.17
适龄入学	7.06	9.21	2.07	3.42	3.94	5.14	9.93	9.45	2.92	4.97	8.67	7.19
教育关怀	15.40	16.34	16.10	17.31	18.68	16.77	13.82	16.54	16.34	14.09	20.81	16.32
经济保障	4.51	4.56	4.71	2.92	3.43	4.03	5.86	3.67	5.06	6.08	8.09	5.75

续表

K年 指标	K=2						K=3					
	2010	2012	2014	2016	2018	均值	2010	2012	2014	2016	2018	均值
卫生保障	10.46	11.04	11.24	10.61	10.17	10.70	9.47	10.50	9.34	9.94	10.40	9.93
住房保障	1.96	1.87	2.64	2.07	0.91	1.89	2.85	2.62	3.89	3.31	2.31	2.99
信息获得	18.48	6.98	9.89	10.26	10.97	11.32	15.58	6.30	9.92	13.26	13.87	11.79
家庭陪伴	1.41	6.48	8.57	15.71	14.39	9.31	2.64	9.45	12.84	15.75	13.87	10.91

在农村家庭女性儿童多维贫困测度的基础上，按前文所述方法，对多维贫困指标进行了分解，得出不同 K 值下各个指标对多维贫困指数的贡献率，K=2 和 K=3 时的东部农村家庭女性儿童多维贫困指标贡献率如表4-30所示。可以看出，各多维贫困指标对多维贫困指数的贡献率存在一定程度的差异，而当 K=2 和 K=3 时，同一多维贫困指标对多维贫困指数的贡献率基本一致。

第一，贡献率较高的指标。当 K=2 和 K=3 时，年龄别身高和年龄别体重指标的贡献率均值均较高，超过了 14%，两者共同说明了东部地区农村家庭女性儿童缺乏一定的营养。教育关怀指标对多维贫困指数的贡献率较高，当 K=2 和 K=3 时，均值分别为 16.81% 和 18.65%，略高于全国地区的该项指标贡献率，说明东部农村家庭普遍缺乏对女童的教育关怀，一方面是农村一直以来的传统文化意识，缺乏对女孩的教育投资，另一方面各种客观资本的缺乏使得农村家庭对女童的教育问题有心无力。

第二，当 K=2 和 K=3 时，信息获得和家庭陪伴指标对多维贫困指数的贡献率较高，贡献率均值均超过了 8%，说明随着父母的外出，东部农村家庭存在一定数量的留守女童，且她们通过互联网等渠道获取信息的资源有限。当 K=2 和 K=3 时，卫生保障指标对多维贫困贡献率的均值分别为 9.62% 和 7.34%，略低于全国地区的该项指标贡献率，说明东部地区在饮用水、燃料使用方面较全国其他地区略好。

第三，当 K=2 和 K=3 时，适龄入学和医疗保险指标对多维贫困指数的贡献率较高，且这两项指标对多维贫困的贡献率高于全国地区的该项指标贡献率，说明东部地区农村家庭女性儿童普通接受义务教育，购买了基本医疗，但相比全国来说这两方面存在一定程度的贫困。就医次数、因病住院、经济保障和住房保障指标对多维贫困的贡献率较低，当 $K=2$ 和 $K=3$ 时，这些指标的贡献率均不超过5%，反映了东部地区农村家庭女性儿童在就医、经济和家庭住房上基本得到保障。

表4-30　　东部地区农村家庭女性儿童多维贫困指标贡献率(%)

K年 指标	K=2						K=3					
	2010	2012	2014	2016	2018	均值	2010	2012	2014	2016	2018	均值
年龄别身高	17.12	16.21	15.81	13.37	10.68	14.65	16.26	15.58	15.52	16.67	31.58	19.12
年龄别体重	14.81	16.96	18.45	20.35	19.22	17.96	15.52	15.58	15.52	16.67	15.79	15.82
就医次数	1.28	1.76	4.10	5.81	4.98	3.59	2.46	0.00	6.89	11.11	10.53	6.20
因病住院	0.90	1.26	0.88	0.39	0.00	0.69	0.99	2.60	0.00	11.11	0.00	2.94
医疗保险	7.69	10.80	7.32	1.55	4.27	6.33	6.40	10.39	3.45	0.00	10.53	6.15
适龄入学	6.35	9.42	2.20	4.07	7.47	5.90	12.56	11.69	0.00	0.00	31.58	11.17
教育关怀	17.12	15.45	17.13	15.12	19.22	16.81	14.78	15.58	15.52	0.00	47.37	18.65
经济保障	3.97	5.28	4.10	1.55	2.14	3.41	3.94	2.60	3.45	0.00	0.00	2.00
卫生保障	9.74	9.55	9.66	7.75	11.39	9.62	8.87	10.39	6.90	0.00	10.53	7.34
住房保障	1.15	1.26	2.34	2.71	0.00	1.49	0.99	0.00	6.90	11.11	0.00	3.80
信息获得	19.23	7.54	10.54	8.72	17.08	12.62	16.26	3.90	15.52	16.67	15.79	13.63
家庭陪伴	1.35	4.52	7.47	18.60	9.61	8.31	3.69	11.69	10.34	16.67	15.79	11.64

在农村家庭女性儿童多维贫困测度的基础上，按前文所述方法，对多维贫困指标进行了分解，得出不同 K 值下各个指标对多维贫困指数的贡献率，$K=2$ 和 $K=3$ 时的中部农村家庭女性儿童多维贫困指标贡献率如表4-31所示。可以看出，各多维贫困指标对多维贫困指数的贡献率存在一定程度的差异，而当 $K=2$ 和 $K=3$ 时，同一多维贫困指标对多维贫困指数的贡献率基本一致。

表 4-31　　　中部地区农村家庭女性儿童多维贫困指标贡献率(%)

指标 \ K年	K=2						K=3					
	2010	2012	2014	2016	2018	均值	2010	2012	2014	2016	2018	均值
年龄别身高	15.03	15.50	13.68	10.50	12.03	13.35	14.04	14.20	15.00	3.90	5.56	10.54
年龄别体重	15.03	16.28	18.81	18.38	18.45	17.39	14.47	15.98	15.00	19.48	22.22	17.43
就医次数	4.11	3.27	5.47	3.50	5.35	4.34	5.85	5.92	7.50	7.79	7.41	6.89
因病住院	1.43	1.38	1.60	1.25	1.60	1.45	1.46	1.18	7.50	0.00	0.00	2.03
医疗保险	6.26	6.20	5.25	0.75	2.14	4.12	7.02	4.73	2.50	2.60	3.70	4.11
适龄入学	6.44	6.20	0.68	2.62	1.60	3.51	6.58	5.32	0.00	7.79	0.00	3.94
教育关怀	15.30	18.35	16.08	18.37	18.45	17.31	14.04	15.98	15.00	15.58	16.67	15.45
经济保障	3.58	4.31	4.56	2.75	4.28	3.90	6.14	4.73	0.00	5.19	11.11	5.43
卫生保障	10.55	10.68	9.81	10.75	9.63	10.28	9.36	10.65	10.00	10.39	11.11	10.30
住房保障	1.61	0.52	1.82	1.50	0.00	1.09	2.63	0.00	5.00	0.00	0.00	1.53
信息获得	18.78	9.04	10.26	12.38	11.23	12.34	15.35	10.65	11.25	23.38	16.67	15.46
家庭陪伴	1.88	8.27	11.97	18.38	16.84	11.47	3.07	10.65	11.25	15.58	16.67	11.44

　　第一，对多维贫困贡献率较高的指标。年龄别身高和年龄别体重指标的贡献率均较高，在 K=2 和 K=3 时贡献率均值均超过了10%，两者共同说明了中部地区农村家庭女性儿童缺乏一定的营养。教育关怀指标对多维贫困指数的贡献率较高，当 K=2 和 K=3 时，均值分别为 17.31% 和 15.45%，说明农村家庭普遍缺乏对女童的教育关怀，这与农村一直以来的传统文化意识和各种客观资本有关。

　　第二，当 K=2 和 K=3 时，信息获得和家庭陪伴指标对多维贫困指数的贡献率较高，贡献率均值均超过了11%，说明随着父母的外出，中部农村家庭存在一定数量的留守女童，且她们获取信息的能力和资源有限；当 K=2 和 K=3 时，卫生保障指标对多维贫困指数的贡献率均值分别为 10.28% 和 10.30%，高于东部地区的该项指标，说明中部地区由于经济、地理等客观因素限制，农村家庭在饮用水、做饭燃料使用上比东部地区要差。

第三，当 $K=2$ 和 $K=3$ 时，医疗保险和适龄入学指标对多维贫困指数的贡献率均值均在 4% 以下，说明中部地区农村家庭女性儿童在义务教育、基本医疗保险购买上得到保障。当 $K=2$ 和 $K=3$ 时，就医次数、因病住院、经济保障和住房保障指标对多维贫困的贡献率较低，这些指标的贡献率的均值均在 4% 左右，反映了中部地区农村家庭女性儿童基本上在就医、经济和住房上得到保障。

在农村家庭女性儿童多维贫困测度的基础上，按前文所述方法，对多维贫困指标进行了分解，得出不同 K 值下各个指标对多维贫困指数的贡献率，$K=2$ 和 $K=3$ 时的西部农村家庭女性儿童多维贫困指标贡献率如表 4-32 所示。可以看出，各多维贫困指标对多维贫困指数的贡献率存在一定程度的差异，而当 $K=2$ 和 $K=3$ 时，同一多维贫困指标对多维贫困指数的贡献率基本一致。

第一，贡献率较高的指标。当 $K=2$ 和 $K=3$ 时，年龄别身高和年龄别体重指标的贡献率均较高，均值均超过了 15%，两者共同说明了西部地区农村家庭女性儿童缺乏一定的营养。教育关怀指标对多维贫困指数的贡献率较高，当 $K=2$ 和 $K=3$ 时，均值分别为 16.42% 和 15.93%，说明西部地区和其他地区类似，农村家庭普遍缺乏对女童的教育关怀，农村一直以来的传统文化意识和客观资本条件限制了家庭对女童教育的投入。

第二，信息获得和家庭陪伴指标对多维贫困指数的贡献率较高，当 $K=2$ 和 $K=3$ 时，贡献率均值均超过了 8%，说明随着父母的外出，农村家庭存在一定数量的留守女童，且她们获取信息的途径和能力有限。当 $K=2$ 和 $K=3$ 时，卫生保障指标对多维贫困贡献率的均值分别为 11.35% 和 10.05%，略高于其他地区的该项指标贡献率，说明西部地区农村家庭在饮用水和做饭燃料上有所匮乏。

第三，当 $K=2$ 和 $K=3$ 时，医疗保险和适龄入学指标对多维贫困指数的贡献率均值均在 5% 以上，略高于其他地区的该项指标，说明西部地区的女童相比上述其他地区的女童来说，义务教育和基本医疗购买方面需要进一步改善。就医次数、因病住院、经济保障和住房保障对多维贫困的贡献率较低,当 $K=2$ 和 $K=3$ 时,这些指标的贡献率的均值均不超过 5%,经济保障指标略高于其他地区,这也与西部地区的整体经济发展有关,西部地区农村家庭女性儿童在就医、经济和住房上基本得到保障。

表 4-32　　西部地区农村家庭女性儿童多维贫困指标贡献率(%)

K 年 指标	$K=2$						$K=3$					
	2010	2012	2014	2016	2018	均值	2010	2012	2014	2016	2018	均值
年龄别身高	16.19	16.69	16.42	16.29	12.86	15.69	14.80	15.70	13.56	17.98	12.00	14.81
年龄别体重	13.56	15.33	18.82	19.50	19.71	17.38	14.34	16.86	15.96	20.22	18.00	17.08
就医次数	2.10	0.90	1.97	2.14	2.19	1.86	2.62	1.16	2.66	1.50	4.00	2.39
因病住院	2.22	2.26	0.62	1.07	2.19	1.67	2.00	2.71	1.60	1.50	2.00	1.96
医疗保险	6.07	8.23	6.89	2.01	2.37	5.11	5.71	7.36	6.91	5.24	0.00	5.04
适龄入学	7.79	10.72	2.77	3.62	3.83	5.75	10.87	10.47	3.99	4.49	9.00	7.76
教育关怀	14.70	15.60	15.68	17.49	18.61	16.42	13.42	16.86	16.76	14.61	18.00	15.93
经济保障	5.37	4.43	5.04	3.48	3.47	4.36	6.32	3.49	6.38	6.74	8.00	6.19
卫生保障	10.73	11.76	12.67	11.53	10.04	11.35	9.71	10.47	9.57	10.49	10.00	10.05
住房保障	2.57	2.80	3.20	2.14	1.46	2.43	3.55	3.88	3.19	3.75	4.00	3.67
信息获得	17.94	5.70	9.41	9.65	9.31	10.40	15.50	5.23	8.78	10.11	12.00	10.32
家庭陪伴	1.14	6.24	7.20	13.27	14.78	8.53	2.08	8.72	13.56	15.73	12.00	10.42

四、农村家庭女性儿童多维贫困动态性测度结果

全国农村家庭女性儿童多维贫困动态性的测度结果如表 4-33 所示。当 $K=1$ 时,从不贫困的农村家庭女性儿童数量为 2,占比为 0.30%,暂时贫困的女性儿童数量为 45,占比 6.72%,慢性贫困的女性儿童数量为 623,占比 92.99%。这表明,全国农村女性儿童大部分经历了 1 维的暂时贫困,这是由于 $K=1$ 时较高的贫困发生率导致的;当 $K=2$ 时,从不贫困的女性儿童数量为 119,占比 17.76%,暂时贫困的女性儿童数量为

326，占比 48.66%，慢性贫困的女性儿童数量为 225，占比 33.58%，慢性贫困略小于暂时贫困的女性儿童数量；当 $K=3$ 时，从不贫困的女性儿童数量为 483，占比 72.09%，暂时贫困的女性儿童数量为 182，占比 27.16%，慢性贫困的女性儿童数量为 5，占比 0.75%，慢性贫困比例远低于暂时贫困比例；当 $K=4$ 时，从不贫困的女性儿童数量为 654，占比 97.61%，暂时贫困的女性儿童数量为 16，占比 2.39%，没有女性儿童处于慢性贫困状态。由此可见，当 $K=1$ 时，全国农村家庭女性儿童多维贫困动态性以慢性贫困为主；当 $K=2$ 时，全国农村家庭女性儿童多维动态性以暂时贫困为主；当 $K=3$ 和 $K=4$ 时，全国农村家庭女性儿童多维贫困动态性以从不贫困为主。

表 4-33　　　全国农村家庭女性儿童多维贫困动态性测度结果

K 值	从不贫困		暂时贫困		慢性贫困	
	数量	比例（%）	数量	比例（%）	数量	比例（%）
1	2	0.30	45	6.72	623	92.99
2	119	17.76	326	48.66	225	33.58
3	483	72.09	182	27.16	5	0.75
4	654	97.61	16	2.39	0	0.00

东部地区农村家庭女性儿童多维动态性的测度结果如表 4-34 所示。当 $K=1$ 时，从不贫困的农村家庭女性儿童数量为 2，占比 1.04%，暂时贫困的女性儿童数量为 26，占比 13.47%，慢性贫困的女性儿童数量为 165，占比 85.49%。这表明，东部地区大部分农村家庭女性儿童经历了 1 维的暂时贫困，这是由于 $K=1$ 时较高的贫困发生率导致的；当 $K=2$ 时，从不贫困的女性儿童数量为 56，占比 29.02%，暂时贫困的女性儿童数量为 99，占比 51.30%，慢性贫困的女性儿童数量为 38，占比 19.69%，慢性贫困小于暂时贫困的女性儿童数量；当 $K=3$ 时，从不贫困的女性儿童数量为 163，占比 84.46%，暂时贫困的女性儿童数量为 30，占比 15.54%，没有

女性儿童处于慢性贫困状态；当 $K = 4$ 时，从不贫困的女性儿童数量为 189，占比 97.93%，暂时贫困的女性儿童数量为 4，占比 2.07%，没有女性儿童处于慢性贫困状态。由此可见，当 $K = 1$ 时，东部地区农村家庭女性儿童多维贫困动态性以慢性贫困为主；当 $K = 2$ 时，东部地区农村家庭女性儿童多维贫困动态性以暂时贫困为主；当 $K = 3$ 和 $K = 4$ 时，东部地区农村家庭女性儿童多维贫困动态性以从不贫困为主。

表 4-34   东部地区农村家庭女性儿童多维贫困动态性测度结果

K 值	从不贫困		暂时贫困		慢性贫困	
	数量	比例（%）	数量	比例（%）	数量	比例（%）
1	2	1.04	26	13.47	165	85.49
2	56	29.02	99	51.30	38	19.69
3	163	84.46	30	15.54	0	0.00
4	189	97.93	4	2.07	0	0.00

中部地区农村家庭女性儿童多维贫困动态性的测度结果如表 4-35 所示。当 $K = 1$ 时，从不贫困的农村家庭女性儿童数量为 0，暂时贫困的女性儿童数量为 18，占比 8.11%，慢性贫困的女性儿童数量为 204，占比 91.89%。这表明，中部地区农村家庭女性儿童大部分经历了 1 维的暂时贫困，这是由于 $K = 1$ 时较高的贫困发生率导致的；当 $K = 2$ 时，从不贫困的女性儿童数量为 45，占比 20.27%，暂时贫困的女性儿童数量为 122，占比 54.95%，慢性贫困的女性儿童数量为 55，占比 24.77%，慢性贫困远小于暂时贫困的女性儿童比例；当 $K = 3$ 时，从不贫困的女性儿童数量为 170，占比 76.58%，暂时贫困的成年女性数量为 52，占比 23.42%，没有女性儿童处于慢性贫困状态；当 $K = 4$ 时，从不贫困的女性儿童数量为 219，占比 98.65%，暂时贫困的女性儿童数量为 3，占比 1.35%，没有女性儿童处于慢性贫困状态。由此可见，当 $K = 1$ 时，中部地区农村家庭女性儿童多维贫困动态性以慢性贫困为主；当 $K = 2$ 时，中部地区农村家庭女性儿童多维贫

困动态性以暂时贫困为主；当 $K=3$ 和 $K=4$ 时，中部地区农村家庭女性儿童多维贫困动态性以从不贫困为主。

表 4-35　　中部地区农村家庭女性儿童多维贫困动态性测度结果

K 值	从不贫困		暂时贫困		慢性贫困	
	数量	比例（%）	数量	比例（%）	数量	比例（%）
1	0	0.00	18	8.11	204	91.89
2	45	20.27	122	54.95	55	24.77
3	170	76.58	52	23.42	0	0.00
4	219	98.65	3	1.35	0	0.00

　　西部地区农村家庭女性儿童多维动态性的测度结果如表 4-36 所示。当 $K=1$ 时，从不贫困的农村家庭女性儿童数量为 0，暂时贫困的女性儿童数量为 1，占比 0.39%，慢性贫困的女性儿童数量为 254，占比 99.61%。这表明，西部地区农村家庭女性儿童大部分经历了 1 维的暂时贫困，这是由于 $K=1$ 时较高的贫困发生率导致的；当 $K=2$ 时，从不贫困的女性儿童数量为 18，占比 7.06%，暂时贫困的女性儿童数量为 105，占比 41.18%，慢性贫困的女性儿童数量为 132，占比 51.76%，慢性贫困和暂时贫困比例相近；当 $K=3$ 时，从不贫困的女性儿童数量为 150，占比 58.82%，暂时贫困的女性儿童数量为 100，占比为 39.22%，慢性贫困的女性儿童数量为 5，占比 1.96%，慢性贫困比例远低于暂时贫困比例；当 $K=4$ 时，从不贫困的女性儿童数量为 246，占比 96.47%，暂时贫困的女性儿童数量为 9，占比 3.53%，没有女性儿童处于慢性贫困状态。由此可见，当 $K=1$ 和 $K=2$ 时，西部地区农村家庭女性儿童多维贫困动态性以慢性贫困为主；当 $K=3$ 和 $K=4$ 时，西部地区农村家庭女性儿童多维贫困动态性以从不贫困为主。

表 4-36　　西部地区农村家庭女性儿童多维贫困动态性测度结果

K 值	从不贫困		暂时贫困		慢性贫困	
	数量	比例(%)	数量	比例(%)	数量	比例(%)
1	0	0.00	1	0.39	254	99.61
2	18	7.06	105	41.18	132	51.76
3	150	58.82	100	39.22	5	1.96
4	246	96.47	9	3.53	0	0.00

本 章 小 结

本章基于农村家庭女性多维贫困指标体系框架，运用 Alikre 和 foster 的"双临界法"分别对农村家庭老年女性、成年女性和女性儿童的多维贫困进行了测算，并在此基础上，根据农村家庭女性在调查期间所处贫困的年限，将其贫困状态划分为从不贫困、暂时贫困和慢性贫困三种类型。主要得到以下结论：

第一，农村家庭老年女性。从各指标贫困发生率来看，全国、东、中和西部地区农村家庭老年女性各指标贫困发生率呈现相似的趋势，贫困发生率较高的均为家庭地位、邻里关系、健康状态、记忆力和经济保障，且这五个指标贫困发生率的均值均超过了 50%。从多维贫困发生率和多维贫困指数来看，西部农村家庭老年女性多维贫困发生率和多维贫困指数均最高，东、中部地区和全国平均水平接近。从多维贫困指标贡献率来看，对多维贫困指数贡献率最高的均为邻里关系、家庭地位、精神状态和健康状况指标。从多维贫困动态性来看，当 $K=1$ 时，全国、东、中和西部地区农村家庭老年女性均以慢性贫困为主，当 $K=2$ 时，贫困动态性主要是暂时贫困，当 $K=3\sim4$ 时，没有老年女性处于慢性贫困的状态，且中、西部地区农村家庭老年女性处于暂时贫困和慢性贫困的比例较为接近。由此可见，农村家庭老年女性普遍身体状况较差，家庭地位较低，日常社交活动较少，缺少精神慰藉。

第二，农村家庭成年女性。从各指标贫困发生率来看，全国、东、中和西部地区农村家庭成年女性各指标贫困发生率呈现相似的趋势，贫困发生率较高的均为个人收入、教育程度、财产权和家庭决策权，且这四个指标贫困发生率的均值均超过了60%。从多维贫困发生率和多维贫困指数来看，西部农村家庭成年女性多维贫困发生率和多维贫困指数均最高，东、中地区和全国平均水平接近。从多维贫困指标贡献率来看，对多维贫困指数贡献率最高的均为个人收入、教育程度、健康状况、财产权和家庭决策权指标，此外，工作情况、新闻关注和互联网娱乐的贡献率也较高。从多维贫困动态性来看，当 $K=1\sim2$ 时，全国、东、中和西部地区农村家庭成年女性均以慢性贫困为主，当 $K=3$ 时，贫困动态性主要是暂时贫困，当 $K=4\sim5$ 时，较少有成年女性处于慢性贫困的状态，中部地区农村家庭成年女性多维动态贫困的状态与全国接近，东部地区农村家庭成年女性处于暂时贫困和慢性贫困的比例较为接近，慢性贫困的比例均低于全国水平。西部地区的暂时贫困和慢性贫困比例略高于全国水平。由此可见，农村家庭成年女性普遍缺乏财产权和家庭决策权，受教育程度较低，个人收入水平较弱，且多处于2个维度以上的慢性贫困状态，西部地区的更为突出。

第三，农村家庭女性儿童。从各指标贫困发生率来看，全国、东、中和西部地区农村家庭女性儿童各指标贫困发生率呈现相似的趋势，贫困发生率较高的均为年龄别体重、学习关怀和卫生保障，这三项指标贫困发生率的均值均在50%左右，且东部地区的这三项指标略低，说明东部农村女童在这三方面较其他地区略好。从多维贫困发生率和多维贫困指数来看，西部农村家庭女性儿童多维贫困发生率和多维贫困指数均最高，东部地区的最低，且低于全国平均水平，这与我国各地的经济发展是相符的。从多维贫困指标贡献率来看，对多维贫困指数贡献率最高的均为年龄别体重、教育关怀、卫生保障和家庭陪伴指标。从多维贫困动态性来看，当 $K=1$ 时，全国、东、中和西部地区农村家庭女性儿童均以慢性贫困为主，当 $K=2$ 时，贫困动态性主要是暂时贫困，当 $K=3\sim4$ 时，没有女性儿童处于慢性贫困的状态，东部和中部农村女童处于暂时贫困和慢性贫困的比例较为接近，西部地区农村家庭女童处于慢性贫困的比例最高。由此可见，农村家庭女性儿童在营养维度上较为贫乏，家庭缺乏对女童的学习关注及成长陪伴。

第五章　农村家庭女性与男性多维贫困及动态性对比分析

第一节　农村家庭老年女性与男性多维贫困对比分析

一、农村家庭老年女性与男性多维贫困发生率对比分析

农村家庭老年女性与男性多维贫困发生率的对比情况如表 5-1 所示。本书对比了全国农村、东部农村、中部农村和西部农村老年女性与男性贫困发生率的均值。从对比结果可以发现，全国农村、东部农村、中部农村和西部农村老年女性与男性多维贫困发生率存在一定的差异。

表 5-1　农村家庭老年女性与男性各指标多维贫困发生率对比 (均值 %)

维度	指标	全国农村		东部		中部		西部	
		女性	男性	女性	男性	女性	男性	女性	男性
基本保障	经济保障	46.20	41.34	45.43	43.02	45.87	38.09	47.69	42.56
	医疗保障	24.50	23.59	26.03	24.95	23.17	22.07	23.80	23.47
	养老保险	45.43	42.73	47.74	44.22	43.98	41.11	43.75	42.56
健康	自评健康	68.46	60.21	67.34	58.31	67.11	58.41	71.59	64.26
	慢性病	27.22	21.75	23.48	20.56	29.94	22.98	29.52	21.93
	记忆力	49.68	41.67	48.84	40.96	49.59	41.59	50.96	42.60

维度	指标	全国农村		东部		中部		西部	
		女性	男性	女性	男性	女性	男性	女性	男性
精神生活	子女互动	45.30	48.14	45.73	49.34	43.43	46.32	46.78	48.52
	精神状态	44.51	36.32	40.74	32.66	40.86	32.45	54.04	44.50
	家庭地位	67.14	32.33	63.69	32.23	63.85	29.62	75.77	35.15
社交活动	手机使用	36.66	28.37	38.02	28.37	35.50	27.48	36.01	29.27
	邻里关系	50.85	46.69	51.93	48.50	51.86	45.05	48.17	46.15

从全国地区农村家庭老年女性与男性多维贫困发生率对比来看，农村家庭老年女性的经济保障、医疗保障、养老保障、自评健康、慢性病、记忆力、精神状态、家庭地位、手机使用和邻里关系 10 个指标，其多维贫困发生率均大于农村家庭老年男性相应指标的多维贫困发生率。其中，经济保障、自评健康、慢性病、记忆力、精神状态、家庭地位和手机使用这 7 个指标的贫困发生率相差较大，老年女性这些指标的多维贫困发生率比老年男性的多维贫困发生率高 1.1 倍以上，家庭地位和手机使用指标尤为明显，分别为 2.08 倍和 1.29 倍，即相比较于农村家庭老年男性来说，老年女性的家庭地位和手机使用两个指标的贫困发生率较为严重。老年女性只有子女互动指标的贫困发生率小于老年男性的该指标贫困发生率，说明成年子女与母亲的联系互动更紧密。

从东部地区农村家庭老年女性与男性多维贫困发生率对比来看，农村家庭老年女性的经济保障、医疗保障、养老保障、自评健康、慢性病、记忆力、精神状态、家庭地位、手机使用和邻里关系 10 个指标，其多维贫困发生率均大于农村家庭老年男性相应指标的多维贫困发生率。其中，自评健康、慢性病、记忆力、精神状态、家庭地位和手机使用这 6 个指标的贫困发生率相差较大，老年女性这些指标的多维贫困发生率比老年男性的多维贫困发生率高 1.1 倍以上，家庭地位和手机使用指标尤为明显，分别为 1.98 倍和 1.34 倍，即相比较于农村家庭老年男性来说，老年女性的家庭地位和手机使用两个指标的贫困发生率较为严重。老年女性只有子女互动指标的贫困发生率略小于老年男性的该指标贫困发生率，说明东部地区老年女性与成年子女的互动更为紧密。

从中部地区农村家庭老年女性与男性多维贫困发生率对比来看，农村家庭老年女性的经济保障、医疗保障、养老保障、自评健康、慢性病、记忆力、精神状态、家庭地位、手机使用和邻里关系 10 个指标，其多维贫困发生率均大于农村家庭老年男性相应指标的多维贫困发生率。其中，经济保障、自评健康、慢性病、记忆力、精神状态、家庭地位、手机使用和邻里关系这 8 个指标的贫困发生率相差较大，老年女性这些指标的多维贫困发生率比老年男性的多维贫困发生率高 1.1 倍以上，家庭地位和慢性病指标尤为明显，分别为 2.16 倍和 1.30 倍，即相比较于农村家庭老年男性来说，老年女性的家庭地位和慢性病两个指标的贫困发生率较为严重。老年女性只有子女互动指标的贫困发生率略小于老年男性的该指标贫困发生率，说明中部地区老年女性与成年子女的互动更为紧密。

从西部地区农村家庭老年女性与男性多维贫困发生率对比来看，农村家庭老年女性的经济保障、医疗保障、养老保障、自评健康、慢性病、记忆力、精神状态、家庭地位、手机使用和邻里关系 10 个指标，其多维贫困发生率均大于农村家庭老年男性相应指标的多维贫困发生率。其中，经济保障、自评健康、慢性病、记忆力、精神状态、家庭地位和手机使用这 7 个指标的贫困发生率相差较大，老年女性这些指标的多维贫困发生率比老年男性的多维贫困发生率高 1.1 倍以上，家庭地位和慢性病指标尤为明显，分别为 2.16 倍和 1.35 倍，即相比较于农村家庭老年男性来说，老年女性的家庭地位和慢性病两个指标的贫困发生率较为严重。老年女性只有子女互动指标的贫困发生率略小于老年男性的该指标贫困发生率，说明西部地区老年女性与成年子女的互动更为紧密。

二、农村家庭老年女性与男性多维贫困指数对比分析

全国农村家庭老年女性与老年男性多维贫困指数测量结果的对比如表

5-2 所示。本书比较了 2010 年、2012 年、2014 年、2016 年和 2018 年全国农村家庭老年女性与老年男性多维贫困指数测量结果的均值。从表中可以看出，当 $K = 1 \sim 4$ 时，全国农村家庭老年女性多维贫困发生率、平均贫困剥夺份额和多维贫困指数均大于老年男性，这表明，全国农村家庭老年女性多维贫困程度比老年男性要严重。

表 5-2　　　全国农村家庭老年女性与男性多维贫困指数对比

K 值	多维贫困发生率		平均贫困剥夺份额		多维贫困指数	
	女性	男性	女性	男性	女性	男性
1	91.04%	81.51%	0.3805	0.4296	0.2985	0.3583
2	43.52%	30.30%	0.5891	0.5711	0.2739	0.1760
3	11.09%	4.47%	0.7919	0.5276	0.0005	0.0267
4	1.82%	1.10%	0.2000	0.2023	0.0038	0.0002

东部地区农村家庭老年女性与老年男性多维贫困指数测量结果的对比如表 5-3 所示。本书比较了 2010 年、2012 年、2014 年、2016 年和 2018 年东部地区农村家庭老年女性与老年男性多维贫困指数测量结果的均值。从表中可以看出，当 $K = 1 \sim 4$ 时，东部地区农村家庭老年女性多维贫困发生率、平均贫困剥夺份额和多维贫困指数均大于老年男性，这表明，东部地区农村家庭老年女性多维贫困程度比老年男性要严重。

表 5-3　　　东部地区农村家庭老年女性与男性多维贫困指数对比

K 值	多维贫困发生率		平均贫困剥夺份额		多维贫困指数	
	女性	男性	女性	男性	女性	男性
1	89.95%	81.33%	0.4792	0.4316	0.4382	0.3596
2	43.38%	30.50%	0.5936	0.5764	0.2695	0.1750

K 值	多维贫困发生率		平均贫困剥夺份额		多维贫困指数	
	女性	男性	女性	男性	女性	男性
3	10.79%	4.12%	0.4978	0.5534	0.0769	0.0259
4	1.54%	0.83%	0.2000	0.0000	0.0034	0.0000

中部地区农村家庭老年女性与老年男性多维贫困指数测量结果的对比如表5-4所示。本书比较了2010年、2012年、2014年、2016年和2018年中部地区农村家庭老年女性与老年男性多维贫困指数测量结果的均值。从表中可以看出，当$K = 1 \sim 4$时，中部地区农村家庭老年女性多维贫困发生率、平均贫困剥夺份额和多维贫困指数均大于老年男性，这表明，中部地区农村家庭老年女性多维贫困程度比老年男性要严重。

表5-4 中部地区农村家庭老年女性与男性多维贫困指数对比

K 值	多维贫困发生率		平均贫困剥夺份额		多维贫困指数	
	女性	男性	女性	男性	女性	男性
1	90.32%	79.44%	0.4728	0.4184	0.4338	0.3402
2	41.67%	26.88%	0.5845	0.5664	0.2562	0.1543
3	9.08%	3.30%	0.5431	0.5130	0.0656	0.0189
4	1.33%	0.10%	0.2000	0.2083	0.0030	0.0008

西部地区农村家庭老年女性与老年男性多维贫困指数测量结果的对比如表5-5所示。本书比较了2010年、2012年、2014年、2016年和2018年西部地区农村家庭老年女性与老年男性多维贫困指数测量结果的均值。从表中可以看出，当$K = 1 \sim 4$时，西部地区农村家庭老年女性多维贫困发生率、平均贫困剥夺份额和多维贫困指数均大于老年男性，这表明，西部地区农村家庭老年女性多维贫困程度比老年男性要严重。

表 5-5　　西部地区农村家庭老年女性与男性多维贫困指数对比

K 值	多维贫困发生率		平均贫困剥夺份额		多维贫困指数	
	女性	男性	女性	男性	女性	男性
1	93.41%	83.79%	0.4927	0.4377	0.4650	0.3746
2	48.65%	33.45%	0.5891	0.5682	0.3002	0.1942
3	13.80%	6.04%	0.6674	0.5048	0.0950	0.0355
4	3.39%	1.54%	0.2000	0.0000	0.0053	0.0000

三、农村家庭老年女性与男性多维贫困指标贡献率对比分析

$K=2$ 时农村家庭老年女性与男性多维贫困指标贡献率的对比如表 5-6 所示。表中数据为 2010 年、2012 年、2014 年、2016 年和 2018 年农村家庭老年女性与男性多维贫困指标贡献率测量结果的均值。可以看出，农村家庭老年女性与男性多维贫困指标贡献率存在一定的差异。

表 5-6　　农村家庭老年女性与男性多维贫困指标贡献率对比（$K=2$）

维度	指标	全国农村		东部		中部		西部	
		女	男	女	男	女	男	女	男
基本保障	经济保障	8.82	9.51	8.48	9.67	8.62	9.29	9.34	9.44
	医疗保障	3.78	4.24	4.42	4.80	3.55	3.46	3.22	4.16
	养老保障	7.64	7.91	8.22	8.65	7.70	7.33	6.93	7.55
健康	自评健康	12.02	12.14	11.88	11.84	11.97	12.39	12.18	12.32
	慢性病	6.31	5.95	5.67	5.58	6.77	6.49	6.69	5.90
	记忆力	9.26	9.07	9.18	8.65	9.39	9.62	9.24	9.17
精神生活	子女互动	7.41	9.20	7.68	9.52	7.31	9.39	6.74	8.76
	精神状态	8.77	8.96	8.33	8.52	8.70	8.81	9.65	9.60
	家庭地位	11.03	7.42	10.39	6.94	10.66	7.59	12.08	7.72
社交活动	手机使用	10.40	10.25	10.69	10.11	10.81	10.08	9.71	10.56
	邻里关系	14.66	15.68	15.24	16.00	14.76	15.24	13.94	15.24

　　从全国农村地区来看，农村家庭老年女性与男性指标贡献率最高的均为邻里关系指标，分别为 14.66% 和 15.68%，其次为自评健康指标，其对老年女性与男性多维贫困的贡献率分别为 12.02% 和 12.14%，经济保障、医疗保障、养老保障、慢性病、记忆力、精神状态和手机使用这 7 个指标对老年女性和男性的贡献率基本一致，在这 7 个指标中，老年女性的经济保障、医疗保障、养老保障和精神状态指标对多维贫困的贡献率略小于老年男性的多维贫困贡献率，而慢性病、记忆力和手机使用指标对多维贫困的贡献率要略大于老年男性的多维贫困贡献率。子女互动指标对老年女性多维贫困的贡献率明显小于其对老年男性的多维贫困贡献率，小了近 20%。而家庭地位指标对老年女性多维贫困的贡献率明显大于其对老年男性的，多达近 1.5 倍。

　　从东部农村地区来看，农村家庭老年女性与男性指标贡献率最高的均为邻里关系指标，分别为 15.24% 和 16.00%，其次为自评健康指标，其对老年女性与男性多维贫困的贡献率分别为 11.88% 和 11.84%。医疗保障、养老保障、慢性病、记忆力、精神状态和手机使用这 6 个指标对老年女性和男性的贡献率基本一致，其中，老年女性的医疗保障、养老保障和精神状态指标对多维贫困的贡献率略低于老年男性的多维贫困贡献率，而慢性病、记忆力和手机使用指标的多维贫困贡献率要略高于老年男性的多维贫困贡献率。经济保障指标对老年女性多维贫困的贡献率明显要小于其对老年男性的多维贫困贡献率，小了近 13%，而家庭地位指标对老年女性多维贫困的贡献率明显大于其对老年男性的多维贫困贡献率，多达近 1.5 倍。

　　从中部农村地区来看，农村家庭老年女性与男性指标贡献率最高的均为邻里关系指标，分别为 14.76% 和 15.24%，其次为自评健康指标，其对老年女性与男性多维贫困的贡献率分别为 11.97% 和 12.39%。经济保障、医疗保障、养老保障、慢性病、记忆力、精神状态和手机使用这 7 个指标对老年女性和男性的贡献率基本一致，其中，老年女性的记忆力和精神状态指标对多维贫困的贡献率略低于老年男性的多维贫困贡献率，而经济保障、医疗保障、养老保障、慢性病和手机使用指标的多维贫困贡献率要略高于老年男性的多维贫困贡献率。子女互动指标对老年女性多维贫困的贡献率明显小于其对老年男性的多维贫困贡献率，小了22%，而家庭地位指标对老年女性多维贫困的贡献率明显大于其对老年男性的多维贫困贡献率，多达1.4倍。

　　从西部农村地区来看，农村家庭老年女性与男性指标贡献率最高的均为邻里关系指标，分别为13.94%和15.24%，其次为自评健康指标，其对老年女性与男性多维贫困的贡献率分别为12.18%和12.32%。经济保障、医疗保障、养老保障、慢性病、记忆力、精神状态和手机使用这7个指标对老年女性和男性的贡献率基本一致，其中，老年女性的经济保障、医疗保障、养老保障和手机使用指标对多维贫困的贡献率略低于老年男性的多维贫困贡献率，而慢性病、记忆力和精神状态指标的多维贫困贡献率要略高于老年男性的多维贫困贡献率。子女互动指标对老年女性多维贫困的贡献率明显小于其对老年男性的多维贫困贡献率，小了23%，而老年女性的家庭地位指标对多维贫困的贡献率明显大于其对老年男性的多维贫困贡献率，多达1.6倍。

　　$K=3$ 时农村家庭老年女性与男性多维贫困指标贡献率的对比如表5-7所示。表中数据为2010年、2012年、2014年、2016年和2018年农村家庭老年女性与男性多维贫困指标贡献率测量结果的均值。可以看出，农村家庭老年女性与男性多维贫困指标贡献率存在一定的差异。

表5-7　农村家庭老年女性与男性多维贫困指标贡献率对比（$K=3$）

维度	指标	全国农村		东部		中部		西部	
		女	男	女	男	女	男	女	男
基本保障	经济保障	9.02	7.33	6.93	6.85	6.76	8.10	9.30	7.45
	医疗保障	2.99	3.90	2.84	3.90	3.29	3.57	2.26	4.71
	养老保障	7.63	5.57	5.43	5.59	5.79	5.07	7.71	5.71
健康	自评健康	10.17	8.09	7.91	8.05	8.26	8.04	10.10	8.21
	慢性病	7.54	4.37	4.82	4.68	5.89	5.21	8.19	2.99
	记忆力	8.55	6.55	6.89	7.54	6.25	4.22	8.04	6.80

续表

维度	指标	全国农村		东部		中部		西部	
		女	男	女	男	女	男	女	男
精神生活	子女互动	8.27	6.76	5.86	6.27	6.68	7.62	8.17	7.79
	精神状态	8.94	7.44	7.50	7.33	6.21	7.46	8.95	7.48
	家庭地位	9.63	5.53	7.15	5.88	7.05	6.02	10.41	3.58
社交活动	手机使用	13.62	14.93	15.93	13.55	13.19	13.74	12.49	16.60
	邻里关系	15.41	12.28	12.30	12.21	11.98	12.47	15.61	12.35

从全国农村地区来看，农村家庭老年女性指标贡献率最高的为邻里关系指标，为15.41%，而老年男性指标贡献率最高的是手机使用指标，为14.93%。老年女性仅有医疗保障指标对多维贫困的贡献率略低于老年男性的多维贫困贡献率，其他指标均高于老年男性。其中，老年女性的慢性病和家庭地位指标对多维贫困的贡献率明显高于老年男性的多维贫困贡献率，均达到了老年男性的1.7倍，而老年女性经济保障、养老保障、自评健康、记忆力、子女互动和精神状态指标对多维贫困的贡献率均达到了老年男性的1.2倍以上。

从东部农村地区来看，农村家庭老年女性与男性指标贡献率最高的均为手机使用指标，分别为15.93%和13.55%，其次为邻里关系，其对老年女性与男性多维贫困的贡献率分别为12.30%和12.21%。老年女性的经济保障、慢性病、精神状态指标对多维贫困的贡献率略高于老年男性的多维贫困贡献率，养老保障、自评健康、记忆力、子女互动指标对多维贫困的贡献率略低于老年男性的多维贫困贡献率。医疗保障指标对老年女性多维贫困的贡献率明显小于其对老年男性的多维贫困贡献率，小了27%，而家庭地位指标对老年女性多维贫困的贡献率明显大于其对老年男性的多维贫困贡献率，多达1.2倍。

从中部农村地区来看，农村家庭老年女性与男性指标贡献率最高的均为手机使用指标，分别为13.19%和13.74%，其次为邻里关系指标，其对

老年女性与男性多维贫困的贡献率分别为 11.98% 和 12.47%。老年女性的
医疗保障和子女互动指标对多维贫困的贡献率略低于老年男性的多维贫困
贡献率，而养老保障、自评健康和慢性病指标略高于老年男性的多维贫困
贡献率。经济保障和精神状态指标对老年女性多维贫困的贡献率明显小于
其对老年男性的多维贫困贡献率，分别小了约 16% 和 17%，而记忆力和家
庭地位指标对老年女性多维贫困的贡献率明显大于其对老年男性的多维贫
困贡献率，分别多达近 1.5 倍和 1.2 倍。

从西部农村地区来看，农村家庭老年女性指标贡献率最高的为邻里关
系指标，为 15.61%，而老年男性指标贡献率最高的是手机使用指标，为
16.60%。老年女性的医疗保障指标对多维贫困的贡献率明显低于老年男性
的多维贫困贡献率，低了 52%，其他指标均高于老年男性的多维贫困贡献
率。其中，慢性病和家庭地位指标对老年女性多维贫困的贡献率明显大于
其对老年男性的多维贫困贡献率，分别多达 2.7 倍和 2.9 倍，而经济保障、
养老保障、自评健康、记忆力、子女互动和精神状态对老年女性多维贫困
的贡献率均比其对老年男性的多达 1.2 倍。

四、农村家庭老年女性与男性多维贫困动态性对比分析

农村家庭老年女性与男性处于从不贫困状态的比例如表 5-8 所示，可以
看出，农村家庭老年女性与男性处于从不贫困状态的比例有明显的差异。

表 5-8　农村家庭老年女性与老年男性处于从不贫困状态的比例(%)

K 值	全国农村		东部地区		中部地区		西部地区	
	女性	男性	女性	男性	女性	男性	女性	男性
1	0.00	0.19	0.00	0.00	0.00	0.40	0.00	0.20
2	3.18	17.87	2.51	18.11	4.71	21.67	2.40	13.81
3	51.42	79.09	53.10	81.40	58.46	84.49	41.11	71.01
4	91.01	94.48	92.29	95.85	93.58	95.03	86.30	92.31

从全国农村地区来看，当 $K=1$ 时，全国农村家庭老年女性与男性处于从不贫困状态比例的差异较小，老年女性处于从不贫困状态的比例为 0.11%，老年男性处于从不贫困状态的比例为 0.19%；当 $K=2$ 和 $K=3$ 时，全国农村家庭老年女性与男性处于从不贫困状态的差异明显，$K=2$ 时，老年女性处于从不贫困状态的比例为 3.18%，老年男性处于从不贫困状态的比例比老年女性高 14.69 个百分点；$K=3$ 时，老年女性处于从不贫困状态的比例为 51.42%，老年男性处于从不贫困状态的比例比老年女性高 27.67 个百分点，达 79.09%；当 $K=4$ 时，农村家庭老年女性与男性处于从不贫困状态的比例相差不大，均接近 95%，老年女性从不贫困状态的比例比老年男性略低。

从东部农村地区来看，当 $K=1$ 时，东部农村家庭老年女性与男性处于从不贫困状态比例均为 0；当 $K=2$ 和 $K=3$ 时，东部农村家庭老年女性与男性处于从不贫困状态的差异明显，$K=2$ 时，老年女性处于从不贫困状态的比例为 2.51%，老年男性处于从不贫困状态的比例比老年女性高 15.6 个百分点；$K=3$ 时，老年女性处于从不贫困状态的比例为 53.10%，老年男性处于从不贫困状态的比例比老年女性高 28.3 个百分点，达 81.40%；当 $K=4$ 时，农村家庭老年女性与男性处于从不贫困状态的比例相差不大，均接近 95%，老年女性从不贫困状态的比例比老年男性略低。

从中部农村地区来看，当 $K=1$ 时，中部农村家庭老年女性与男性处于从不贫困状态比例的差异较小，老年女性处于从不贫困状态的比例为 0，老年男性处于从不贫困状态的比例为 0.40%；当 $K=2$ 和 $K=3$ 时，中部农村家庭老年女性与男性处于从不贫困状态的差异明显，$K=2$ 时，老年女性处于从不贫困状态的比例为 4.71%，老年男性处于从不贫困状态的比例比老年女性高 16.96 个百分点；$K=3$ 时，老年女性处于从不贫困状态的比例为 58.46%，老年男性处于从不贫困状态的比例比老年女性高 26.03 个百分点，达 84.49%；当 $K=4$ 时，农村家庭老年女性与男性处于从不贫困状态的比例相差不大，均接近 95%，老年女性从不贫困状态的比例比老年男性略低。

从西部农村地区来看，当 $K=1$ 时，西部农村家庭老年女性与男性处于从不贫困状态比例的差异较小，老年女性处于从不贫困状态的比例为 0，老年男性处于从不贫困状态的比例为 0.20%；当 $K=2$ 和 $K=3$ 时，西部农村家庭老年女性与男性处于从不贫困状态的差异明显，$K=2$ 时，老年女性处于从不贫困状态的比例为 2.40%，老年男性处于从不贫困状态的比例比老年女性高 11.41 个百分点；$K=3$ 时，老年女性处于从不贫困状态的比例为 41.11%，老年男性处于从不贫困状态的比例比老年女性高 29.9 个百分点，达 71.01%；当 $K=4$ 时，农村家庭老年女性与男性处于从不贫困状态的比例相差不大，均在 90% 左右，老年女性从不贫困状态的比例比老年男性略低。

农村家庭老年女性与男性处于暂时贫困状态的比例如表 5-9 所示，可以看出，农村家庭老年女性与男性处于暂时贫困状态的比例有明显的差异。

表 5-9　农村家庭老年女性与老年男性处于暂时贫困状态的比例（%）

K 值	全国农村		东部地区		中部地区		西部地区	
	女性	男性	女性	男性	女性	男性	女性	男性
1	1.22	6.64	2.01	8.14	1.28	8.15	0.00	3.35
2	58.65	65.38	62.14	65.45	62.31	65.21	49.52	65.48
3	47.91	20.84	46.06	18.44	41.11	15.51	58.17	28.99
4	8.99	5.52	7.71	4.15	6.42	4.97	13.70	7.69

从全国农村地区来看，当 $K=1$ 时，全国农村家庭老年女性处于暂时贫困状态的比例为 1.22%，老年男性处于暂时贫困状态的比例为 6.64%，比老年女性的比例高 5.42 个百分点；当 $K=2$ 时，全国农村家庭老年女性处于暂时贫困状态的比例为 58.65%，老年男性处于暂时贫困状态的比例比老年女性高 6.73 个百分点；当 $K=3$ 时，老年女性处于暂时贫困状态的比例为 47.91%，老年男性处于暂时贫困状态的比例比老年女性低 27.07 个百

分点，为 20. 84%；当 $K=4$ 时，农村家庭老年女性处于暂时贫困状态的比例为 8. 99%，老年男性处于暂时贫困的状态比例比老年女性低 3. 47 个百分点，为 5. 52%。

从东部农村地区来看，当 $K=1$ 时，东部农村家庭老年女性处于暂时贫困状态的比例为 2. 01%，老年男性处于暂时贫困状态的比例为 8. 14%，比老年女性的比例高 6. 13 个百分点；当 $K=2$ 时，东部农村家庭老年女性处于暂时贫困状态的比例为 62. 14%，老年男性处于暂时贫困状态的比例比老年女性高 3. 31 个百分点；当 $K=3$ 时，老年女性处于暂时贫困状态的比例为 46. 06%，老年男性处于暂时贫困状态的比例比老年女性低 27. 62 个百分点，为 18. 44%；当 $K=4$ 时，农村家庭老年女性处于暂时贫困状态的比例为 7. 71%，老年男性处于暂时贫困的状态比例比老年女性低 3. 56 个百分点，为 4. 15%。

从中部农村地区来看，当 $K=1$ 时，中部农村家庭老年女性处于暂时贫困状态的比例为 1. 28%，老年男性处于暂时贫困状态的比例为 8. 15%，比老年女性的比例高 6. 87 个百分点；当 $K=2$ 时，中部农村家庭老年女性处于暂时贫困状态的比例为 62. 31%，老年男性处于暂时贫困状态的比例比老年女性高 2. 9 个百分点；当 $K=3$ 时，老年女性处于暂时贫困状态的比例为 41. 11%，老年男性处于暂时贫困状态的比例比老年女性低 25. 60 个百分点，为 15. 51%；当 $K=4$ 时，农村家庭老年女性处于暂时贫困状态的比例为 6. 42%，老年男性处于暂时贫困的状态比例比老年女性低 1. 45 个百分点，为 4. 97%。

从西部农村地区来看，当 $K=1$ 时，西部农村家庭老年女性处于暂时贫困状态的比例为 0，老年男性处于暂时贫困状态的比例为 3. 35%，比老年女性的比例高 3. 35 个百分点；当 $K=2$ 时，西部农村家庭老年女性处于暂时贫困状态的比例为 49. 52%，老年男性处于暂时贫困状态的比例比老年女性高 15. 96 个百分点；当 $K=3$ 时，老年女性处于暂时贫困状态的比例为 58. 17%，老年男性处于暂时贫困状态的比例比老年女性低 29. 18 个百分点，为 28. 99%；当 $K=4$ 时，农村家庭老年女性处于暂时贫困状态的比例为 13.70%，老年男性处于暂时贫困的状态比例比老年女性低 6.01 个百分点，为 7.69%。

　　农村家庭老年女性与男性处于慢性贫困状态的比例如表 5-10 所示，可以看出，农村家庭老年女性与男性处于慢性贫困状态的比例有明显的差异。

表 5-10　农村家庭老年女性与老年男性处于慢性贫困状态的比例(%)

K 值	全国农村		东部地区		中部地区		西部地区	
	女性	男性	女性	男性	女性	男性	女性	男性
1	98.78	93.18	97.99	91.86	98.72	91.45	100.0	96.45
2	38.18	16.75	35.34	16.45	32.98	13.12	48.08	20.71
3	0.68	0.06	0.84	0.17	0.43	0.00	0.72	0.00
4	0.00	0.00	0.00	0.00	0.00	0.00	0.00	0.00

　　从全国农村地区来看，当 K=1 时，全国农村家庭老年女性处于慢性贫困状态的比例为 98.78%，老年男性处于慢性贫困状态的比例为 93.18%，比老年女性的比例低 5.6 个百分点；当 K=2 时，全国农村家庭老年女性处于慢性贫困状态的比例为 38.18%，老年男性处于慢性贫困状态的比例比老年女性低 21.43 个百分点，为 16.75%；当 K=3 时，全国农村家庭老年女性处于慢性贫困状态的比例为 0.68%，老年男性处于慢性贫困状态的比例为 0.06%；当 K=4 时，农村家庭老年女性和老年男性均不存在慢性贫困的状态。

　　从东部农村地区来看，当 K=1 时，东部农村家庭老年女性处于慢性贫困状态的比例为 97.99%，老年男性处于慢性贫困状态的比例为 91.86%，比老年女性的比例低 6.13 个百分点；当 K=2 时，东部农村家庭老年女性处于慢性贫困状态的比例为 35.34%，老年男性处于慢性贫困状态的比例比老年女性低 18.89 个百分点，为 16.45%；当 K=3 时，东部农村家庭老年女性处于慢性贫困状态的比例为 0.84%，老年男性处于慢性贫困状态的比例为 0.17%；当 $K=4$ 时，农村家庭老年女性和老年男性均不存在慢性贫困的状态。

从中部农村地区来看，当 $K=1$ 时，中部农村家庭老年女性处于慢性贫困状态的比例为 98.72%，老年男性处于慢性贫困状态的比例为 91.45%，比老年女性的比例低 7.27 个百分点；当 $K=2$ 时，中部农村家庭老年女性处于慢性贫困状态的比例为 32.98%，老年男性处于慢性贫困状态的比例比老年女性低 19.86 个百分点，为 13.12%；当 $K=3$ 时，中部农村家庭老年女性处于慢性贫困状态的比例为 0.43%，老年男性不存在处于慢性贫困状态的比例；当 $K=4$ 时，农村家庭老年女性和老年男性均不存在慢性贫困的状态。

从西部农村地区来看，当 $K=1$ 时，西部农村家庭老年女性处于慢性贫困状态的比例为 100%，老年男性处于慢性贫困状态的比例为 96.45%，比老年女性的比例低 3.55 个百分点；当 $K=2$ 时，西部农村家庭老年女性处于慢性贫困状态的比例为 48.08%，老年男性处于慢性贫困状态的比例比老年女性低 27.37 个百分点，为 20.71%；当 $K=3$ 时，西部农村家庭老年女性处于慢性贫困状态的比例为 0.72%，老年男性不存在处于慢性贫困状态的比例；当 $K=4$ 时，农村家庭老年女性和老年男性均不存在慢性贫困的状态。

第二节　农村家庭成年女性与男性多维贫困对比分析

一、农村家庭成年女性与男性多维贫困发生率对比分析

农村家庭成年女性与男性多维贫困发生率的对比情况如表 5-11 所示。本书比较了全国、东部、中部和西部地区农村家庭成年女性与男性的均值。从对比结果可以看出，全国、东部、中部和西部农村家庭成年女性与男性多维贫困发生率存在明显的差异。

表 5-11 农村家庭成年女性与男性各指标多维贫困发生率对比（均值 %）

维度	指标	全国		东部		中部		西部	
		女	男	女	男	女	男	女	男
经济	个人收入	88.34	69.85	81.83	66.33	85.54	67.62	88.45	74.40
	工作情况	72.49	56.17	64.99	48.39	73.35	52.25	78.83	65.53
	基本保障	4.84	4.19	5.43	5.11	4.72	3.83	4.39	3.62
健康	自评健康	59.99	51.49	58.26	49.44	58.94	51.31	62.41	53.40
	BMI 指数	9.77	5.25	7.51	4.16	7.71	3.33	13.40	7.45
	慢性病	15.58	10.36	12.72	9.12	14.56	11.71	19.05	10.57
人文	教育程度	91.19	83.73	89.02	82.86	90.49	81.60	93.76	85.88
	信息获取	34.78	33.07	30.25	28.84	33.56	29.88	39.98	38.85
	理解能力	6.71	3.87	4.71	2.71	6.55	2.73	8.71	5.62
精神生活	新闻关注	47.63	26.74	41.36	24.76	50.62	25.02	51.17	29.61
	互联网娱乐	80.29	72.89	77.03	68.34	78.51	70.25	84.73	78.61
	生活满意度	11.83	12.52	12.29	12.15	10.18	11.61	12.70	13.44
社会关系权利	社会地位	26.39	25.71	28.59	26.33	24.18	23.04	26.06	26.88
	人际关系	11.65	12.24	10.28	11.03	10.28	11.21	14.14	13.97
	家庭决策权	64.39	43.50	61.03	49.74	60.77	47.35	70.36	35.51
	财产权	92.12	44.83	92.10	49.53	93.53	45.82	91.03	42.70

从全国地区农村家庭成年女性与男性多维贫困发生率对比来看，全国地区成年女性的个人收入、工作情况、基本保障、自评健康、慢性病、BMI 指数、教育程度、信息获取、理解能力、新闻关注、互联网娱乐、社会地位、家庭决策权和财产权 14 个指标，成年女性多维贫困发生率均大于成年男性的。其中，BMI 指数、理解能力、新闻关注、和财产权这 4 个指标的贫困发生率相差较大，全国农村家庭成年女性的这些指标多维贫困发生率比成年男性的高达近 2 倍。第一，财产权指标尤为明显，为 2.05 倍，即相比全国农村家庭成年男性来说，财产权指标的贫困发生率最为严重，

女性的 BMI 指数、新闻关注和理解能力指标的多维贫困发生率比男性分别高达 1.86 倍、1.78 倍和 1.73 倍，反映出农村家庭成年女性的身体综合指数较成年男性差，相对男性来说，她们对社会发展、相关政策推动等方面的新闻关注度较低，个体素质方面女性也较男性弱；第二，为慢性病和家庭决策权指标，女性这两项指标的多维贫困发生率比男性分别高达 1.50 倍和 1.48 倍，反映了农村女性更易患有慢性病，她们在家庭事务的决策中较男性缺乏话语权；第三，个人收入和工作情况指标的多维贫困发生率女性比男性的分别高达 1.26 倍和 1.29 倍，反映了农村家庭成年女性相较男性而言缺乏独立的经济来源，外出工作的情况更少，农村女性比男性受教育的程度更低，她们在互联网的使用上较男性更弱；第四，全国农村家庭成年女性生活满意度和人际关系指标的贫困发生率小于成年男性该项指标的贫困发生率，反映出农村家庭成年女性整体上对自己的生活有较好的满意度，而且相较男性，女性在处理人际关系方面略好。

从东部农村家庭成年女性与男性多维贫困发生率对比来看，东部地区成年女性的个人收入、工作情况、基本保障、自评健康、慢性病、BMI 指数、教育程度、信息获取、理解能力、新闻关注、互联网娱乐、生活满意度、社会地位、家庭决策权和财产权 15 个指标，其多维贫困发生率均大于成年男性的。其中，BMI 指数、理解能力、新闻关注和财产权这 4 个指标的贫困发生率相差较大，全国农村家庭成年女性的这些指标多维贫困发生率比成年男性的高达近 2 倍。第一，财产权指标尤为明显，为 1.86 倍，即相比全国农村家庭成年男性来说，财产权指标的贫困发生率最为严重，女性的 BMI 指数、理解能力和新闻关注指标的多维贫困发生率比男性分别高达 1.81 倍、1.74 倍和 1.67 倍，反映出东部农村家庭成年女性的身体综合指数较成年男性差，相对男性来说，她们对社会发展、相关政策推动等方面的新闻关注度较低，个体素质方面女性也较男性弱；第二，为慢性病和工作情况指标，女性这两项指标的多维贫困发生率比男性分别高达 1.39 倍和 1.34 倍，反映了农村女性更易患有慢性病，东部地区农村女性外出工作的情况较男性少；第三，个人收入和家庭决策权指标的多维贫困发生率女性比男性的分别高达 1.23 倍和 1.22 倍，反映了东部地区农村家庭成年女性相较男性而言缺乏独立的经济来源，在家庭重大事务的决策中较男性缺乏话语权，东部地区农村女性比男性受教育的程度更低，她们在互联网的使用上较男性更弱，在对自己的生活满意度上东部地区农村家庭成年女性和男性类似，男性的个人社会地位较女性略高；第四，东部地区仅有人际关系指标的贫困发生率女性小于成年男性，反映出相较男性而言，女性在处理人际关系方面略好。

从中部农村家庭成年女性与男性多维贫困发生率对比来看，中部地区成年女性的个人收入、工作情况、基本保障、自评健康、慢性病、BMI 指数、教育程度、信息获取、理解能力、新闻关注、互联网娱乐、社会地位、家庭决策权和财产权 14 个指标，其多维贫困发生率均大于成年男性的。其中，BMI 指数、理解能力、新闻关注和财产权这 4 个指标的贫困发生率相差较大，中部地区农村家庭成年女性的这些指标多维贫困发生率比成年男性的高达近 2 倍。第一，理解能力指标尤为明显，为 2.40 倍，即对于中部地区农村来说，家庭成年女性在对问题的综合理解能力、语言表达能力上比男性更弱，女性的 BMI 指数、财产权和新闻关注指标的多维贫困发生率比男性分别高达 2.32 倍、2.04 倍和 2.02 倍，反映出中部农村成年女性更易缺乏家庭资产的占有，女性的身体综合指数较成年男性差，相对男性来说，她们对社会发展、相关政策推动等方面的新闻关注度较低；第二，为工作情况、家庭决策权、个人收入指标和慢性病指标，女性这四项指标的多维贫困发生率比男性分别高达 1.40 倍、1.28 倍、1.27 倍和 1.24 倍，反映了中部地区农村女性外出工作的情况较男性少，缺乏独立的个人经济收入来源，在家庭重大事务的决策中缺乏话语权，女性更易患有慢性病；第三，互联网娱乐和教育程度指标的多维贫困发生率女性比男性的分别高达 1.12 倍和 1.11 倍，东部地区农村女性在互联网的使用上较男性更弱，她们比男性受教育的程度更低，男性的个人社会地位较女性略高；第四，中部地区农村家庭成年女性生活满意度和人际关系指标的贫困发生率小于成年男性该项指标的贫困发生率，反映出农村家庭成年女性整体上对自己的生活有较好的满意度，而且相较男性，女性在处理人际关系方面略好。

从西部农村家庭成年女性与男性多维贫困发生率对比来看，西部地区成年女性的个人收入、工作情况、基本保障、自评健康、慢性病、BMI 指数、教育程度、信息获取、理解能力、新闻关注、互联网娱乐、人际关系、家庭决策权和财产权 14 个指标，其多维贫困发生率均大于成年男性的。其中，BMI 指数、慢性病、家庭决策权和财产权这 4 个指标的贫困发生率相差较大，西部地区农村家庭成年女性的这些指标多维贫困发生率比成年男性的高达近 2 倍。第一，财产权指标尤为明显，为 2.13 倍，即相比西部农村家庭成年男性来说，女性财产权指标的贫困发生率最为严重，女性的 BMI 指数、慢性病和家庭决策权指标的多维贫困发生率比男性分别高达 1.79 倍、1.80 倍和 1.98 倍，反映出西部农村家庭成年女性的身体综合指数较成年男性差，女性在家庭重大事务的决策中较男性缺乏话语权，个体素质方面女性也较男性弱；第二，为新闻关注和理解能力指标，女性这两项指标的多维贫困发生率比男性分别高达 1.73 倍和 1.55 倍，反映了相对男性来说，女性对社会发展、相关政策推动等方面的新闻关注度较低，西部地区农村女性在对问题的理解和个人表达能力上较男性弱；第三，工作情况、基本保障和个人收入指标的多维贫困发生率女性比男性的分别高达 1.20 倍、1.21 倍和 1.19 倍，反映了西部地区农村家庭成年女性相较男性而言缺乏独立的经济来源，外出务工的较男性少，购买基本医疗保险的情况较男性弱，西部地区农村女性比男性受教育的程度更低，她们在互联网的使用上较男性更弱，男性在处理人际关系方面略好；第四，西部地区农村家庭成年女性生活满意度和社会地位指标的贫困发生率小于成年男性该项指标的贫困发生率，反映出农村家庭成年女性整体上对自己的生活有较好的满意度，而且相较男性，女性在当地的社会地位略高。

二、农村家庭成年女性与男性多维贫困指数对比分析

全国农村家庭成年女性与男性多维贫困测量结果的对比如表 5-12 所示。本书比较了 2010 年、2012 年、2014 年、2016 年和 2018 年的全国农村

家庭成年女性和男性多维贫困指数测量结果的均值。可以发现，当 $K=1\sim5$ 时，全国农村家庭成年女性的多维贫困发生率、贫困贫困剥夺份额和多维贫困指数均大于成年男性的，这表明，全国农村家庭成年女性多维贫困程度比男性多维贫困程度严重。

表 5-12　　　全国农村家庭成年女性与男性多维贫困指数对比

K 值	多维贫困发生率		平均贫困剥夺份额		多维贫困指数	
	女性	男性	女性	男性	女性	男性
1	99. 62%	96. 40%	0. 4525	0. 3530	0. 4508	0. 3404
2	87. 38%	56. 20%	0. 4774	0. 4270	0. 4181	0. 2402
3	38. 64%	12. 22%	0. 5646	0. 5519	0. 2191	0. 0676
4	4. 38%	0. 76%	0. 7063	0. 7045	0. 0311	0. 0054
5	1. 79%	0. 03%	0. 5107	0. 3482	0. 0164	0. 0003

东部地区农村家庭成年女性与男性多维贫困测量结果的对比如表 5-13 所示。本书比较了 2010 年、2012 年、2014 年、2016 年和 2018 年的东部地区农村家庭成年女性和男性多维贫困指数测量结果的均值。可以发现，当 $K=1\sim5$ 时，东部地区农村家庭成年女性的多维贫困发生率、平均贫困剥夺份额和多维贫困指数均大于成年男性的，这表明，东部地区农村家庭成年女性多维贫困程度比男性多维贫困程度严重。

表 5-13　　　东部地区农村家庭成年女性与男性多维贫困指数对比

K 值	多维贫困发生率		平均贫困剥夺份额		多维贫困指数	
	女性	男性	女性	男性	女性	男性
1	99. 50%	95. 49%	0. 4310	0. 3455	0. 4289	0. 3302
2	83. 10%	52. 87%	0. 4623	0. 4261	0. 3852	0. 2254
3	30. 38%	11. 08%	0. 5636	0. 5541	0. 1717	0. 0615
4	3. 32%	0. 82%	0. 7090	0. 6953	0. 0235	0. 0057
5	0. 04%	0. 00%	0. 3444	0. 0000	0. 0003	0. 0000

中部地区农村家庭成年女性与男性多维贫困测量结果的对比如表 5-14 所示。本书比较了 2010 年、2012 年、2014 年、2016 年和 2018 年的中部地区农村家庭成年女性和男性多维贫困指数测量结果的均值。可以发现，当 $K=1\sim5$ 时，中部地区农村家庭成年女性的多维贫困发生率、平均贫困剥夺份额和多维贫困指数均大于成年男性的，这表明，中部地区农村家庭成年女性多维贫困程度比男性多维贫困程度严重。

表 5-14　　中部地区农村家庭成年女性与男性多维贫困指数对比

K 值	多维贫困发生率		平均贫困剥夺份额		多维贫困指数	
	女性	男性	女性	男性	女性	男性
1	99.46%	95.74%	0.4450	0.3448	0.4427	0.3303
2	86.96%	53.24%	0.4695	0.4208	0.4091	0.2243
3	35.39%	10.48%	0.5600	0.5505	0.1990	0.0578
4	3.40%	0.56%	0.7048	0.7158	0.0242	0.0217
5	0.13%	0.03%	0.3389	0.1778	0.0011	0.0003

西部地区农村家庭成年女性与男性多维贫困测量结果的对比如表 5-15 所示。本书比较了 2010 年、2012 年、2014 年、2016 年和 2018 年的西部地区农村家庭成年女性和男性多维贫困指数测量结果的均值。可以发现，当 $K=1\sim5$ 时，西部地区农村家庭成年女性的多维贫困发生率、平均贫困剥夺份额和多维贫困指数均大于成年男性的，这表明，西部地区农村家庭成年女性多维贫困程度比男性多维贫困程度严重。

表 5-15　　西部地区农村家庭成年女性与男性多维贫困指数对比

K 值	多维贫困发生率		平均贫困剥夺份额		多维贫困指数	
	女性	男性	女性	男性	女性	男性
1	99.86%	97.62%	0.4782	0.3646	0.4776	0.3561
2	91.71%	61.05%	0.4961	0.4312	0.4557	0.2637
3	48.91%	14.36%	0.5677	0.5511	0.2791	0.0795

续表

K 值	多维贫困发生率		平均贫困剥夺份额		多维贫困指数	
	女性	男性	女性	男性	女性	男性
4	6.14%	0.83%	0.7052	0.7060	0.0436	0.0059
5	0.38%	0.07%	0.5070	0.1704	0.0032	0.0006

三、农村家庭成年女性与男性多维贫困指标贡献率对比分析

$K=2$ 时农村家庭成年女性与男性多维贫困指标贡献率的对比如表 5-16 所示。本书比较了 2010 年、2012 年、2014 年、2016 年和 2018 年农村家庭成年女性与男性多维贫困指标贡献率测量结果的均值。可以发现，农村家庭成年女性与男性多维贫困指标贡献率存在一定的差异。

表 5-16　农村家庭成年女性与男性多维贫困指标贡献率对比（$K=2$）

维度	指标	全国		东部		中部		西部	
		女	男	女	男	女	男	女	男
经济	个人收入	10.44	10.85	10.49	10.67	10.65	10.93	10.26	10.96
	工作情况	8.96	8.53	8.44	7.59	9.21	7.98	9.20	9.54
	基本保障	0.59	0.78	0.72	0.98	0.59	0.76	0.50	0.64
健康	自评健康	7.43	8.09	7.61	7.82	7.41	8.40	7.30	8.14
	BMI 指数	1.21	1.04	0.96	0.88	0.96	0.65	1.58	1.37
	慢性病	2.03	1.90	1.79	1.77	1.91	2.25	2.30	1.80
人文	教育程度	11.02	11.87	11.18	11.76	11.17	11.90	10.78	11.94
	信息获取	4.26	5.30	3.93	4.77	4.18	4.88	4.56	5.94
	理解能力	0.87	0.78	0.67	0.58	0.87	0.60	1.02	1.02
精神生活	新闻关注	6.09	4.81	5.60	4.55	6.61	4.46	6.11	5.18
	互联网娱乐	9.82	10.31	9.87	9.75	9.80	10.08	9.78	10.85
	生活满意度	1.54	2.52	1.74	2.71	1.35	2.45	1.50	2.47

续表

维度	指标	全国		东部		中部		西部	
		女	男	女	男	女	男	女	男
社会关系权利	社会地位	5.16	7.68	6.07	8.27	4.80	7.32	4.69	7.43
	人际关系	2.23	3.69	2.07	3.60	1.97	3.51	2.51	3.86
	家庭决策权	11.97	10.61	11.89	12.31	11.55	12.03	12.30	8.54
	财产权	16.40	11.23	16.96	12.01	16.93	11.80	15.59	10.32

从全国农村地区来看，首先，指标贡献率最高的存在差异，农村家庭成年女性多维贫困指标贡献率最高的是家庭决策权和财产权指标，分别为11.97%和16.40%，并且，女性和男性在财产权指标的贡献率上存在的差异最大，女性比男性的该项指标贡献率多达1.5倍，而农村家庭成年男性多维贫困指标贡献率最高的是教育程度指标，为11.87%；其次，个人收入、工作情况、基本保障、自评健康、BMI指数、慢性病、教育程度和理解能力指标农村家庭成年女性和男性的贡献率基本一致，而新闻关注指标贡献率女性较男性高了26%；最后，成年女性的信息获取、生活满意度、社会地位和人际关系指标对多维贫困指数的贡献率明显小于男性的这四项指标，分别小了约20%、39%、33%和40%。

从东部农村地区来看，首先，指标贡献率最高的存在差异，农村家庭成年女性多维贫困指标贡献率最高的是财产权指标，为16.96%，女性比男性的该项指标贡献率多达1.4倍，而农村家庭成年男性多维贫困指标贡献率最高的是家庭决策权指标，为12.31%；其次，个人收入、工作情况、基本保障、自评健康、BMI指数、慢性病、教育程度和互联网娱乐指标农村家庭成年女性和男性的贡献率基本一致，而新闻关注和理解能力指标的贡献率女性比男性略高，分别高了23%和16%；最后，成年女性的信息获取、生活满意度、社会地位和人际关系指标对多维贫困指数的贡献率明显小于男性的这四项指标，分别小了约18%、36%、27%和42.5%。

从中部农村地区来看，首先，指标贡献率最高的存在差异，农村家庭成年女性多维贫困指标贡献率最高的是财产权指标，为16.93%，女性比男性的该项指标贡献率多达1.4倍，而农村家庭成年男性多维贫困指标贡献率最高的是家庭决策权指标，为12.03%；其次，成年女性的工作情况、BMI指数、新闻关注和理解能力指标的贡献率明显高于男性的这四项指标，分别高了15%、47%、48%和45%，而个人收入、自评健康、慢性病、教育程度和互联网娱乐指标农村家庭成年女性和男性的贡献率基本一致；再次，成年女性的基本保障、信息获取、生活满意度、社会地位和人际关系指标对多维贫困指数的贡献率明显小于男性的这五项指标，分别小了约22%、14%、45%、34%和44%。

从西部农村地区来看，首先，指标贡献率最高的存在差异，农村家庭成年女性多维贫困指标贡献率最高的是财产权指标，为15.59%，女性比男性的该项指标贡献率多达1.5倍，而农村家庭成年男性多维贫困指标贡献率最高的是个人收入指标，为10.96%；其次，成年女性的BMI指数、慢性病、新闻关注和家庭决策权指标的贡献率明显高于男性的这四项指标，分别高了15%、28%、18%和44%，而工作情况、自评健康、教育程度、理解能力和互联网娱乐指标农村家庭成年女性和男性的贡献率基本一致；再次，成年女性的基本保障、信息获取、生活满意度、社会地位和人际关系指标对多维贫困指数的贡献率明显小于男性的这五项指标，分别小了约22%、23%、39%、37%和35%。

$K=3$时农村家庭成年女性与男性多维贫困指标贡献率的对比如表5-17所示。本书比较了2010年、2012年、2014年、2016年和2018年农村家庭成年女性与男性多维贫困指标贡献率测量结果的均值。可以发现，农村家庭成年女性与男性多维贫困指标贡献率存在一定的差异。

表5-17　农村家庭成年女性与男性多维贫困指标贡献率对比（K=3）

维度	指标	全国		东部		中部		西部	
		女	男	女	男	女	男	女	男
经济	个人收入	9.46	9.50	9.54	9.44	9.50	9.67	9.38	9.48
	工作情况	8.48	7.36	8.02	6.58	8.52	6.65	8.72	8.23
	基本保障	0.68	0.99	0.80	1.44	0.75	0.96	0.58	0.70
健康	自评健康	7.66	7.52	8.02	7.74	7.77	7.97	7.39	7.16
	BMI 指数	1.56	1.49	1.21	1.40	1.22	1.00	1.96	1.77
	慢性病	2.51	2.22	2.44	2.18	2.35	2.61	2.50	2.06
人文	教育程度	9.68	9.70	9.70	9.69	9.73	9.78	9.65	9.66
	信息获取	4.53	4.92	4.10	4.32	4.54	4.38	4.77	5.56
	理解能力	1.24	1.25	1.00	0.94	1.39	0.95	1.31	1.61
精神生活	新闻关注	6.64	5.20	6.22	4.61	7.05	4.76	6.65	5.76
	互联网娱乐	9.20	8.68	9.14	8.43	9.17	8.52	9.25	8.90
	生活满意度	2.25	4.16	2.74	4.52	2.11	4.38	2.04	3.83
社会关系权利	社会地位	6.64	10.77	8.06	11.29	6.41	11.14	5.97	10.31
	人际关系	3.00	5.13	2.98	5.15	2.89	5.21	3.06	5.12
	家庭决策权	12.08	10.00	11.60	10.85	11.91	10.98	12.41	8.87
	房产权	14.39	11.12	14.42	11.43	14.69	11.03	14.22	10.96

从全国农村地区来看，首先，指标贡献率最高的存在差异，农村家庭成年女性多维贫困指标贡献率最高的是家庭决策权和财产权指标，分别为14.39%和12.08%，并且，女性和男性在财产权指标的贡献率上存在的差异最大，女性比男性的该项指标贡献率多达1.3倍，而农村家庭成年男性多维贫困指标贡献率最高的是社会地位指标，为10.77%；其次，成年女性的工作情况和新闻关注指标贡献率明显高于男性，分别高了15%、28%，而个人收入、自评健康、BMI指数、慢性病、教育程度、信息获取、理解能力和互联网娱乐指标农村家庭成年女性和男性的贡献率基本一致；再

次，成年女性的基本保障、生活满意度和人际关系指标对多维贫困指数的贡献率明显小于男性的这三项指标，分别小了约 31%、46% 和 42%。

从东部农村地区来看，首先，指标贡献率最高的存在差异，农村家庭成年女性多维贫困指标贡献率最高的是财产权指标，为 14.42%，女性比男性的该项指标贡献率多达 1.3 倍，而农村家庭成年男性多维贫困指标贡献率最高的是社会地位指标，为 11.29%；其次，成年女性的工作情况、慢性病和新闻关注指标的贡献率女性明显高于男性，分别高了 22%、12% 和 35%，而个人收入、自评健康、BMI 指数、教育程度、信息获取、理解能力、互联网娱乐和家庭决策权指标农村家庭成年女性和男性的贡献率基本一致；再次，成年女性的基本保障、生活满意度和人际关系指标对多维贫困指数的贡献率明显小于男性的这三项指标，分别小了约 44%、39% 和 42%。

从中部农村地区来看，首先，指标贡献率最高的存在差异，农村家庭成年女性多维贫困指标贡献率最高的是财产权指标，为 14.69%，女性比男性的该项指标贡献率多达 1.3 倍，而农村家庭成年男性多维贫困指标贡献率最高的是社会地位指标，为 11.14%；其次，成年女性的工作情况、BMI 指数、新闻关注和理解能力指标的贡献率明显高于男性的这四项指标，分别高了 28%、22%、48% 和 46%，而个人收入、自评健康、慢性病、教育程度、信息获取、互联网娱乐和家庭决策权指标农村家庭成年女性和男性的贡献率基本一致；再次，成年女性的基本保障、生活满意度和人际关系指标对多维贫困指数的贡献率明显小于男性的这三项指标，分别小了约 22%、52% 和 45%。

从西部农村地区来看，首先，指标贡献率最高的均为财产权指标，分别为 14.22% 和 10.96%，女性比男性的该项指标贡献率多达 1.3 倍；其次，成年女性的慢性病、信息获取、新闻关注和家庭决策权指标的贡献率明显高于男性的这四项指标，分别高了 21%、14%、15% 和 40%，而个人收入、工作情况、自评健康、BMI 指数、教育程度和互联网娱乐指标农村家庭成年女性和男性的贡献率基本一致；最后，成年女性的基本保障、理解能力、生活满意度、社会地位和人际关系指标对多维贫困指数的贡献率明显小于男性的这五项指标，分别小了约17%、19%、47%、42%和40%。

四、农村家庭成年女性与男性多维贫困动态性对比分析

农村家庭成年女性与男性处于从不贫困状态的比例如表5-18所示，可以看出，农村家庭成年女性与男性处于从不贫困状态的比例有着显著的差异。

表5-18　农村家庭成年女性与成年男性处于从不贫困状态的比例(%)

K 值	全国农村		东部地区		中部地区		西部地区	
	女性	男性	女性	男性	女性	男性	女性	男性
1	0.00	0.00	0.00	0.00	0.00	0.00	0.00	0.00
2	0.78	9.13	1.08	12.33	1.03	10.32	0.30	5.56
3	22.97	62.88	32.72	67.50	23.71	66.39	13.28	56.54
4	82.85	96.81	87.08	96.76	86.08	97.50	76.36	96.41
5	99.04	99.83	99.78	100.00	99.36	99.83	98.09	99.67

从全国来看，当 $K=1$ 时，农村家庭成年女性与男性处于从不贫困状态的比例相差不大，女性和男性处于从不贫困状态的比例均为0；当 $K=2$ 和 $K=3$ 时，全国农村家庭成年女性和男性处于从不贫困状态的差异较大。当 $K=2$ 时，农村家庭成年女性处于从不贫困状态的比例为0.78%，成年男性处于从不贫困状态的比例比成年女性高8.35个百分点，为9.13%；当 $K=3$ 时，全国农村家庭成年女性处于从不贫困状态的比例为22.97%，成年男性处于从不贫困状态的比例比成年女性高39.91个百分点，为62.88%；当 $K=4$ 时，农村家庭成年女性处于从不贫困状态的比例为82.85%，成年男性处于从不贫困状态的比例比成年女性高13.96个百分点，为96.81%；当 $K=5$ 时，农村家庭成年女性和成年男性处于从不贫困状态的比例差异较小，分别为99.04%和99.83%，成年女性处于从不贫困状态的比例比男性

略低。

从东部地区来看，当 $K=1$ 时，农村家庭成年女性与男性处于从不贫困状态的比例相差不大，女性和男性处于从不贫困状态的比例均为 0；当 $K=2$ 和 $K=3$ 时，东部农村家庭成年女性和男性处于从不贫困状态的差异较大。当 $K=2$ 时，农村家庭成年女性处于从不贫困状态的比例为 1.08%，成年男性处于从不贫困状态的比例比成年女性高 11.25 个百分点，为 12.33%；当 $K=3$ 时，东部农村家庭成年女性处于从不贫困状态的比例为 32.75%，成年男性处于从不贫困状态的比例比成年女性高 34.78 个百分点，为 67.50%；当 $K=4$ 时，农村家庭成年女性处于从不贫困状态的比例为 87.08%，成年男性处于从不贫困状态的比例比成年女性高 9.68 个百分点，为 96.76%；当 $K=5$ 时，农村家庭成年女性与男性处于从不贫困状态的比例相差不大，均高达 99%，成年女性处于从不贫困状态的比例比男性略低。

从中部地区来看，当 $K=1$ 时，农村家庭成年女性与男性处于从不贫困状态的比例相差不大，女性和男性处于从不贫困状态的比例均为 0；当 $K=2$ 和 $K=3$ 时，中部农村家庭成年女性和男性处于从不贫困状态的差异较大。当 $K=2$ 时，农村家庭成年女性处于从不贫困状态的比例为 1.03%，成年男性处于从不贫困状态的比例比成年女性高 9.29 个百分点，为 10.32%；当 $K=3$ 时，中部农村家庭成年女性处于从不贫困状态的比例为 23.71%，成年男性处于从不贫困状态的比例比成年女性高 42.68 个百分点，为 66.39%；当 $K=4$ 时，农村家庭成年女性处于从不贫困状态的比例为 86.08%，成年男性处于从不贫困状态的比例比成年女性高 11.42 个百分点，为 97.50%；当 $K=5$ 时，农村家庭成年女性与男性处于从不贫困状态的比例相差不大，均高达 99%，成年女性处于从不贫困状态的比例比男性略低。

从西部地区来看，当 $K=1$ 时，农村家庭成年女性与男性处于从不贫困状态的比例相差不大，女性和男性处于从不贫困状态的比例均为 0；当 $K=2$ 和 $K=3$ 时，西部农村家庭成年女性和男性处于从不贫困状态的差异较大。当 $K=2$ 时，农村家庭成年女性处于从不贫困状态的比例为 0.3%，成年男性处于从不贫困状态的比例比成年女性高 5.26 个百分点，为 5.56%；当 $K=3$ 时，西部农村家庭成年女性处于从不贫困状态的比例为 13.28%，成年男性处于从不贫困状态的比例比成年女性高 43.26 个百分点，为 56.54%；当 $K=4$ 时，农村家庭成年女性处于从不贫困状态的比例为 76.36%，成年男性处于从不贫困状态的比例比成年女性高 20.05 个百分点，为 96.41%；当 $K=5$ 时，农村家庭成年女性与男性处于从不贫困状态的比例相差不大，均高达 98%，成年女性处于从不贫困状态的比例比男性略低。

农村家庭成年女性与男性处于暂时贫困状态的比例如表 5-19 所示，可以看出，农村家庭成年女性与男性处于暂时贫困状态的比例有着显著的差异。

表 5-19　农村家庭成年女性与成年男性处于暂时贫困状态的比例(%)

K 值	全国农村		东部地区		中部地区		西部地区	
	女性	男性	女性	男性	女性	男性	女性	男性
1	0.00	1.46	0.00	1.62	0.00	2.16	0.00	0.87
2	6.15	31.74	8.83	33.25	6.44	35.94	3.42	27.67
3	41.24	30.84	42.30	26.53	47.16	28.45	35.61	36.17
4	16.41	3.10	12.16	2.99	13.53	2.50	22.64	3.59
5	0.96	0.17	0.22	0.00	0.64	0.17	1.91	0.33

从全国农村地区来看，当 $K=1$ 时，全国农村家庭成年女性处于暂时贫困状态的比例为 0，成年男性处于暂时贫困状态的比例比成年女性的比例高 1.46 个百分点，为 1.46%；当 $K=2$ 时，全国农村家庭成年女性处于暂时贫困状态的比例为 6.15%，成年男性处于暂时贫困状态的比例比成年女性高 25.59 个百分点，为 31.74%；$K=3$ 时，成年女性处于暂时贫困状态的比例为 41.24%，成年男性处于暂时贫困状态的比例比成年女性低 10.40

个百分点，为30.84%,；当$K=4$时，农村家庭成年女性处于暂时贫困状态的比例为16.41%，成年男性处于暂时贫困状态的比例比女性低13.31个百分点，仅为3.10%；当$K=5$时，成年女性与男性处于暂时贫困状态的比例相差不大，均低于1.0%，成年女性处于暂时贫困状态的比例比男性略高。

从东部农村地区来看，当$K=1$时，东部农村家庭成年女性处于暂时贫困状态的比例为0，成年男性处于暂时贫困状态的比例比成年女性的比例高1.62个百分点，为1.62%；当$K=2$时，东部农村家庭成年女性处于暂时贫困状态的比例为8.83%，成年男性处于暂时贫困状态的比例比成年女性高24.42个百分点，为33.25%；$K=3$时，成年女性处于暂时贫困状态的比例为42.30%，成年男性处于暂时贫困状态的比例比成年女性低15.77个百分点，为26.53%；当$K=4$时，农村家庭成年女性处于暂时贫困状态的比例为12.16%，成年男性处于暂时贫困状态的比例比女性低9.17个百分点，仅为2.99%；当$K=5$时，成年女性处于暂时贫困的比例为0.22%，成年男性没有处于暂时贫困的状态。

从中部农村地区来看，当$K=1$时，中部农村家庭成年女性处于暂时贫困状态的比例为0，成年男性处于暂时贫困状态的比例比成年女性的比例高2.16个百分点，为2.16%；当$K=2$时，中部农村家庭成年女性处于暂时贫困状态的比例为6.44%，成年男性处于暂时贫困状态的比例比成年女性高29.50个百分点，为35.94%；$K=3$时，成年女性处于暂时贫困状态的比例为47.16%，成年男性处于暂时贫困状态的比例比成年女性低18.71个百分点，为28.45%；当$K=4$时，农村家庭成年女性处于暂时贫困状态的比例为13.53%，成年男性处于暂时贫困状态的比例比女性低11.03个百分点，仅为2.50%；当$K=5$时，成年女性与男性处于暂时贫困状态的比例相差不大，均低于0.7%，成年女性处于暂时贫困状态的比例比男性略高。

从西部农村地区来看，当$K=1$时，西部农村家庭成年女性处于暂时贫困状态的比例为0，成年男性处于暂时贫困状态的比例比成年女性的比例高0.87个百分点，为0.87%；当$K=2$时，西部农村家庭成年女性处于暂时贫困状态的比例为3.42%，成年男性处于暂时贫困状态的比例比成年女性高 24.25 个百分点，为 27.67%；$K=3$ 时，成年女性处于暂时贫困状态的比例为 35.61%，成年男性处于暂时贫困状态的比例比成年女性略高，为 36.17%；当 $K=4$ 时，农村家庭成年女性处于暂时贫困状态的比例为 22.64%，成年男性处于暂时贫困状态的比例比女性低 19.05 个百分点，仅为 3.59%；当 $K=5$ 时，成年女性与男性处于暂时贫困状态的比例相差不大，均低于 2%，成年女性处于暂时贫困状态的比例比男性略高。

农村家庭成年女性与男性处于慢性贫困状态的比例如表 5-20 所示，可以看出，农村家庭成年女性与男性处于慢性贫困状态的比例有着显著的差异。

表 5-20 农村家庭成年女性与成年男性处于慢性贫困状态的比例（%）

K 值	全国农村		东部地区		中部地区		西部地区	
	女性	男性	女性	男性	女性	男性	女性	男性
1	100.0	98.54	100.0	98.38	100.0	97.84	100.0	99.13
2	93.07	59.13	90.10	54.42	92.53	53.74	96.28	66.78
3	35.79	6.29	24.97	5.98	29.12	5.16	51.11	7.30
4	0.74	0.09	0.75	0.25	0.39	0.00	1.01	0.00
5	0.00	0.00	0.00	0.00	0.00	0.00	0.00	0.00

从全国农村地区来看，当 $K=1$ 时，全国农村家庭成年女性处于慢性贫困状态的比例为 100%，成年男性处于慢性贫困状态的比例为 98.54%，比成年女性的比例低 1.46 个百分点；当 $K=2$ 时，全国农村家庭成年女性处于慢性贫困状态的比例为 93.07%，成年男性处于慢性贫困状态的比例比成年女性低 33.94 个百分点，为 59.13%；当 $K=3$ 时，全国农村家庭成年女性处于慢性贫困状态的比例为 35.79%，成年男性处于慢性贫困状态的比例比成年女性低 29.50 个百分点，为 6.29%；当 $K=4$ 时，农村家庭成年女性和成年男性处于慢性贫困状态的比例差异较小，分别为 0.74% 和 0.09%；当 $K=5$ 时，全国农村家庭没有成年女性与男性处于慢性贫困的状态。

从东部农村地区来看，当 $K=1$ 时，东部农村家庭成年女性处于慢性贫困状态的比例为 100%，成年男性处于慢性贫困状态的比例为 98.38%，比成年女性的比例低 1.62 个百分点；当 $K=2$ 时，东部农村家庭成年女性处于慢性贫困状态的比例为 90.10%，成年男性处于慢性贫困状态的比例比成年女性低 35.68 个百分点，为 54.42%；当 $K=3$ 时，东部农村家庭成年女性处于慢性贫困状态的比例为 24.97%，成年男性处于慢性贫困状态的比例比成年女性低 18.99 个百分点，为 5.98%；当 $K=4$ 时，农村家庭成年女性和成年男性处于慢性贫困状态的比例差异较小，分别为 0.75% 和 0.25%；当 $K=5$ 时，东部农村家庭没有成年女性与男性处于慢性贫困的状态。

从中部农村地区来看，当 $K=1$ 时，中部农村家庭成年女性处于慢性贫困状态的比例为 100%，成年男性处于慢性贫困状态的比例为 97.84%，比成年女性的比例低 2.16 个百分点；当 $K=2$ 时，中部农村家庭成年女性处于慢性贫困状态的比例为 91.53%，成年男性处于慢性贫困状态的比例比成年女性低 38.79 个百分点，为 53.74%；当 $K=3$ 时，中部农村家庭成年女性处于慢性贫困状态的比例为 29.12%，成年男性处于慢性贫困状态的比例比成年女性低 23.96 个百分点，为 5.16%；当 $K=4$ 时，农村家庭成年女性和成年男性处于慢性贫困状态的比例差异较小，分别为 0.39% 和 0.00%；当 $K=5$ 时，中部农村家庭没有成年女性与男性处于慢性贫困的状态。

从西部农村地区来看，当 $K=1$ 时，西部农村家庭成年女性处于慢性贫困状态的比例为 100%，成年男性处于慢性贫困状态的比例为 99.13%，比成年女性的比例低 0.87 个百分点；当 $K=2$ 时，西部农村家庭成年女性处于慢性贫困状态的比例为 96.28%，成年男性处于慢性贫困状态的比例比成年女性低 29.50 个百分点，为 66.78%；当 $K=3$ 时，西部农村家庭成年女性处于慢性贫困状态的比例为 51.11%，成年男性处于慢性贫困状态的比例比成年女性低 43.81 个百分点，为 7.3%；当 $K=4$ 时，农村家庭成年女性和成年男性处于慢性贫困状态的比例差异较小，分别为 1.01% 和 0.00%；当 $K=5$ 时，西部农村家庭没有成年女性与男性处于慢性贫困的状态。

第三节 农村家庭女性儿童与男性儿童
多维贫困对比分析

一、农村家庭女性儿童与男性儿童多维贫困发生率对比分析

农村家庭女性儿童和男性儿童各指标多维贫困发生率的对比情况如表5-21所示。本书对比了2010年、2012年、2014年、2016年和2018年全国农村、东部农村、中部农村和西部农村女性儿童和男性儿童的均值。可以发现，全国、东部、中部和西部女性儿童和男性儿童多维贫困发生率存在一定的差异。

表5-21 农村家庭女性儿童与男性儿童各指标多维贫困发生率对比（均值%）

维度	指标	全国农村		东部地区		中部地区		西部地区	
		女	男	女	男	女	男	女	男
营养	年龄别身高	45.10	42.86	34.30	32.14	38.38	37.31	59.14	54.48
	年龄别体重	64.33	65.81	58.55	60.10	60.81	63.03	71.76	71.85
健康	看病次数	13.55	13.74	12.33	12.14	17.57	18.41	10.98	10.47
	住院	5.94	7.48	3.11	3.88	5.14	8.21	8.78	9.03
	医疗保险	29.16	27.93	36.17	32.55	23.60	22.96	28.71	29.59
教育	入学情况	15.49	15.01	14.20	11.22	10.54	12.14	20.78	19.94
	学习关怀	57.07	58.21	49.33	52.86	58.92	58.55	61.33	61.19
生活保障	经济保障	17.28	17.37	12.54	12.65	14.41	12.83	23.37	24.39
	卫生保障	60.00	60.05	45.39	44.08	54.41	53.17	75.92	76.11
	住房保障	8.12	7.53	6.22	5.71	5.23	5.31	12.08	10.66
个体成长	信息剥夺	46.81	47.95	48.19	52.75	44.05	44.41	48.16	48.21
	家庭陪伴	27.28	28.12	22.80	21.33	31.62	35.10	26.90	25.96

从全国农村家庭女性儿童和男性儿童多维贫困发生率的对比来看，全国农村家庭女性儿童的年龄别身高、医疗保险、入学情况和住房保障 4 个指标，其多维贫困发生率均大于男性儿童相应指标的多维贫困发生率，其中年龄别体重指标差异较为明显；而农村家庭女性儿童的年龄别体重、看病次数、住院、学习关怀、经济保障、卫生保障、信息剥夺和家庭陪伴 8 个指标，其多维贫困发生率均略小于男性儿童相应指标的多维贫困发生率，均略小于不到 2 个百分点。说明全国农村家庭女性儿童多维贫困发生率和男性儿童的差异不大。

从东部地区农村家庭女性儿童和男性儿童多维贫困发生率的对比来看，东部农村家庭女性儿童的年龄别身高、看病次数、医疗保险、入学情况、卫生保障、住房保障和家庭陪伴 7 个指标，其多维贫困发生率大于男性儿童相应指标的多维贫困发生率，其中医疗保险和入学情况指标差异较为明显；而农村家庭女性儿童的年龄别体重、住院、学习关怀、经济保障和信息剥夺 5 个指标，其多维贫困发生率均略小于男性儿童相应指标的多维贫困发生率，其中学习关怀和信息剥夺指标差异较为明显，其他指标差异不大。说明东部地区农村女性儿童比男性儿童贫困更明显。

从中部地区农村家庭女性儿童和男性儿童多维贫困发生率的对比来看，中部农村家庭女性儿童的年龄别身高、医疗保险、学习关怀、经济和卫生保障 5 个指标，其多维贫困发生率大于男性儿童相应指标的多维贫困发生率，其中经济和卫生保障指标差异较为明显；而农村家庭女性儿童的年龄别体重、看病次数、住院、入学情况、住房保障、信息剥夺和家庭陪伴 7 个指标，其多维贫困发生率均略小于男性儿童相应指标的多维贫困发生率，其中住院和家庭陪伴指标差异较为明显。说明中部农村家庭女性儿童在家庭陪伴方面比男性儿童略好。

从西部地区农村家庭女性儿童和男性儿童多维贫困发生率的对比来看，西部农村家庭女性儿童的年龄别身高、看病次数、入学情况、学习关怀、住房保障和家庭陪伴 6 个指标，其多维贫困发生率大于男性儿童相应指标的多维贫困发生率，其中住房保障指标差异较为明显；而农村家庭女性儿童的年龄别体重、住院、医疗保险、经济、卫生保障和信息剥夺6个指标，其多维贫困发生率均略小于男性儿童相应指标的多维贫困发生率，只有经济保障指标的差异较为明显，其他指标差异不大。说明西部农村家庭女性儿童的多维贫困发生率和男性儿童差异不大。

二、农村家庭女性儿童与男性儿童多维贫困指数对比分析

全国农村家庭女性儿童与男性儿童多维贫困指数测量结果的对比如表5-22所示。本书比较了2010年、2012年、2014年、2016年和2018年全国农村家庭女性儿童与男性儿童多维贫困指数测量结果的均值。可以看出，当$K=1$和$K=4$时，全国农村家庭女性儿童多维贫困发生率、平均贫困剥夺份额和多维贫困指数均略小于男性儿童，而当$K=2$和$K=3$时，全国农村家庭女性儿童多维贫困发生率、平均贫困剥夺份额和多维贫困指数略大于男性儿童。这表明，全国农村家庭女性儿童多维贫困程度和男性儿童差异不大。

表5-22　　全国农村家庭女性儿童与男性儿童多维贫困指数对比

K值	多维贫困发生率		平均贫困剥夺份额		多维贫困指数	
	女性儿童	男性儿童	女性儿童	男性儿童	女性儿童	男性儿童
1	84.98%	85.96%	0.3810	0.3799	0.3272	0.3298
2	38.45%	39.63%	0.4856	0.4815	0.1904	0.1949
3	6.93%	6.81%	0.5569	0.5521	0.0418	0.0410
4	0.51%	0.52%	0.1027	0.1333	0.0008	0.0010

东部地区农村家庭女性儿童与男性儿童多维贫困指数测量结果的对比如表5-23所示。本书比较了2010年、2012年、2014年、2016年和2018年东部农村家庭女性儿童与男性儿童多维贫困指数测量结果的均值。可以看出，当$K=1\sim4$时，东部农村家庭女性儿童多维贫困发生率、平均贫困剥夺份额和多维贫困指数均略小于男性儿童。这表明，东部农村家庭女性儿童多维贫困程度和男性儿童差异不大。

表 5-23　东部地区农村家庭女性儿童与男性儿童多维贫困指数对比

K 值	多维贫困发生率		平均贫困剥夺份额		多维贫困指数	
	女性儿童	男性儿童	女性儿童	男性儿童	女性儿童	男性儿童
1	78.96%	79.69%	0.3513	0.3489	0.2805	0.2813
2	27.67%	28.57%	0.4656	0.4596	0.1325	0.1358
3	3.32%	3.47%	0.5425	0.4226	0.0200	0.0194
4	0.42%	0.61%	0.0800	0.1600	0.0008	0.0008

中部地区农村家庭女性儿童与男性儿童多维贫困指数测量结果的对比如表 5-24 所示。本书比较了 2010 年、2012 年、2014 年、2016 年和 2018 年中部农村家庭女性儿童与男性儿童多维贫困指数测量结果的均值。可以看出，当 $K = 1 \sim 4$ 时，中部农村家庭女性儿童多维贫困发生率、平均贫困剥夺份额和多维贫困指数均略小于男性儿童。这表明，中部农村家庭女性儿童多维贫困程度和男性儿童差异不大。

表 5-24　中部地区农村家庭女性儿童与男性儿童多维贫困指数对比

K 值	多维贫困发生率		平均贫困剥夺份额		多维贫困指数	
	女性儿童	男性儿童	女性儿童	男性儿童	女性儿童	男性儿童
1	82.61%	84.35%	0.3647	0.3661	0.3055	0.3124
2	33.33%	34.21%	0.4801	0.4815	0.1636	0.1686
3	5.22%	5.59%	0.5644	0.5799	0.0320	0.0342
4	0.27%	0.27%	0.0000	0.0800	0.0000	0.0006

西部地区农村家庭女性儿童与男性儿童多维贫困指数测量结果的对比如表 5-25 所示。本书比较了 2010 年、2012 年、2014 年、2016 年和 2018 年西部农村家庭女性儿童与男性儿童多维贫困指数测量结果的均值。可以看出，当 $K = 1$ 和 $K = 3$ 时，西部农村家庭女性儿童多维贫困发生率、平均贫困剥夺份额和多维贫困指数均略大于男性儿童，当 $K = 4$ 时，女性儿童多维贫困发生率略小于男性儿童，而当 $K = 2$ 时，西部农村家庭女性儿童多维

贫困发生率和多维贫困指数略小于男性儿童。这表明，西部农村家庭女性儿童多维贫困程度和男性儿童差异不大。

表5-25　西部地区农村家庭女性儿童与男性儿童多维贫困指数对比

K 值	多维贫困发生率		平均贫困剥夺份额		多维贫困指数	
	女性儿童	男性儿童	女性儿童	男性儿童	女性儿童	男性儿童
1	91.61%	91.28%	0.4134	0.4083	0.3814	0.2922
2	51.06%	51.35%	0.4961	0.4889	0.2536	0.2552
3	11.06%	9.97%	0.5770	0.5674	0.0668	0.0604
4	0.71%	0.69%	0.1178	0.1200	0.0014	0.0015

三、农村家庭女性儿童与男性儿童多维贫困指标贡献率对比分析

$K=2$ 时农村家庭女性儿童与男性儿童多维贫困指标贡献率的对比如表5-26所示。本书比较了2010年、2012年、2014年、2016年和2018年农村家庭女性儿童与男性儿童多维贫困指标贡献率测量结果的均值。可以发现，农村家庭女性儿童与男性儿童多维贫困指标贡献率存在一定的差异。

表5-26　农村家庭女性儿童与男性儿童多维贫困指标贡献率对比（$K=2$）

维度	指标	全国农村		东部地区		中部地区		西部地区	
		女性儿童	男性儿童	女性儿童	男性儿童	女性儿童	男性儿童	女性儿童	男性儿童
营养	年龄别身高	14.85	14.00	14.65	12.37	13.35	13.55	15.69	14.75
	年龄别体重	17.53	17.82	17.96	18.55	17.39	18.00	17.38	17.47
健康	看病次数	2.84	2.63	3.59	2.90	4.34	4.00	1.86	1.73
	住院	1.43	1.47	0.69	0.77	1.45	1.91	1.67	1.48
	医疗保险	5.07	5.09	6.33	6.46	4.12	3.91	5.11	5.31

维度	指标	全国农村		东部地区		中部地区		西部地区	
		女性儿童	男性儿童	女性儿童	男性儿童	女性儿童	男性儿童	女性儿童	男性儿童
教育	入学情况	5.14	4.69	5.90	4.35	3.51	3.79	5.75	5.30
	学习关怀	16.77	16.51	16.81	17.95	17.31	16.38	16.42	16.16
生活保障	经济保障	4.03	3.99	3.41	3.77	3.90	2.75	4.36	4.77
	卫生保障	10.70	10.65	9.62	8.62	10.28	10.31	11.35	11.47
	住房保障	1.89	1.78	1.49	1.58	1.09	1.32	2.43	2.10
个体成长	信息剥夺	11.32	12.09	12.62	14.35	12.34	11.49	10.40	11.71
	家庭陪伴	9.31	10.05	8.31	10.38	11.47	12.96	8.53	8.37

从全国农村来看，农村家庭女性儿童和男性儿童多维贫困指标贡献率最高的均为年龄别体重指标，分别为17.53%和17.82%，其次为学习关怀指标，其对农村家庭女性儿童和男性儿童的多维贫困贡献率均值分别为16.77%和16.51%，看病次数、住院、医疗保险、入学情况、经济、卫生和住房保障7个指标对农村家庭女性儿童和男性儿童的多维贫困贡献率基本一致；农村家庭女性儿童的信息剥夺和家庭陪伴2个指标对多维贫困贡献率略小于其对男性儿童的多维贫困贡献率，而年龄别身高指标对女性儿童的多维贫困贡献率略大于其对男性儿童的多维贫困贡献率。

从东部地区农村来看，农村家庭女性儿童和男性儿童多维贫困指标贡献率最高的均为年龄别体重指标，分别为17.96%和18.55%，其次为学习关怀指标，其对农村家庭女性儿童和男性儿童的多维贫困贡献率均值分别为16.81%和17.95%；住院、医疗保险、经济和住房保障4个指标对农村家庭女性儿童和男性儿童的多维贫困贡献率基本一致；学习关怀、信息剥夺和家庭陪伴3个指标对女性儿童的多维贫困贡献率，小于其对男性儿童的多维贫困贡献率，年龄别身高、看病次数、入学情况和卫生保障4个指标对农村家庭女性儿童的多维贫困贡献率，明显大于其对男性儿童的多维贫困贡献率。

从中部地区农村来看，农村家庭女性儿童和男性儿童多维贫困指标贡献率最高的均为年龄别体重指标，分别为 17.39% 和 18.00%，其次为学习关怀指标，其对农村家庭女性儿童和男性儿童的多维贫困贡献率均值分别为 17.31% 和 16.38%；年龄别身高、看病次数、住院、医疗保险、入学情况、卫生和住房保障 7 个指标对农村家庭女性儿童和男性儿童的多维贫困贡献率基本一致；家庭陪伴指标对女性儿童的多维贫困贡献率小于其对男性儿童的多维贫困贡献率，而经济保障和信息剥夺指标对农村家庭女性儿童的多维贫困贡献率大于其对男性儿童的多维贫困贡献率。

从西部地区农村来看，农村家庭女性儿童和男性儿童多维贫困指标贡献率最高的均为年龄别体重指标，分别为 17.38% 和 17.47%，其次为学习关怀指标，其对农村家庭女性儿童和男性儿童的多维贫困贡献率均值分别为 16.42% 和 16.16%；看病次数、住院、医疗保险、入学情况、经济、卫生、住房保障和家庭陪伴 8 个指标对农村家庭女性儿童和男性儿童的多维贫困贡献率基本一致；信息剥夺指标对农村家庭女性儿童的多维贫困贡献率小于其对男性儿童的多维贫困贡献率，年龄别身高指标对女性儿童的多维贫困贡献率大于其对男性儿童的多维贫困贡献率。

$K=3$ 时农村家庭女性儿童与男性儿童多维贫困指标贡献率的对比如表 5-27 所示。本书比较了 2010 年、2012 年、2014 年、2016 年和 2018 年农村家庭女性儿童与男性儿童多维贫困指标贡献率测量结果的均值。可以发现，农村家庭女性儿童与男性儿童多维贫困指标贡献率存在一定的差异。

表 5-27　农村家庭女性儿童与男性儿童多维贫困指标贡献率对比（$K=3$）

维度	指标	全国农村		东部地区		中部地区		西部地区	
		女性儿童	男性儿童	女性儿童	男性儿童	女性儿童	男性儿童	女性儿童	男性儿童
营养	年龄别身高	14.25	14.02	19.12	17.76	10.54	12.16	14.81	14.42
	年龄别体重	17.17	16.85	15.82	26.10	17.43	16.24	17.08	15.94

续表

维度	指标	全国农村		东部地区		中部地区		西部地区	
		女性儿童	男性儿童	女性儿童	男性儿童	女性儿童	男性儿童	女性儿童	男性儿童
健康	看病次数	3.72	3.84	6.20	7.22	6.89	6.81	2.39	1.99
	住院	1.84	3.16	2.94	2.67	2.03	3.66	1.96	3.11
	医疗保险	5.17	6.49	6.15	11.52	4.11	3.88	5.04	7.16
教育	入学情况	7.19	5.47	11.17	3.92	3.94	3.86	7.76	6.22
	学习关怀	16.32	15.82	18.65	19.27	15.45	15.91	15.93	15.80
生活保障	经济保障	5.75	5.67	2.00	3.09	5.43	5.14	6.19	6.21
	卫生保障	9.93	9.99	7.34	10.73	10.30	10.45	10.05	9.79
	住房保障	2.99	2.49	3.80	1.42	1.53	1.46	3.67	3.43
个体成长	信息剥夺	11.79	11.13	13.63	16.73	15.46	10.22	10.32	10.52
	家庭陪伴	10.91	11.54	11.64	20.67	11.44	13.44	10.42	10.08

从全国农村来看，农村家庭女性儿童和男性儿童多维贫困指标贡献率最高的均为年龄别体重指标，分别为 17.17% 和 16.85%，其次为学习关怀指标，其对农村家庭女性儿童和男性儿童的多维贫困贡献率分别为 16.32% 和 15.82%，年龄别身高、看病次数、经济和卫生保障 4 个指标对农村家庭女性儿童和男性儿童的多维贫困贡献率基本一致；住院、医疗保险和家庭陪伴 3 个指标对农村家庭女性儿童的多维贫困贡献率明显小于其对男性儿童的多维贫困贡献率，而入学情况、住房保障和信息剥夺 3 个指标对女性儿童的多维贫困贡献率大于其对男性儿童的多维贫困贡献率。

从东部地区农村来看，农村家庭女性儿童多维贫困指标贡献率最高的为年龄别身高指标，为 19.12%，其次为学习关怀指标，其对农村家庭女性儿童多维贫困贡献率为 18.65%，而农村家庭男性儿童多维贫困指标贡献率最高的为年龄别体重指标，为 26.10%，其次为家庭陪伴指标，其对农村家庭男性儿童多维贫困贡献率为 20.67%；看病次数、住院和经济保障指标对农村家庭女性儿童和男性儿童的多维贫困贡献率基本一致；医疗保险、卫生保障和信息剥夺指标对女性儿童的多维贫困贡献率明显小于其对男性儿童的多维贫困贡献率，而入学情况和住房保障指标对农村家庭女性儿童的多维贫困贡献率明显大于其对男性儿童的多维贫困贡献率。

从中部地区农村来看，农村家庭女性儿童和男性儿童多维贫困指标贡献率最高的均为年龄别体重指标，分别为17.43%和16.24%，其次信息剥夺指标对农村家庭女性儿童多维贫困贡献率较高，均值为15.46%，而学习关怀指标对农村家庭男性儿童多维贫困贡献率较高，均值为15.91%；看病次数、医疗保险、入学情况、经济、卫生和住房保障6个指标对农村家庭女性儿童和男性儿童的贡献率基本一致；年龄别身高、住院和家庭陪伴3个指标对女性儿童的多维贫困贡献率明显小于其对男性儿童的多维贫困贡献率。

从西部地区农村来看，农村家庭女性儿童和男性儿童多维贫困指标贡献率最高的均为年龄别体重指标，分别为17.08%和15.94%，其次为学习关怀指标，其对农村家庭女性儿童和男性儿童的多维贫困贡献率分别为15.93%和15.80%；年龄别身高、经济、卫生保障、住房保障、信息剥夺和家庭陪伴6个指标对农村家庭女性儿童和男性儿童的多维贫困贡献率基本一致；住院和医疗保险指标对农村家庭女性儿童的多维贫困贡献率明显小于其对男性儿童的多维贫困贡献率，而看病次数和入学情况指标对女性儿童的多维贫困贡献率明显大于其对男性儿童的多维贫困贡献率。

四、农村家庭女性儿童与男性儿童多维贫困动态性对比分析

农村家庭女性儿童与男性儿童处于从不贫困状态的比例如表5-28所示，可以看出，农村家庭女性儿童与男性儿童处于从不贫困状态的比例有着一定的差异。

表 5-28　农村家庭女性儿童与男性儿童处于从不贫困状态的比例(%)

K 值	全国农村		东部地区		中部地区		西部地区	
	女性儿童	男性儿童	女性儿童	男性儿童	女性儿童	男性儿童	女性儿童	男性儿童
1	0.30	0.37	1.04	1.02	0.00	0.34	0.00	0.00
2	17.76	15.16	29.02	27.04	20.27	16.90	7.06	6.27
3	72.09	71.80	84.46	84.69	76.58	76.21	58.82	59.87
4	97.61	97.64	97.93	96.94	98.65	98.62	96.47	97.18

从全国农村来看，当 $K=1$ 时，农村家庭女性儿童处于从不贫困状态的比例为 0.30%，男性儿童处于从不贫困状态的比例比女性儿童高 0.07 个百分点，为 0.37%；当 $K=2$ 时，农村家庭女性儿童处于从不贫困状态的比例为 17.76%，男性儿童处于从不贫困状态的比例比女性儿童低 2.6 个百分点，为 15.16%；当 $K=3$ 时，农村家庭女性儿童处于从不贫困状态的比例为 72.09%，男性儿童处于从不贫困状态的比例比女性低 0.29 个百分点；当 $K=4$ 时，农村家庭女性儿童与男性儿童处于从不贫困状态的比例均接近 100%，女性儿童处于从不贫困状态的比例比男性儿童略低。

从东部地区农村来看，当 $K=1$ 时，农村家庭女性儿童处于从不贫困状态的比例为 1.04%，男性儿童处于从不贫困状态的比例比女性儿童低 0.02 个百分点，为 1.02%；当 $K=2$ 时，农村家庭女性儿童处于从不贫困状态的比例为 29.02%，男性儿童处于从不贫困状态的比例比女性低 1.98 个百分点，为 27.04%；当 $K=3$ 时，农村家庭女性儿童处于从不贫困状态的比例为 84.46%，男性儿童处于从不贫困状态的比例比女性高 0.23 个百分点；当 $K=4$ 时，农村家庭女性儿童与男性儿童处于从不贫困状态的比例均接近 100%，女性儿童处于从不贫困状态的比例比男性儿童略高。

从中部地区农村来看，农村家庭女性儿童处于从不贫困状态的比例为 0，男性儿童处于从不贫困状态的比例比女性儿童高 0.34 个百分点；当 $K=2$ 时，农村家庭女性儿童处于从不贫困状态的比例为 20.27%，男性儿童处于从不贫困状态的比例比女性低 3.37 个百分点，为 16.90%；当 $K=3$

时，农村家庭女性儿童处于从不贫困状态的比例为 76.58%，男性儿童处于从不贫困状态的比例比女性低 0.37 个百分点；当 $K=4$ 时，农村家庭女性儿童与男性儿童处于从不贫困状态的比例均接近 100%，女性儿童处于从不贫困状态的比例比男性儿童的略高。

从西部地区农村来看，当 $K=1$ 时，农村家庭女性儿童和男性儿童处于从不贫困状态的比例均为 0；当 $K=2$ 时，农村家庭女性儿童处于从不贫困状态的比例为 7.06%，男性儿童处于从不贫困状态的比例比女性低 0.79 个百分点，为 6.27%；当 $K=3$ 时，农村家庭女性儿童处于从不贫困状态的比例为 58.82%，男性儿童处于从不贫困状态的比例比女性高 1.05 个百分点；当 $K=4$ 时，农村家庭女性儿童与男性儿童处于从不贫困状态的比例均接近 100%，女性儿童处于从不贫困状态的比例比男性儿童的略低。

农村家庭女性儿童与男性儿童处于暂时贫困状态的比例如表 5-29 所示，可以看出，农村家庭女性儿童与男性儿童处于暂时贫困状态的比例有着一定的差异。

表 5-29 农村家庭女性儿童与男性儿童处于暂时贫困状态的比例(%)

K 值	全国农村		东部地区		中部地区		西部地区	
	女童	男童	女童	男童	女童	男童	女童	男童
1	6.72	6.34	13.47	12.24	8.11	7.24	0.39	1.88
2	48.66	49.32	51.30	51.53	54.95	57.59	41.18	40.44
3	27.16	27.33	15.54	15.31	23.42	22.76	39.22	38.87
4	2.39	2.36	2.07	3.06	1.35	1.38	3.53	2.82

从全国农村来看，当 $K=1$ 时，全国农村家庭女性儿童处于暂时贫困状态的比例为 6.72%，男性儿童处于暂时贫困状态的比例为 6.34%，比女性儿童的比例低 0.38 个百分点；当 $K=2$ 时，全国农村家庭女性儿童处于暂时贫困状态的比例为 48.66%，男性儿童处于暂时贫困状态的比例比女性儿童高 0.66 个百分点；$K=3$ 时，女性儿童处于暂时贫困状态的比例为

27.16%，男性儿童处于暂时贫困状态的比例比女性儿童高 0.17 个百分点；当 $K=4$ 时，女性儿童处于暂时贫困状态的比例为 2.39%，男性儿童处于暂时贫困状态的比例比女性低 0.03 个百分点，为 2.36%。

从东部地区农村来看，当 $K=1$ 时，东部地区农村家庭女性儿童处于暂时贫困状态的比例为 13.47%，男性儿童处于暂时贫困状态的比例为 12.24%，比女性儿童的比例低 1.23 个百分点；当 $K=2$ 时，东部地区农村家庭女性儿童处于暂时贫困状态的比例为 51.30%，男性儿童处于暂时贫困状态的比例比女性儿童高 0.23 个百分点；$K=3$ 时，女性儿童处于暂时贫困状态的比例为 15.54%，男性儿童处于暂时贫困状态的比例比女性儿童低 0.23 个百分点；当 $K=4$ 时，女性儿童处于暂时贫困状态的比例为 2.07%，男性儿童处于暂时贫困状态的比例比女性儿童高 0.99 个百分点，为 3.06%。

从中部地区农村来看，当 $K=1$ 时，中部地区农村家庭女性儿童处于暂时贫困状态的比例为 8.11%，男性儿童处于暂时贫困状态的比例为 7.24%，比女性儿童的比例低 0.87 个百分点；当 $K=2$ 时，中部地区农村家庭女性儿童处于暂时贫困状态的比例为 54.95%，男性儿童处于暂时贫困状态的比例比女性儿童高 2.64 个百分点；$K=3$ 时，女性儿童处于暂时贫困状态的比例为 23.42%，男性儿童处于暂时贫困状态的比例比女性儿童低 0.66 个百分点；当 $K=4$ 时，女性儿童处于暂时贫困状态的比例为 1.35%，男性儿童处于暂时贫困状态的比例为 1.38%。

从西部地区农村来看，当 $K=1$ 时，西部地区农村家庭女性儿童处于暂时贫困状态的比例为 0.39%，男性儿童处于暂时状态的比例为 1.88%，比女性儿童的比例高 1.49 个百分点；当 $K=2$ 时，西部地区农村家庭女性儿童处于暂时贫困状态的比例为 41.18%，男性儿童处于暂时贫困状态的比例比女性儿童低 0.74 个百分点；$K=3$ 时，女性儿童处于暂时贫困状态的比例为 39.22%，男性儿童处于暂时贫困状态的比例比女性儿童低 0.35 个百分点；当 $K=4$ 时，女性儿童处于暂时贫困状态的比例为 3.53%，男性儿童处于暂时贫困状态的比例比女性低 0.71 个百分点，为 2.82%。

农村家庭女性儿童与男性儿童处于慢性贫困状态的比例如表 5-30 所示，可以看出，农村家庭女性儿童与男性儿童处于慢性贫困状态的比例有着一定的差异。

表 5-30　农村家庭女性儿童与男性儿童处于慢性贫困状态的比例(%)

K 值	全国农村		东部地区		中部地区		西部地区	
	女性儿童	男性儿童	女性儿童	男性儿童	女性儿童	男性儿童	女性儿童	男性儿童
1	92.99	93.29	85.49	86.73	91.89	92.41	99.61	98.12
2	33.58	35.53	19.69	21.43	24.77	25.52	51.76	53.29
3	0.75	0.87	0.00	0.00	0.00	1.03	1.96	1.25
4	0.00	0.00	0.00	0.00	0.00	0.00	0.00	0.00

从全国农村来看，当 $K=1$ 时，全国农村家庭女性儿童处于慢性贫困状态的比例为 92.99%，男性儿童处于慢性贫困状态的比例为 93.29%，比女性儿童的比例高 0.3 个百分点；当 $K=2$ 时，全国农村家庭女性儿童处于慢性贫困状态的比例为 33.58%，男性儿童处于慢性贫困状态的比例比女性儿童高 1.95 个百分点，为 35.53%；当 $K=3$ 时，全国农村家庭女性儿童处于慢性贫困状态的比例为 0.75%，男性儿童处于慢性贫困状态的比例为 0.87%；当 $K=4$ 时，全国农村家庭没有女性儿童与男性儿童处于慢性贫困的状态。

从东部地区农村来看，当 $K=1$ 时，东部地区农村家庭女性儿童处于慢性贫困状态的比例为 85.49%，男性儿童处于慢性贫困状态的比例为 86.73%，比女性儿童的比例高 1.24 个百分点；当 $K=2$ 时，东部地区农村家庭女性儿童处于慢性贫困状态的比例为 19.69%，男性儿童处于慢性贫困状态的比例比女性儿童高 1.74 个百分点，为 21.43%；当 $K=3$ 和 $K=4$ 时，东部地区农村家庭没有女性儿童与男性儿童处于慢性贫困的状态。

从中部地区农村来看，当 $K=1$ 时，中部地区农村家庭女性儿童处于慢性贫困状态的比例为 91.89%，男性儿童处于慢性贫困状态的比例为

92.41%，比女性儿童的比例高 0.52 个百分点；当 $K=2$ 时，中部地区农村家庭女性儿童处于慢性贫困状态的比例为 24.77%，男性儿童处于慢性贫困状态的比例比女性儿童高 0.75 个百分点，为 25.52%；当 $K=3$ 时，仅有 1.03% 男性儿童处于慢性贫困状态；当 $K=4$ 时，中部地区农村家庭没有女性儿童与男性儿童处于慢性贫困的状态。

从西部地区农村来看，当 $K=1$ 时，西部地区农村家庭女性儿童处于慢性贫困状态的比例为 99.61%，男性儿童处于慢性贫困状态的比例为 98.12%，比女性儿童的比例低 1.49 个百分点；当 $K=2$ 时，西部地区农村家庭女性儿童处于慢性贫困状态的比例为 51.76%，男性儿童处于慢性贫困状态的比例比女性儿童高 1.53 个百分点，为 53.29%；当 $K=3$ 时，西部地区农村家庭女性儿童处于慢性贫困状态的比例为 1.96%，男性儿童处于慢性贫困状态的比例为 1.25%；当 $K=4$ 时，西部地区农村家庭没有女性儿童与男性儿童处于慢性贫困的状态。

本 章 小 结

本章对农村家庭女性与男性的多维贫困及动态性进行了对比分析，主要得到以下结论：

第一，农村家庭老年女性与男性。从各指标贫困发生率的对比来看，全国、东、中和西部地区农村呈现相似的规律，老年女性各指标贫困发生率均高于老年男性，且家庭地位、邻里关系和健康指标差异显著。全国、东、中和西部地区农村家庭老年女性的多维贫困发生率和多维贫困指数均高于老年男性，中部地区的差异最明显。从多维贫困指标贡献率的对比来看，全国、东部、中部和西部地区的老年女性与男性家庭地位、邻里互动、子女互动和经济保障指标的多维贫困贡献率差异显著。从多维贫困动态性来看，取学术界常用的多维贫困维度总数 1/3 以上时，全国、东部、中部和西部地区农村家庭老年女性处于暂时贫困和慢性贫困比例均高于老年男性。由此可见，农村家庭老年女性与男性在多维贫困发生率及贫困的动态性方面均存在差异。

第二,农村家庭成年女性与男性。从各指标贫困发生率的对比来看,全国、东部、中部和西部地区农村呈现相似的规律,成年女性2/3以上指标贫困发生率高于成年男性,且家庭决策权、财产权、个人收入、健康状况、教育程度和新闻关注指标差异明显。全国、东部、中部、西部地区农村家庭成年女性的多维贫困发生率和多维贫困指数均高于成年男性,中部和西部地区的差异最明显。从多维贫困指标贡献率的对比来看,全国、东部、中部和西部地区的成年女性与男性的财产权、家庭决策权、人际关系、社会地位、个人收入、生活满意度和新闻关注指标的多维贫困贡献率差异显著。从多维贫困动态性来看,取学术界常用的多维贫困维度总数1/3以上时,全国、东部、中部和西部地区农村家庭成年女性处于暂时贫困和慢性贫困比例均高于成年男性。由此可见,农村家庭成年女性与男性在多维贫困发生率及贫困的动态性方面均存在差异。

第三,农村家庭女性儿童与男性儿童。从各指标贫困发生率的对比来看,全国、东部、中部和西部地区农村呈现相似的规律,年龄别体重、学习关注和家庭陪伴指标差异较为显著。全国、东部、中部和西部地区农村家庭女性儿童的多维贫困发生率和多维贫困指数与男性儿童的较为接近,东部地区的多维贫困发生率和多维贫困指数均最低,西部地区的均最高。从多维贫困指标贡献率的对比来看,全国、东部、中部和西部地区的女性儿童与男性儿童年龄别体重、学习关怀和家庭陪伴指标的多维贫困贡献率差异显著。从多维贫困动态性来看,取学术界常用的多维贫困维度总数1/3以上时,农村家庭女性儿童处于暂时贫困和慢性贫困比例和男性儿童的接近。由此可见,农村家庭女性儿童与男性儿童在多维贫困发生率及贫困的动态性方面相似。

第六章 农村与城镇家庭女性多维贫困及动态性对比分析

第一节 农村与城镇家庭老年女性多维贫困对比分析

一、农村与城镇家庭老年女性多维贫困发生率对比分析

农村与城镇家庭老年女性多维贫困发生率的对比情况如表6-1所示。本书对比了全国、东部、中部和西部地区农村与城镇家庭老年女性贫困发生率的均值。从对比结果可以发现，全国、东部、中部和西部地区农村与城镇家庭老年女性多维贫困发生率存在一定的差异。

表6-1 农村与城镇家庭老年女性各指标多维贫困发生率对比（均值%）

维度	指标	全国		东部地区		中部地区		西部地区	
		农村	城镇	农村	城镇	农村	城镇	农村	城镇
基本保障	经济保障	46.20	46.96	45.43	45.53	45.87	50.57	47.69	45.94
	医疗保障	24.50	25.85	26.03	26.53	23.17	25.47	23.80	24.18
	养老保险	45.43	35.13	47.74	33.23	43.98	36.15	43.75	39.92
健康	自评健康	68.46	64.16	67.34	64.12	67.11	63.39	71.59	65.52
	慢性病	27.22	28.58	23.48	29.06	29.94	30.00	29.52	24.69
	记忆力	49.68	41.25	48.84	39.55	49.59	43.80	50.96	42.85

续表

维度	指标	全国		东部地区		中部地区		西部地区	
		农村	城镇	农村	城镇	农村	城镇	农村	城镇
精神生活	子女互动	45.30	44.34	45.73	45.16	43.43	43.54	46.78	42.85
	精神状态	44.51	34.43	40.74	31.81	40.86	35.99	54.04	40.75
	家庭地位	67.14	62.20	63.69	59.85	63.85	62.81	75.77	69.12
社交活动	手机使用	36.66	32.90	38.02	33.97	35.50	30.89	36.01	32.55
	邻里关系	50.85	49.66	51.93	50.92	51.86	49.11	48.17	46.28

从全国农村与城镇家庭老年女性多维贫困发生率对比来看，农村家庭老年女性的养老保障、自评健康、记忆力、子女互动、精神状态、家庭地位、手机使用和邻里关系 8 个指标，其多维贫困发生率均大于城镇家庭老年女性相应指标的多维贫困发生率。其中，养老保险、记忆力和精神状态三项指标的贫困发生率相差较大，农村老年女性这三项指标的多维贫困发生率分别是城镇老年女性的 1.29 倍、1.29 倍和 1.20 倍，即相比较于城镇老年女性来说，农村老年女性在养老保障、精神状态方面的贫困发生率较为严重；其次，农村老年女性自评健康、子女互动、家庭地位、手机使用和邻里关系 5 个指标的多维贫困发生率略高于城镇女性的，说明了整体上，农村老年女性身体状况、精神生活和社交活动维度比城镇老年女性弱。

从东部地区农村与城镇家庭老年女性多维贫困发生率对比来看，农村家庭老年女性的养老保障、自评健康、记忆力、子女互动、精神状态、家庭地位、手机使用和邻里关系 8 个指标，其多维贫困发生率均大于城镇家庭老年女性相应指标的多维贫困发生率。其中，养老保险、精神状态和记忆力 3 个指标的贫困发生率相差较大，农村老年女性这三项指标的多维贫困发生率分别是城镇老年女性的 1.43 倍、1.28 倍和 1.23 倍，即相比较于城镇老年女性来说，农村老年女性在养老保障、精神状态方面的贫困发生率较为严重；其次，农村老年女性自评健康、子女互动、家庭地位、手机使用和邻里关系 5 个指标的多维贫困发生率略高于城镇女性的，说明整体上，农村老年女性自评健康、精神生活和社交活动维度比城镇老年女性弱，但是，东部地区城镇老年女性慢性病指标贫困发生率较农村老年女性高。

从中部地区农村与城镇家庭老年女性多维贫困发生率对比来看，农村家庭老年女性的养老保障、自评健康、记忆力、精神状态、家庭地位、手机使用和邻里关系 7 个指标，其多维贫困发生率均大于城镇家庭老年女性相应指标的多维贫困发生率。其中，养老保险、手机使用和精神状态 3 个指标的贫困发生率相差较大，农村老年女性这三项指标的多维贫困发生率分别是城镇老年女性的 1.22 倍、1.15 倍和 1.14 倍，即相比较于城镇老年女性来说，农村老年女性在养老保障、手机使用、精神状态方面的贫困发生率较为严重；其次，农村老年女性自评健康、记忆力、家庭地位和邻里关系 4 个指标的多维贫困发生率略高于城镇老年女性的，说明整体上，农村老年女性健康状况、精神生活和社交活动维度比城镇老年女性弱。

从西部地区农村与城镇家庭老年女性多维贫困发生率对比来看，农村家庭老年女性的经济保障、养老保障、自评健康、慢性病、记忆力、子女互动、精神状态、家庭地位、手机使用和邻里关系 10 个指标，其多维贫困发生率均大于城镇家庭老年女性相应指标的多维贫困发生率。其中，精神状态、慢性病和记忆力 3 个指标的贫困发生率相差较大，农村老年女性这三项指标的多维贫困发生率分别是城镇老年女性的 1.33 倍、1.20 倍和 1.19 倍，即相比较于城镇老年女性来说，农村老年女性在精神状态和身体综合素质方面的贫困发生率较为严重；其次，农村老年女性的经济保障、养老保障、自评健康、子女互动、家庭地位、手机使用和邻里关系 7 个指标的多维贫困发生率略高于城镇老年女性的，说明整体上，西部地区农村老年女性健康状况、精神生活和社交活动维度比城镇老年女性弱，且比上述其他地区农村老年女性弱。

二、农村与城镇家庭老年女性多维贫困指数对比分析

全国农村与城镇家庭老年女性多维贫困指数测量结果的对比如表 6-2

所示。本书比较了 2010 年、2012 年、2014 年、2016 年和 2018 年全国农村与城镇家庭老年女性多维贫困指数测量结果的均值。从表中可以看出，当 $K=1\sim4$ 时，全国农村家庭老年女性多维贫困发生率、平均贫困剥夺份额和多维贫困指数均大于城镇老年女性，这表明，全国农村家庭老年女性多维贫困程度比城镇老年女性要严重。

表 6-2　　　　全国农村与城镇家庭老年女性多维贫困指数对比

K 值	多维贫困发生率		平均贫困剥夺份额		多维贫困指数	
	农村	城镇	农村	城镇	农村	城镇
1	91.04%	86.42%	0.4810	0.4570	0.4444	0.4025
2	43.52%	37.44%	0.5891	0.5845	0.2739	0.2248
3	11.09%	7.17%	0.6733	0.5409	0.0784	0.0477
4	1.82%	1.36%	0.2000	0.4000	0.0038	0.0015

东部地区农村与城镇家庭老年女性多维贫困指数测量结果的对比如表 6-3 所示。本书比较了 2010 年、2012 年、2014 年、2016 年和 2018 年东部地区农村与城镇家庭老年女性多维贫困指数测量结果的均值。从表中可以看出，当 $K=1\sim4$ 时，东部地区农村家庭老年女性多维贫困发生率、平均贫困剥夺份额和多维贫困指数均大于城镇老年女性，这表明，东部地区农村家庭老年女性多维贫困程度比城镇老年女性要严重。

表 6-3　　　　东部地区农村与城镇家庭老年女性多维贫困指数对比

K 值	多维贫困发生率		平均贫困剥夺份额		多维贫困指数	
	农村	城镇	农村	城镇	农村	城镇
1	89.95%	86.00%	0.4792	0.4544	0.4382	0.3982
2	43.38%	36.70%	0.5936	0.5864	0.2695	0.2201
3	10.79%	6.67%	0.4978	0.5410	0.0769	0.0448
4	1.54%	1.16%	0.2000	0.4000	0.0034	0.0010

　　中部地区农村与城镇家庭老年女性多维贫困指数测量结果的对比如表6-4所示。本书比较了2010年、2012年、2014年、2016年和2018年中部地区农村与城镇家庭老年女性多维贫困指数测量结果的均值。从表中可以看出，当$K=1\sim4$时，中部地区农村家庭老年女性多维贫困发生率、平均贫困剥夺份额和多维贫困指数均大于城镇老年女性，这表明，中部地区农村家庭老年女性多维贫困程度比城镇老年女性要严重。

表6-4　　中部地区农村与城镇家庭老年女性多维贫困指数对比

K值	多维贫困发生率		平均贫困剥夺份额		多维贫困指数	
	农村	城镇	农村	城镇	农村	城镇
1	90.32%	86.77%	0.4728	0.4600	0.4338	0.4073
2	41.67%	37.92%	0.5845	0.5843	0.2562	0.2292
3	9.08%	7.45%	0.5431	0.5562	0.0656	0.0503
4	1.33%	1.30%	0.2000	0.2000	0.0030	0.0016

　　西部地区农村与城镇家庭老年女性多维贫困指数测量结果的对比如表6-5所示。本书比较了2010年、2012年、2014年、2016年和2018年西部地区农村与城镇家庭老年女性多维贫困指数测量结果的均值。从表中可以看出，当$K=1\sim4$时，西部地区农村家庭老年女性多维贫困发生率、平均贫困剥夺份额和多维贫困指数均大于城镇老年女性，这表明，西部地区农村家庭老年女性多维贫困程度比城镇老年女性要严重。

表6-5　　西部地区农村与城镇家庭老年女性多维贫困指数对比

K值	多维贫困发生率		平均贫困剥夺份额		多维贫困指数	
	农村	城镇	农村	城镇	农村	城镇
1	93.41%	87.28%	0.4927	0.4608	0.4650	0.4096
2	48.65%	39.16%	0.5891	0.5796	0.3002	0.2334
3	13.80%	8.37%	0.6674	0.5114	0.0950	0.0533
4	3.39%	2.09%	0.2000	0.2000	0.0053	0.0033

三、农村与城镇家庭老年女性多维贫困指标贡献率对比分析

$K=2$ 时农村与城镇家庭老年女性多维贫困指标贡献率的对比如表 6-6 所示。表中数据为 2010 年、2012 年、2014 年、2016 年和 2018 年农村与城镇家庭老年女性多维贫困指标贡献率测量结果的均值。可以看出，农村与城镇家庭老年女性多维贫困指标贡献率存在一定的差异。

表 6-6 农村与城镇家庭老年女性多维贫困指标贡献率对比（$K=2$）

维度	指标	全国		东部		中部		西部	
		农村	城镇	农村	城镇	农村	城镇	农村	城镇
基本保障	经济保障	8.82	9.34	8.48	9.18	8.62	9.64	9.34	9.37
	医疗保障	3.78	4.36	4.42	4.71	3.55	4.11	3.22	3.51
	养老保障	7.64	6.88	8.22	6.65	7.70	7.25	6.93	6.99
健康	自评健康	12.02	11.79	11.88	11.92	11.97	11.16	12.18	12.27
	慢性病	6.31	6.78	5.67	6.81	6.77	6.95	6.69	6.31
	记忆力	9.26	8.77	9.18	8.38	9.39	9.27	9.24	9.36
精神生活	子女互动	7.41	8.12	7.68	8.36	7.31	7.76	6.74	7.89
	精神状态	8.77	7.59	8.33	7.47	8.70	7.16	9.65	8.71
	家庭地位	11.03	10.72	10.39	10.31	10.66	11.22	12.08	11.26
社交活动	手机使用	10.40	10.47	10.69	10.65	10.81	10.18	9.71	10.31
	邻里关系	14.66	15.45	15.24	15.77	14.76	15.63	13.94	14.36

从全国来看，农村与城镇家庭老年女性指标多维贫困贡献率最高的均为邻里关系指标，分别为 14.66% 和 15.45%，其次为自评健康指标，其对农村老年女性与城镇老年女性多维贫困的贡献率分别为 12.02% 和 11.79%；经济保障、养老保障、慢性病、记忆力、子女互动、家庭地位和手机使用这 7 个指标对农村与城镇老年女性的贡献率基本一致，在这 7 个指标中，农村老年女性的经济保障、养老保障、慢性病、子女互动和手机

使用指标对多维贫困贡献率略小于城镇老年女性的，而记忆力和家庭地位指标对多维贫困贡献率略大于城镇老年女性的；医疗保险指标对农村老年女性多维贫困贡献率明显小于其对城镇老年女性的多维贫困贡献率，小了13.3%。而精神状态指标对农村老年女性多维贫困贡献率明显大于其对城镇老年女性的，多达15.5%。

　　从东部地区农村来看，农村与城镇家庭老年女性指标多维贫困贡献率最高的均为邻里关系指标，分别为15.24%和15.77%，其次为自评健康指标，其对农村老年女性与城镇老年女性多维贫困贡献率分别为11.88%和11.92%；经济保障、医疗保障、记忆力、子女互动、精神状态、家庭地位和手机使用这7个指标对农村与城镇老年女性的多维贫困贡献率基本一致，在这7个指标中，农村老年女性的经济保障、医疗保障和子女互动指标对多维贫困贡献率略小于城镇老年女性的，而记忆力、精神状态、家庭地位和手机使用指标对多维贫困贡献率略大于城镇老年女性的；农村老年女性的慢性病指标对多维贫困贡献率明显小于城镇老年女性的，小了16.7%。而农村老年女性的养老保障指标对多维贫困贡献率明显大于城镇老年女性的，多达23.6%。

　　从中部地区农村来看，农村与城镇家庭老年女性指标多维贫困贡献率最高的均为邻里关系指标，分别为14.76%和15.63%，其次对农村老年女性多维贫困贡献率较高的是自评健康指标，为11.97%，对城镇老年女性多维贫困贡献率较高的是家庭地位指标，为11.22%；经济保障、养老保障、慢性病、记忆力、子女互动和手机使用这6个指标对农村与城镇老年女性的多维贫困贡献率基本一致，在这6个指标中，农村老年女性的经济保障、慢性病和子女互动指标对多维贫困贡献率略小于城镇老年女性的，而养老保障、记忆力和手机使用指标对多维贫困贡献率略大于城镇老年女性的；农村老年女性的医疗保障指标对多维贫困贡献率明显小于城镇老年女性的，小了13.6%。而农村老年女性的精神状态指标对多维贫困贡献率明显大于城镇老年女性的，多达21.5%。

　　从西部地区农村来看，农村与城镇家庭老年女性指标多维贫困贡献率最高的均为邻里关系指标,分别为 13.94% 和 14.36%,其次为自评健康指标,其对农村老年女性与城镇老年女性多维贫困贡献率分别为 12.18% 和 12.27%;经济保障、医疗保障、养老保障、记忆力、慢性病、精神状态、家庭地位和手机使用这 8 个指标对农村与城镇老年女性的多维贫困贡献率基本一致,在这 8 个指标中,农村老年女性的经济保障、医疗保障、养老保障、记忆力和手机使用指标对多维贫困贡献率略小于城镇老年女性的,而慢性病、精神状态和家庭地位指标对多维贫困贡献率略大于城镇老年女性的;农村老年女性的子女互动指标对多维贫困贡献率明显小于城镇老年女性的,小了 14.6%。

$K = 3$ 时农村与城镇家庭老年女性多维贫困指标贡献率的对比如表 6-7 所示。表中数据为 2010 年、2012 年、2014 年、2016 年和 2018 年农村与城镇家庭老年女性多维贫困指标贡献率测量结果的均值。可以看出,农村与城镇家庭老年女性多维贫困指标贡献率存在一定的差异。

表 6-7　农村与城镇家庭老年女性多维贫困指标贡献率对比($K = 3$)

维度	指标	全国		东部		中部		西部	
		农村	城镇	农村	城镇	农村	城镇	农村	城镇
基本保障	经济保障	9.02	7.32	6.93	7.41	6.76	7.12	9.30	7.51
	医疗保障	2.99	3.57	2.84	3.94	3.29	3.00	2.26	3.17
	养老保障	7.63	5.59	5.43	5.74	5.79	4.89	7.71	6.75
健康	自评健康	10.17	7.83	7.91	7.96	8.26	7.96	10.10	7.27
	慢性病	7.54	5.12	4.82	4.85	5.89	5.57	8.19	5.24
	记忆力	8.55	6.22	6.89	6.13	6.25	6.16	8.04	6.65
精神生活	子女互动	8.27	6.15	5.86	6.21	6.68	6.37	8.17	5.38
	精神状态	8.94	6.35	7.50	6.27	6.21	6.55	8.95	6.13
	家庭地位	9.63	7.63	7.15	7.41	7.05	7.94	10.41	7.80
社交活动	手机使用	13.62	13.94	15.93	13.63	13.19	13.98	12.49	14.70
	邻里关系	15.41	12.20	12.30	12.24	11.98	12.19	15.61	12.26

从全国来看，农村家庭老年女性指标多维贫困贡献率最高的是邻里关系指标，为 15.41%，而对城镇老年女性指标多维贫困贡献率最高的是手机使用指标，为 13.94%；农村老年女性养老保障、自评健康、慢性病、记忆力、子女互动和精神状态这 6 个指标对多维贫困贡献率明显高于城镇老年女性的，均超过 30%；农村老年女性经济保障和家庭地位指标多维贫困贡献率分别比城镇老年女性的高 23.2% 和 26.2%；农村老年女性仅医疗保障指标多维贫困贡献率明显低于城镇老年女性的，低了 16.2%。

从东部地区农村来看，农村与城镇家庭老年女性指标多维贫困贡献率最高的均为手机使用指标，分别为 15.93% 和 13.63%，其次为邻里关系指标，其对农村老年女性与城镇老年女性多维贫困的贡献率分别为 12.30% 和 12.24%；经济保障、养老保障、自评健康、慢性病、记忆力、子女互动和家庭地位这 7 个指标对农村与城镇老年女性的多维贫困贡献率基本一致，在这 7 个指标中，农村老年女性的经济保障、养老保障、自评健康、慢性病、子女互动和家庭地位指标对多维贫困贡献率略小于城镇老年女性的，而记忆力指标对多维贫困的贡献率略大于城镇老年女性的；农村老年女性的医疗保障指标对多维贫困贡献率明显小于其对城镇老年女性的多维贫困贡献率，小了 27.9%。而农村老年女性的精神状态指标对多维贫困贡献率明显大于其对城镇老年女性的，多达 19.6%。

从中部地区农村来看，农村与城镇家庭老年女性指标多维贫困贡献率最高的均为手机使用指标，分别为 13.19% 和 13.98%，其次对农村老年女性多维贫困贡献率较高的是邻里关系指标，分别为 11.98% 和 12.19%；经济保障、医疗保障、自评健康、慢性病、记忆力、子女互动、精神状态和家庭地位这 8 个指标对农村与城镇老年女性的多维贫困贡献率基本一致，在这 8 个指标中，农村老年女性的经济保障、精神状态和家庭地位指标对多维贫困贡献率略小于城镇老年女性的，而医疗保障、自评健康、慢性病、记忆力和子女互动对多维贫困贡献率略大于城镇老年女性的；农村老年女性的养老保障指标对多维贫困贡献率明显大于其对城镇老年女性的，多达 18.4%。

从西部地区农村来看，对农村家庭老年女性指标多维贫困贡献率最高的是邻里关系指标，为 15.61%，而对城镇家庭老年女性指标多维贫困贡献率最高的是手机使用指标，为 14.7%；农村老年女性自评健康、慢性病、子女互动、精神状态和家庭地位这 5 个指标对多维贫困贡献率明显高于城镇老年女性的，均超过 30%；农村老年女性经济保障、记忆力和养老保障指标贡献率分别比城镇老年女性的高 23.8%、20.9% 和 14.2%；农村老年女性仅医疗保障指标贡献率明显低于城镇老年女性的，低了 28.7%。

四、农村与城镇家庭老年女性多维贫困动态性对比分析

农村与城镇家庭老年女性处于从不贫困状态的比例如表 6-8 所示，可以看出，农村与城镇家庭老年女性处于从不贫困状态的比例有明显的差异。

表 6-8　　农村与城镇家庭老年女性处于从不贫困状态的比例(%)

K 值	全国		东部地区		中部地区		西部地区	
	农村	城镇	农村	城镇	农村	城镇	农村	城镇
1	0.00	0.07	0.00	0.00	0.00	0.00	0.00	0.42
2	3.18	11.20	2.51	13.15	4.71	9.38	2.40	7.53
3	51.42	68.72	53.10	70.84	58.46	67.71	41.11	63.18
4	91.01	93.28	92.29	94.29	93.58	93.49	86.30	89.54

从全国农村来看，当 $K=1$ 时，全国农村与城镇家庭老年女性处于从不贫困状态比例的差异较小，农村老年女性处于从不贫困状态的比例为 0，城镇老年女性处于从不贫困状态的比例为 0.07%；当 $K=2$ 和 $K=3$ 时，全国农村与城镇家庭老年女性处于从不贫困状态的差异明显，$K=2$ 时，农村老年女性处于从不贫困状态的比例为 3.18%，城镇老年女性处于从不贫困状态的比例比农村老年女性高 8.02 个百分点；$K=3$ 时，农村老年女性处

于从不贫困状态的比例为 51. 42%，城镇老年女性处于从不贫困状态的比例比农村老年女性高 17. 3 个百分点，达 68. 72%；当 $K=4$ 时，农村与城镇家庭老年女性处于从不贫困状态的比例相差不大，均接近 91%，农村老年女性从不贫困状态的比例比城镇老年女性略低。

从东部地区农村来看，当 $K=1$ 时，东部地区农村与城镇家庭老年女性处于从不贫困状态的比例均为 0；当 $K=2$ 和 $K=3$ 时，东部地区农村与城镇家庭老年女性处于从不贫困状态的差异明显，$K=2$ 时，农村老年女性处于从不贫困状态的比例为 2. 51%，城镇老年女性处于从不贫困状态的比例比农村老年女性高 10. 64 个百分点；$K=3$ 时，农村老年女性处于从不贫困状态的比例为 53. 10%，城镇老年女性处于从不贫困状态的比例比农村老年女性高 17. 74 个百分点，达 70. 84%；当 $K=4$ 时，农村与城镇家庭老年女性处于从不贫困状态的比例相差不大，均超过 92%，农村老年女性从不贫困状态的比例比城镇老年女性略低。

从中部地区农村来看，当 $K=1$ 时，中部地区农村与城镇家庭老年女性处于从不贫困状态比例均为 0；当 $K=2$ 和 $K=3$ 时，中部地区农村与城镇家庭老年女性处于从不贫困状态的差异较明显，$K=2$ 时，农村老年女性处于从不贫困状态的比例为 4. 71%，城镇老年女性处于从不贫困状态的比例比老年女性高 4. 67 个百分点；$K=3$ 时，农村老年女性处于从不贫困状态的比例为 58. 46%，城镇老年女性处于从不贫困状态的比例比农村老年女性高 9. 25 个百分点，为 67. 71%；当 $K=4$ 时，农村与城镇家庭老年女性处于从不贫困状态的比例相差不大，均超过 93%，农村老年女性从不贫困状态的比例比城镇老年女性略高。

从西部地区农村来看，当 $K=1$ 时，西部地区农村与城镇家庭老年女性处于从不贫困状态比例的差异较小，农村老年女性处于从不贫困状态的比例为 0，城镇老年女性处于从不贫困状态的比例为 0. 42%；当 $K=2$ 和 $K=3$ 时，农村与城镇家庭老年女性处于从不贫困状态的差异明显，$K=2$ 时，农村老年女性处于从不贫困状态的比例为 2. 40%，城镇老年女性处于从不贫困状态的比例比农村老年女性高 5. 13 个百分点；$K=3$ 时，农村老年女性处于从不贫困状态的比例为 41.11%，城镇老年女性处于从不贫困状态的比例比农村老年女性高 22.07 个百分点，为 63.18%；当 $K = 4$ 时，农村与城镇家庭老年女性处于从不贫困状态的比例相差不大，均在 90% 左右，农村老年女性从不贫困状态的比例比城镇老年女性略低。

　　农村与城镇家庭老年女性处于暂时贫困状态的比例如表 6-9 所示，可以看出，农村与城镇家庭老年女性处于暂时贫困状态的比例有明显的差异。

表 6-9　　农村与城镇家庭老年女性处于暂时贫困状态的比例(%)

K 值	全国农村		东部地区		中部地区		西部地区	
	农村	城镇	农村	城镇	农村	城镇	农村	城镇
1	1.22	3.43	2.01	3.23	1.28	3.91	0.00	3.35
2	58.65	60.81	62.14	59.06	62.31	63.28	49.52	62.76
3	47.91	30.93	46.06	29.03	41.11	31.25	58.17	36.82
4	8.99	6.72	7.71	5.71	6.42	6.51	13.70	10.46

　　从全国农村来看，当 $K = 1$ 时，全国农村家庭老年女性处于暂时贫困状态的比例为 1.22%，城镇老年女性处于暂时贫困状态的比例为 3.43%，比农村老年女性的比例高 2.21 个百分点；当 $K = 2$ 时，全国农村家庭老年女性处于暂时贫困状态的比例为 58.65%，城镇老年女性处于暂时贫困状态的比例比农村老年女性高 2.16 个百分点；当 $K = 3$ 时，农村老年女性处于暂时贫困状态的比例为 47.91%，城镇老年女性处于暂时贫困状态的比例比农村老年女性低 16.98 个百分点，为 30.93%；当 $K = 4$ 时，农村家庭老年女性处于暂时贫困状态的比例为 8.99%，城镇老年女性处于暂时贫困状态的比例比农村老年女性低 2.27 个百分点，为 6.72%。

　　从东部地区农村来看，当 $K = 1$ 时，东部地区农村家庭老年女性处于暂时贫困状态的比例为 2.01%，城镇老年女性处于暂时贫困状态的比例为 3.23%，比农村老年女性的比例高 1.22 个百分点；当 $K = 2$ 时，农村家庭老年女性处于暂时贫困状态的比例为 62.14%，城镇老年女性处于暂时贫困状态的比例比农村老年女性低 3.08 个百分点；当 $K=3$ 时，农村老年女性处于暂时贫困状态的比例为 46.06%，城镇老年女性处于暂时贫困状态的比例比农村老年女性低 17.03 个百分点，为 29.03%；当 $K=4$ 时，农村家庭老年女性处于暂时贫困状态的比例为 7.71%，城镇老年女性处于暂时贫困状态的比例比农村老年女性低 2 个百分点，为 5.71%。

从中部地区农村来看，当 $K=1$ 时，中部地区农村家庭老年女性处于暂时贫困状态的比例为 1.28%，城镇老年女性处于暂时贫困状态的比例为 3.91%，比农村老年女性的比例高 2.63 个百分点；当 $K=2$ 时，农村家庭老年女性处于暂时贫困状态的比例为 62.31%，城镇老年女性处于暂时贫困状态的比例比农村老年女性高 0.97 个百分点；当 $K=3$ 时，农村老年女性处于暂时贫困状态的比例为 41.11%，城镇老年女性处于暂时贫困状态的比例比农村老年女性低 9.86 个百分点，为 31.25%；当 $K=4$ 时，农村家庭老年女性处于暂时贫困状态的比例为 6.42%，城镇老年女性处于暂时贫困状态的比例比农村老年女性低 0.09 个百分点，为 6.51%。

从西部地区农村来看，当 $K=1$ 时，西部地区农村家庭老年女性处于暂时贫困状态的比例为 0，城镇老年女性处于暂时贫困状态的比例为 3.35%；当 $K=2$ 时，农村家庭老年女性处于暂时贫困状态的比例为 49.52%，城镇老年女性处于暂时贫困状态的比例比农村老年女性高 13.24 个百分点；当 $K=3$ 时，农村老年女性处于暂时贫困状态的比例为 58.17%，城镇老年女性处于暂时贫困状态的比例比农村老年女性低 21.35 个百分点，为 36.82%；当 $K=4$ 时，农村家庭老年女性处于暂时贫困状态的比例为 13.70%，城镇老年女性处于暂时贫困状态的比例比农村老年女性低 3.24 个百分点，为 10.46%。

农村与城镇家庭老年女性处于慢性贫困状态的比例如表 6-10 所示，可以看出，农村与城镇家庭老年女性处于慢性贫困状态的比例有明显的差异。

表6-10　农村与城镇家庭老年女性处于慢性贫困状态的比例（%）

K值	全国农村		东部地区		中部地区		西部地区	
	农村	城镇	农村	城镇	农村	城镇	农村	城镇
1	98.78	96.50	97.99	96.77	98.72	96.09	100.0	96.23
2	38.18	27.99	35.34	27.79	32.98	27.34	48.08	29.71
3	0.68	0.35	0.84	0.12	0.43	1.04	0.72	0.00
4	0.00	0.00	0.00	0.00	0.00	0.00	0.00	0.00

从全国农村来看，当 $K=1$ 时，全国农村家庭老年女性处于慢性贫困状态的比例为98.78%，城镇老年女性处于慢性贫困状态的比例为96.50%，比农村老年女性的比例低2.28个百分点；当 $K=2$ 时，全国农村家庭老年女性处于慢性贫困状态的比例为38.18%，城镇老年女性处于慢性贫困状态的比例比农村老年女性低10.19个百分点，为27.99%；当 $K=3$ 时，全国农村家庭老年女性处于慢性贫困状态的比例为0.68%，城镇老年女性处于慢性贫困状态的比例为0.35%；当 $K=4$ 时，农村与城镇家庭老年女性均不存在慢性贫困的状态。

从东部地区农村来看，当 $K=1$ 时，东部地区农村家庭老年女性处于慢性贫困状态的比例为97.99%，城镇老年女性处于慢性贫困状态的比例为96.77%，比农村老年女性的比例低1.22个百分点；当 $K=2$ 时，农村家庭老年女性处于慢性贫困状态的比例为35.34%，城镇老年女性处于慢性贫困状态的比例比农村老年女性低7.55个百分点，为27.79%；当 $K=3$ 时，农村家庭老年女性处于慢性贫困状态的比例为0.84%，城镇老年女性处于慢性贫困状态的比例为0.12%；当 $K=4$ 时，农村与城镇家庭老年女性均不存在慢性贫困的状态。

从中部地区农村来看，当 $K=1$ 时，中部地区农村家庭老年女性处于慢性贫困状态的比例为98.72%，城镇老年女性处于慢性贫困状态的比例为96.09%，比农村老年女性的比例低2.63个百分点；当 $K=2$ 时，农村家庭老年女性处于慢性贫困状态的比例为32.98%，城镇老年女性处于慢性贫困状态的比例比农村老年女性低5.64个百分点，为27.34%；当 $K=3$ 时，农村家庭老年女性处于慢性贫困状态的比例为 0.43%，城镇老年女性处于慢性贫困状态的比例为 1.04%；当 $K=4$ 时，农村与城镇家庭老年女性均不存在慢性贫困的状态。

从西部地区农村来看，当 $K=1$ 时，西部地区农村家庭老年女性处于慢性贫困状态的比例为 100%，城镇老年女性处于慢性贫困状态的比例为 96.23%，比农村老年女性的比例低 3.77 个百分点；当 $K=2$ 时，农村家庭老年女性处于慢性贫困状态的比例为 48.08%，城镇老年女性处于慢性贫困状态的比例比农村老年女性低 18.37 个百分点，为 29.71%；当 $K=3$ 时，西部农村家庭老年女性处于慢性贫困状态的比例为 0.72%，城镇老年女性不存在处于慢性贫困状态的比例；当 $K=4$ 时，农村与城镇家庭老年女性均不存在慢性贫困的状态。

第二节 农村与城镇家庭成年女性多维贫困对比分析

一、农村与城镇家庭成年女性多维贫困发生率对比分析

农村与城镇家庭成年女性多维贫困发生率的对比情况如表 6-11 所示。本书比较了全国、东部、中部和西部地区农村与城镇家庭成年女性的均值。从对比结果可以看出，全国、东部、中部和西部地区农村与城镇家庭成年女性多维贫困发生率存在明显的差异。

表 6-11　农村与城镇家庭成年女性各指标多维贫困发生率对比（均值%）

维度	指标	全国		东部地区		中部地区		西部地区	
		农村	城镇	农村	城镇	农村	城镇	农村	城镇
经济	个人收入	88.34	72.66	81.83	68.04	85.54	75.60	88.45	78.60
	工作情况	72.49	35.61	64.99	28.26	73.35	35.79	78.83	51.82
	基本保障	4.84	7.39	5.43	7.63	4.72	9.41	4.39	3.79

续表

维度	指标	全国		东部地区		中部地区		西部地区	
		农村	城镇	农村	城镇	农村	城镇	农村	城镇
健康	自评健康	59.99	56.62	58.26	54.92	58.94	57.07	62.41	59.75
	BMI 指数	9.77	8.33	7.51	7.08	7.71	7.45	13.40	12.46
	慢性病	15.58	13.82	12.72	12.48	14.56	14.76	19.05	15.40
人文	教育程度	91.19	63.43	89.02	60.64	90.49	61.19	93.76	73.09
	信息获取	34.78	30.28	30.25	28.62	33.56	28.68	39.98	36.42
	理解能力	6.71	3.33	4.71	3.05	6.55	2.61	8.71	5.05
精神生活	新闻关注	47.63	35.32	41.36	33.40	50.62	34.90	51.17	40.28
	互联网娱乐	80.29	57.10	77.03	53.31	78.51	56.58	84.73	66.39
	生活满意度	11.83	11.37	12.29	10.68	10.18	11.57	12.70	12.60
社会关系权利	社会地位	26.39	31.49	28.59	31.49	24.18	32.50	26.06	29.96
	人际关系	11.65	10.83	10.12	10.18	10.28	10.06	14.14	13.44
	家庭决策权	64.39	63.56	61.03	63.67	60.77	60.70	70.36	67.61
	财产权	92.12	85.40	92.10	84.71	93.53	85.77	91.03	86.39

从全国农村与城镇家庭成年女性多维贫困发生率对比来看,全国农村成年女性的个人收入、工作情况、自评健康、慢性病、BMI 指数、教育程度、信息获取、理解能力、新闻关注、互联网娱乐、生活满意度、人际关系、家庭决策权和财产权 14 个指标,其多维贫困发生率均大于城镇成年女性的。其中,工作情况、教育程度、理解能力和互联网娱乐这 4 个指标的贫困发生率相差较大。第一,工作情况指标尤为明显,农村成年女性是城镇成年女性的 2.04 倍,农村成年女性在工作指标上的贫困发生率最为严重,农村成年女性的理解能力、教育程度和互联网娱乐指标的多维贫困发生率是城镇成年女性的 2.01 倍、1.43 倍和 1.41 倍,反映出农村家庭成年女性普遍受教育程度、理解表达能力、使用互联网方面比城镇成年女性低;第二,为新闻关注和个人收入指标,农村成年女性这两项指标的多维

贫困发生率是城镇成年女性的 1.35 倍和 1.22 倍，反映了相比城镇成年女性来说，农村成年女性日常生活中更少关注社会、政策等方面的新闻，而且农村成年女性的个人收入明显比城镇成年女性低，农村成年女性缺乏独立的经济来源；第三，农村成年女性自评健康、BMI 指数、慢性病指标的多维贫困发生率较城镇成年女性略高，说明整体上城镇成年女性的健康较农村成年女性好，农村成年女性家庭决策权和财产权指标均高于城镇成年女性的，说明农村成年女性在权利维度上比城镇成年女性更易贫困；第四，农村家庭成年女性基本保障和社会地位指标的贫困发生率小于城镇成年女性的该项指标的贫困发生率，说明了在推进农村发展的工作中，新农合、新农保已较为普及，大多数农村成年女性享受了基本保障的福利政策。农村聚居人群具有一定的地缘、亲缘关系，而城镇为独立居住方式，因此农村成年女性在居住地具有一定的社会地位。

从东部地区农村家庭成年女性与城镇成年女性多维贫困发生率对比来看，东部地区农村成年女性的个人收入、工作情况、自评健康、慢性病、BMI 指数、教育程度、信息获取、理解能力、新闻关注、互联网娱乐、生活满意度和财产权 12 个指标，其多维贫困发生率均大于城镇成年女性的。其中，工作情况、理解能力、教育程度和互联网娱乐这 4 个指标的贫困发生率相差较大。第一，工作情况指标尤为明显，东部地区农村成年女性是城镇成年女性的 2.30 倍，说明东部地区农村和城镇成年女性工作情况差异更为明显，农村成年女性的理解能力、教育程度和互联网娱乐指标的多维贫困发生率是城镇成年女性的 1.54 倍、1.46 倍和 1.44 倍，反映出农村家庭成年女性普遍受教育程度、理解表达能力、使用互联网方面比城镇成年女性低；第二，为新闻关注和个人收入指标，农村成年女性这两项指标的多维贫困发生率是城镇成年女性的 1.24 倍和 1.20 倍，反映了相比城镇成年女性来说，农村成年女性日常生活中更少关注社会、政策等方面的新闻，且她们相较城镇成年女性而言缺乏独立的经济来源；第三，农村成年女性自评健康、BMI 指数、慢性病和生活满意度指标多维贫困发生率均略高于城镇成年女性的，说明城镇成年女性身体状况较好，她们比农村成年女性对生活更为满意；第四，农村成年女性基本保障、社会地位、人际关系和家庭决策权 4 个指标的贫困发生率低于城镇成年女性的，反映出农村成年女性普遍享受基本保障的福利政策，在具有地缘亲缘的农村社区环境中有一定的社会地位，而随着农村男性的外出增多，农村成年女性更多地参与到家庭中的事项决策中。

从中部地区农村家庭成年女性与城镇成年女性多维贫困发生率对比来看，中部地区农村成年女性的个人收入、工作情况、自评健康、慢性病、BMI 指数、教育程度、信息获取、理解能力、新闻关注、互联网娱乐、人际关系、家庭决策权和财产权 13 个指标，其多维贫困发生率均大于城镇成年女性的。其中，理解能力、工作情况、教育程度和新闻关注这 4 个指标的贫困发生率相差较大。第一，理解能力指标尤为明显，为 2.51 倍，即对于中部地区来说，农村家庭成年女性在对问题的综合理解能力、语言表达能力上比城镇成年女性更弱，农村成年女性的工作情况、教育程度和新闻关注指标的多维贫困发生率分别是城镇成年女性的 2.05 倍、1.49 倍和 1.45 倍，反映农村成年女性相比城镇成年女性来说，她们更少外出工作，受教育程度更低，对社会发展、相关政策推动等方面的新闻关注度较低；第二，为互联网娱乐、信息获取和个人收入指标指标，农村成年女性这 3 项指标的多维贫困发生率分别是城镇成年女性的 1.39 倍、1.17 倍和 1.13 倍，反映了中部地区农村成年女性相较城镇成年女性来说，她们信息获取的能力和程度较为贫乏，更易缺乏个人经济收入来源；第三，农村成年女性自评健康、BMI 指数、人际关系、家庭决策权和财产权 5 个指标多维贫困发生率略高于城镇成年女性的，说明中部地区农村和城镇成年女性在健康和权利维度上的差异不明显；第四，中部地区农村家庭成年女性的基本保障、慢性病、生活满意度和社会地位 4 个指标的贫困发生率小于城镇成年女性的，反映出农村家庭成年女性普遍享受了基本保障的福利政策，整体上对自己的生活有较好的满意度，在具有地缘亲缘的农村社区具有一定的社会地位。

从西部地区农村与城镇家庭成年女性多维贫困发生率对比来看，西部地区农村成年女性的个人收入、工作情况、基本保障、自评健康、慢性病、BMI 指数、教育程度、信息获取、理解能力、新闻关注、互联网娱乐、生活满意度、人际关系、家庭决策权和财产权 15 个指标，其多维贫困发生率均大于城镇成年女性的。其中，理解能力、工作情况、教育程度、互联网娱乐和新闻关注这 5 个指标的贫困发生率相差较大。第一，理解能力指标尤为明显，为 1.72 倍，说明西部农村、城镇成年女性在理解表达能力上较上述其他地区弱，农村成年女性更为明显，农村成年女性的工作情况、教育程度、互联网娱乐和新闻关注 4 个指标的多维贫困发生率分别是城镇成年女性的 1.52 倍、1.28 倍、1.28 倍和 1.27 倍，反映出西部地区农村成年女性相比城镇成年女性来说，外出工作的更少，受教育程度低，运用互联网进行娱乐的概率更少，且她们对社会发展、相关政策推动等方面的新闻关注度也较低；第二，农村成年女性的基本保障和个人收入相较城镇成年女性略高，分别是城镇成年女性的 1.16 倍和 1.13 倍，说明西部地区农村成年女性在基本保障方面比上述其他地区都要弱，个人收入也更弱；第三，农村成年女性自评健康、BMI 指数、信息获取、生活满意度、人际关系、家庭决策权和财产权 7 个指标比城镇成年女性的略高，反映了西部地区农村成年女性和城镇成年女性在健康和权利维度上的贫困发生率差异不明显；第四，西部地区农村家庭成年女性社会地位指标的贫困发生率小于城镇成年女性的该项指标的贫困发生率，反映出在具有人缘地缘的农村社区环境中，成年女性社会地位略高。

二、农村与城镇家庭成年女性多维贫困指数对比分析

全国农村与城镇家庭成年女性多维贫困测量结果的对比如表 6-12 所示。本书比较了 2010 年、2012 年、2014 年、2016 年和 2018 年的全国农村和城镇家庭成年女性多维贫困指数测量结果的均值。可以发现，当 $K = 1 \sim 5$ 时，农村家庭成年女性的多维贫困发生率、平均贫困剥夺份额和多维贫困指数均大于城镇成年女性的，这表明，全国农村家庭成年女性多维贫困程度比城镇成年女性多维贫困程度严重。

表 6-12　　全国农村与城镇家庭成年女性多维贫困指数对比

K 值	多维贫困发生率		平均贫困剥夺份额		多维贫困指数	
	农村	城镇	农村	城镇	农村	城镇
1	99.62%	94.91%	0.4525	0.3930	0.4508	0.3737
2	87.38%	67.17%	0.4774	0.4505	0.4181	0.3039
3	38.64%	22.08%	0.5646	0.5575	0.2191	0.1237
4	4.38%	1.92%	0.7063	0.7067	0.0311	0.0136
5	1.79%	0.08%	0.5107	0.6861	0.0164	0.0006

表 6-13 为东部地区农村与城镇家庭成年女性多维贫困测量结果的对比。本书比较了 2010 年、2012 年、2014 年、2016 年和 2018 年的东部地区农村和城镇家庭成年女性多维贫困指数测量结果的均值。可以发现，当 $K = 1 \sim 5$ 时，农村家庭成年女性的多维贫困发生率、平均贫困剥夺份额和多维贫困指数均大于城镇成年女性的，这表明，东部地区农村家庭成年女性多维贫困程度比城镇成年女性多维贫困程度严重。

表 6-13　　东部地区农村与城镇家庭成年女性多维贫困指数对比

K 值	多维贫困发生率		平均贫困剥夺份额		多维贫困指数	
	农村	城镇	农村	城镇	农村	城镇
1	99.50%	94.06%	0.4310	0.3784	0.4289	0.3567
2	83.10%	62.91%	0.4623	0.4413	0.3852	0.2791
3	30.38%	18.01%	0.5636	0.5538	0.1717	0.1004
4	3.32%	1.56%	0.7090	0.7008	0.0235	0.0110
5	0.04%	0.03%	0.3444	0.3389	0.0003	0.0003

中部地区农村与城镇家庭成年女性多维贫困测量结果的对比如表 6-14 所示。本书比较了 2010 年、2012 年、2014 年、2016 年和 2018 年的中部地区农村和城镇家庭成年女性多维贫困指数测量结果的均值。可以发现，当

$K=1\sim5$ 时，农村家庭成年女性的多维贫困发生率、平均贫困剥夺份额和多维贫困指数均大于城镇成年女性的，这表明，中部地区农村家庭成年女性多维贫困程度比城镇成年女性多维贫困程度严重。

表 6-14　　中部地区农村与城镇家庭成年女性多维贫困指数对比

K 值	多维贫困发生率		平均贫困剥夺份额		多维贫困指数	
	农村	城镇	农村	城镇	农村	城镇
1	99.46%	94.83%	0.4450	0.3918	0.4427	0.3721
2	86.96%	67.10%	0.4695	0.4481	0.4091	0.2571
3	35.39%	21.26%	0.5600	0.5541	0.1990	0.1183
4	3.40%	1.35%	0.7048	0.7045	0.0242	0.0095
5	0.13%	0.05%	0.3389	0.3444	0.0011	0.0004

西部农村与城镇家庭成年女性多维贫困测量结果的对比如表 6-15 所示。本书比较了 2010 年、2012 年、2014 年、2016 年和 2018 年的西部地区农村和城镇家庭成年女性多维贫困指数测量结果的均值。可以发现，当 $K=1\sim5$ 时，农村家庭成年女性的多维贫困发生率、平均贫困剥夺份额和多维贫困指数均大于城镇成年女性的，这表明，西部地区农村家庭成年女性多维贫困程度比城镇成年女性多维贫困程度严重。

表 6-15　　西部地区农村与城镇家庭成年女性多维贫困指数对比

K 值	多维贫困发生率		平均贫困剥夺份额		多维贫困指数	
	农村	城镇	农村	城镇	农村	城镇
1	99.86%	96.95%	0.4782	0.4268	0.4776	0.4144
2	91.71%	76.84%	0.4961	0.4705	0.4557	0.3629
3	48.91%	32.42%	0.5677	0.5652	0.2791	0.1841
4	6.14%	3.58%	0.7052	0.7156	0.0436	0.0257
5	0.38%	0.21%	0.5070	0.5167	0.0032	0.0018

三、农村与城镇家庭成年女性多维贫困指标贡献率对比分析

$K=2$ 时农村与城镇成年女性多维贫困指标贡献率的对比如表 6-16 所示。本书比较了 2010 年、2012 年、2014 年、2016 年和 2018 年农村与城镇家庭成年女性多维贫困指标贡献率测量结果的均值。可以发现，农村与城镇家庭成年女性多维贫困指标贡献率存在一定的差异。

表 6-16　农村与城镇家庭成年女性多维贫困指标贡献率对比（$K=2$）

维度	指标	全国		东部		中部		西部	
		农村	城镇	农村	城镇	农村	城镇	农村	城镇
经济	个人收入	10.44	10.54	10.49	10.43	10.65	10.85	10.26	10.32
	工作情况	8.96	5.91	8.44	5.05	9.21	5.86	9.20	7.44
	基本保障	0.59	1.09	0.72	1.16	0.59	1.51	0.50	0.45
健康	自评健康	7.43	7.86	7.61	7.83	7.41	7.98	7.30	7.75
	BMI 指数	1.21	1.20	0.96	1.03	0.96	1.08	1.58	1.63
	慢性病	2.03	2.14	1.79	2.02	1.91	2.31	2.30	2.13
人文	教育程度	11.02	9.76	11.18	9.86	11.17	9.46	10.78	9.97
	信息获取	4.26	4.36	3.93	4.23	4.18	4.18	4.56	4.81
	理解能力	0.87	0.57	0.67	0.55	0.87	0.46	1.02	0.73
精神生活	新闻关注	6.09	5.56	5.60	5.51	6.61	5.54	6.11	5.70
	互联网娱乐	9.82	8.71	9.87	8.65	9.80	8.50	9.78	9.06
	生活满意度	1.54	1.89	1.74	1.92	1.35	1.94	1.50	1.79
社会关系权利	社会地位	5.16	7.55	6.07	8.05	4.80	7.84	4.69	6.33
	人际关系	2.23	2.61	2.07	2.58	1.97	2.43	2.51	2.85
	家庭决策权	11.97	13.23	11.89	13.70	11.55	12.76	12.30	13.00
	财产权	16.40	17.04	16.96	17.44	16.93	17.29	15.59	16.04

从全国农村来看，第一，指标贡献率最高的表现一致，农村和城镇家庭成年女性多维贫困指标贡献率最高的均是家庭决策权和财产权指标，说

明对农村和城镇家庭成年女性来说，多维贫困贡献率最高的均是权利维度；第二，指标贡献率差异最为明显的是工作情况、理解能力和教育程度指标，农村成年女性这3项指标的贡献率明显高于城镇成年女性的，分别高了51.61%、52.63%和13%，进一步印证了相比城镇女性而言，农村成年女性理解表达能力较弱，外出工作的更少；第三，农村成年女性的基本保障、社会地位、生活满意度和人际关系指标对多维贫困指数的贡献率明显小于城镇成年女性的这四项指标，分别小了45.87%、31.66%、18.52%和14.56%；第四，农村成年女性的个人收入、自评健康、BMI指数、慢性病、信息获取这5个指标的贡献率和城镇成年女性差异不明显。

从东部地区农村来看，第一，指标贡献率最高的表现一致，农村和城镇家庭成年女性多维贫困指标贡献率最高的均是家庭决策权和财产权指标，说明对东部地区农村和城镇家庭成年女性来说，多维贫困贡献率最高的均是权利维度；第二，指标贡献率差异最为明显的是工作情况、理解能力和互联网娱乐指标，农村成年女性这3项指标的贡献率明显高于城镇成年女性的，分别高了67.13%、21.82%和14%，进一步印证了相比城镇成年女性而言，农村成年女性理解表达能力较弱，外出工作的更少，而且农村成年女性互联网的使用方面更低；第三，农村成年女性的基本保障、社会地位和人际关系指标对多维贫困指数的贡献率明显小于城镇成年女性的这三项指标，分别小了37.93%、24.60%和19.77%；第四，农村成年女性的个人收入、自评健康、BMI指数、信息获取和生活满意度这5个指标的贡献率和城镇成年女性差异不明显。

从中部地区农村来看，第一，指标贡献率最高的表现一致，农村和城镇家庭成年女性多维贫困指标贡献率最高的均是家庭决策权和财产权指标，说明和上述地区类似，对中部地区农村和城镇家庭成年女性来说，多维贫困贡献率最高的均是权利维度；第二，指标贡献率差异最为明显的是理解能力和工作情况指标，农村成年女性这2项指标的贡献率明显高于城镇成年女性的，分别高了89.13%和57.17%，进一步印证了相比城镇成年女性而言，农村成年女性理解表达能力较弱，外出工作的更少，农村成年女性的新闻关注、教育程度和互联网娱乐三个指标分别比城镇成年女性的高了 19.31%、18.08% 和 15.29%，这三项指标的差异比东部地区的大；第三，农村成年女性的基本保障、社会地位、生活满意度和人际关系指标对多维贫困指数的贡献率明显小于城镇成年女性的这四项指标，分别小了 57.17%、38.77%、30.41% 和 18.93%；第四，农村成年女性的个人收入、自评健康和信息获取这三个指标的贡献率和城镇成年女性差异不明显。

从西部地区农村来看，第一，指标贡献率最高的表现一致，农村和城镇家庭成年女性多维贫困指标贡献率最高的均是家庭决策权和财产权指标，说明和上述地区类似，对西部地区农村和城镇家庭成年女性来说，多维贫困贡献率最高的均是权利维度；第二，指标贡献率差异最为明显的是理解能力和工作情况指标，农村成年女性这 2 项指标的贡献率明显高于城镇成年女性的，分别高了 39.73% 和 23.66%，进一步印证了相比城镇成年女性而言，农村成年女性理解表达能力较弱，外出工作的更少，此外，不同于上述其他地区，西部地区农村成年女性的基本保障指标贡献率高于城镇成年女性的；第三，农村成年女性的社会地位、生活满意度和人际关系指标对多维贫困指数的贡献率明显小于城镇成年女性的这三项指标，分别小了 25.91%、16.20% 和 11.93%；第四，农村成年女性的个人收入、自评健康、BMI 指数、慢性病和信息获取这五个指标的贡献率和城镇成年女性差异不明显。

$K = 3$ 时农村与城镇家庭成年女性多维贫困指标贡献率的对比如表 6-17 所示。本书比较了 2010 年、2012 年、2014 年、2016 年和 2018 年农村与城镇家庭成年女性多维贫困指标贡献率测量结果的均值。可以发现，农村与城镇家庭成年女性多维贫困指标贡献率存在一定的差异。

表 6-17　农村与城镇家庭成年女性多维贫困指标贡献率对比（$K = 3$）

维度	指标	全国		东部地区		中部地区		西部地区	
		农村	城镇	农村	城镇	农村	城镇	农村	城镇
经济	个人收入	9.46	9.55	9.54	9.58	9.50	9.71	9.38	9.35
	工作情况	8.48	6.55	8.02	5.73	8.52	6.26	8.72	7.78
	基本保障	0.68	1.24	0.80	1.35	0.75	1.83	0.58	0.51

续表

维度	指标	全国		东部地区		中部地区		西部地区	
		农村	城镇	农村	城镇	农村	城镇	农村	城镇
健康	自评健康	7.66	7.95	8.02	7.97	7.77	8.11	7.39	7.75
	BMI 指数	1.56	1.29	1.21	0.95	1.22	1.14	1.96	1.85
	慢性病	2.51	2.79	2.44	2.77	2.35	2.80	2.50	2.80
人文	教育程度	9.68	9.21	9.70	9.24	9.73	9.13	9.65	9.24
	信息获取	4.53	4.45	4.10	4.28	4.54	4.26	4.77	4.80
	理解能力	1.24	0.97	1.00	1.04	1.39	0.82	1.31	1.03
精神生活	新闻关注	6.64	6.08	6.22	5.97	7.05	6.10	6.65	6.20
	互联网娱乐	9.20	8.65	9.14	8.64	9.17	8.37	9.25	8.95
	生活满意度	2.25	2.71	2.74	2.93	2.11	2.86	2.04	2.32
社会关系权利	社会地位	6.64	8.73	8.06	9.51	6.41	9.15	5.97	7.41
	人际关系	3.00	3.41	2.98	3.50	2.89	3.18	3.06	3.48
	家庭决策权	12.08	12.08	11.60	12.15	11.91	11.66	12.41	12.45
	房产权	14.39	14.36	14.42	14.38	14.69	14.61	14.22	14.08

从全国农村来看，第一，指标贡献率最高的表现一致，农村和城镇家庭成年女性多维贫困指标贡献率最高的均是家庭决策权和财产权指标，说明对农村和城镇家庭成年女性来说，多维贫困贡献率最高的均是权利维度；第二，指标贡献率差异最为明显的是工作情况、理解能力和 BMI 指数指标，农村成年女性这 3 项指标的贡献率明显高于城镇成年女性的，分别高了 29.47%、27.84% 和 20.93%，进一步印证了相比城镇成年女性而言，农村成年女性理解表达能力较弱，外出工作的更少，且农村成年女性身体综合素质较弱；第三，农村成年女性的基本保障、社会地位、生活满意度和人际关系指标对多维贫困指数的贡献率明显小于城镇成年女性的这四项指标，分别小了 45.16%、23.94%、16.97% 和 12.20%；第四，农村成年女性的个人收入、自评健康、信息获取、新闻关注和互联网娱乐这 5 个指

标的贡献率和城镇成年女性差异不明显。

从东部地区农村来看，第一，指标贡献率最高的表现一致，农村和城镇家庭成年女性多维贫困指标贡献率最高的均是家庭决策权和财产权指标，说明对东部地区农村和城镇家庭成年女性来说，多维贫困贡献率最高的均是权利维度；第二，指标贡献率差异最为明显的是工作情况和 BMI 指数指标，农村成年女性这两项指标的贡献率明显高于城镇成年女性的，分别高了 39.97% 和 27.37%，说明相比城镇成年女性而言，农村成年女性外出工作的更少，而且东部农村成年女性个人身体素质较低；第三，农村成年女性的基本保障、社会地位和人际关系指标对多维贫困指数的贡献率明显小于城镇成年女性的这三项指标，分别小了 40.74%、15.25% 和 14.86%；第四，农村成年女性的个人收入、自评健康、教育程度、信息获取、理解能力和生活满意度这 6 个指标的贡献率和城镇成年女性差异不明显。

从中部地区农村来看，第一，指标贡献率最高的表现一致，农村和城镇家庭成年女性多维贫困指标贡献率最高的均是家庭决策权和财产权指标，说明和上述地区类似，对中部地区农村和城镇家庭成年女性来说，多维贫困贡献率最高的均是权利维度；第二，指标贡献率差异最为明显的是理解能力、工作情况和新闻关注指标，农村成年女性这三项指标的贡献率明显高于城镇成年女性的，分别高了 69.51%、36.10% 和 15.57%，进一步印证了相比城镇成年女性而言，农村成年女性理解表达能力较弱，外出工作的更少，且她们对社会、政策新闻缺乏关注；第三，农村成年女性的基本保障、社会地位、生活满意度和慢性病指标对多维贫困指数的贡献率明显小于城镇成年女性的这四项指标，分别小了 59.02%、29.95%、26.22% 和 16.07%；第四，农村成年女性的个人收入、自评健康、BMI 指数、信息获取、互联网娱乐和人际关系这六个指标的贡献率和城镇女性差异不明显。

从西部地区农村来看，第一，指标贡献率最高的表现一致，农村和城镇家庭成年女性多维贫困指标贡献率最高的均是家庭决策权和财产权指标，说明和上述地区类似，对西部地区农村和城镇家庭成年女性来说，多维贫困贡献率最高的均是权利维度；第二，指标贡献率差异最为明显的是理解能力、基本保障和工作情况指标，农村成年女性这三项指标的贡献率明显高于城镇成年女性的，分别高了 27.18%、13.73% 和 12.08%，进一步印证了相比城镇成年女性而言，农村成年女性理解表达能力较弱，外出工作的更少，此外，不同于上述其他地区，西部农村女性的基本保障指标贡献率高于城镇成年女性的；第三，农村成年女性的社会地位、生活满意度和人际关系指标对多维贫困指数的贡献率明显小于城镇成年女性的这三项指标，分别小了 19.43%、12.07% 和 12.07%；第四，农村成年女性的个人收入、自评健康、BMI 指数、信息获取和互联网娱乐这五个指标的贡献率和城镇成年女性差异不明显。

四、农村与城镇家庭成年女性多维贫困动态性对比分析

农村与城镇家庭成年女性处于从不贫困状态的比例如表 6-18 所示，可以看出，农村与城镇家庭成年女性处于从不贫困状态的比例有着显著的差异。

表 6-18　农村与城镇家庭成年女性处于从不贫困状态的比例(%)

K 值	全国		东部地区		中部地区		西部地区	
	农村	城镇	农村	城镇	农村	城镇	农村	城镇
1	0.00	0.15	0.00	0.00	0.00	0.47	0.00	0.00
2	0.78	8.01	1.08	9.93	1.03	8.15	0.30	3.51
3	22.97	46.68	32.72	52.31	23.71	48.20	13.28	31.75
4	82.85	92.25	87.08	93.75	86.08	94.30	76.36	85.79
5	99.04	99.63	99.78	99.84	99.36	99.77	98.09	98.95

从全国来看，当 $K=1$ 时，农村与城镇家庭成年女性处于从不贫困状态的比例相差不大，城镇成年女性为 0.15%，农村成年女性为 0；当 $K=2$ 和 $K=3$ 时，全国农村与城镇家庭成年女性处于从不贫困状态的差异较大。当

$K=2$ 时，农村家庭成年女性处于从不贫困状态的比例为 0.78%，城镇成年女性处于从不贫困状态的比例比农村成年女性高 7.23 个百分点，为 8.01%；当 $K=3$ 时，全国农村家庭成年女性处于从不贫困状态的比例为 22.97%，城镇成年女性处于从不贫困状态的比例比农村成年女性高 23.71 个百分点，为 46.68%；当 $K=4$ 时，农村家庭成年女性处于从不贫困状态的比例为 82.85%，城镇成年女性处于从不贫困状态的比例比农村成年女性高 9.4 个百分点，为 92.25%；当 $K=5$ 时，农村家庭成年女性和城镇成年女性处于从不贫困状态的比例差异较小，分别为 99.04% 和 99.63%，农村成年女性处于从不贫困状态的比例比城镇成年女性略低。

从东部地区来看，当 $K=1$ 时，农村家庭成年女性与城镇成年女性处于从不贫困状态的比例相差不大，农村和城镇成年女性处于从不贫困状态的比例均为 0；当 $K=2$ 和 $K=3$ 时，东部农村与城镇家庭成年女性处于从不贫困状态的差异较大。当 $K=2$ 时，农村家庭成年女性处于从不贫困状态的比例为 1.08%，城镇成年女性处于从不贫困状态的比例比农村成年女性高 8.85 个百分点，为 9.93%；当 $K=3$ 时，东部农村家庭成年女性处于从不贫困状态的比例为 32.75%，城镇成年女性处于从不贫困状态的比例比农村成年女性高 19.59 个百分点，为 52.31%；当 $K=4$ 时，农村家庭成年女性处于从不贫困状态的比例为 87.08%，城镇成年女性处于从不贫困状态的比例比农村成年女性高 6.67 个百分点，为 93.75%；当 $K=5$ 时，农村与城镇家庭成年女性处于从不贫困状态的比例相差不大，均高达 99%，农村成年女性处于从不贫困状态的比例比城镇成年女性略低。

从中部地区来看，当 $K=1$ 时，农村家庭成年女性与城镇成年女性处于从不贫困状态的比例相差不大，农村成年女性处于从不贫困状态的比例为 0，城镇成年女性为 0.47%；当 $K=2$ 和 $K=3$ 时，中部农村和城镇家庭成年女性处于从不贫困状态的差异较大。当 $K=2$ 时，农村家庭成年女性处于从不贫困状态的比例为 1.03%，城镇成年女性处于从不贫困状态的比例比农村成年女性高 7.12 个百分点，为 8.15%；当 $K=3$ 时，中部农村家庭成年女性处于从不贫困状态的比例为 23.71%，城镇成年女性处于从不贫困状态的比例比农村成年女性高 24.49 个百分点，为 48.20%；当 $K=4$ 时，农村家庭成年女性处于从不贫困状态的比例为 86.08%，城镇成年女性处于从不贫困状态的比例比农村成年女性高 8.22 个百分点，为 94.30%；当 $K=5$ 时，农村家庭成年女性与城镇成年女性处于从不贫困状态的比例相差不大，均高达 99%，农村成年女性处于从不贫困状态的比例比城镇成年女性略低。

从西部地区来看，当 $K=1$ 时，农村家庭成年女性与城镇成年女性处于从不贫困状态的比例相差不大，农村和城镇成年女性处于从不贫困状态的比例均为 0；当 $K=2$ 和 $K=3$ 时，西部农村家庭成年女性和城镇成年女性处于从不贫困状态的差异较大。当 $K=2$ 时，农村家庭成年女性处于从不贫困状态的比例为 0.3%，城镇成年女性处于从不贫困状态的比例比农村成年女性高 3.21 个百分点，为 3.51%；当 $K=3$ 时，西部农村家庭成年女性处于从不贫困状态的比例为 13.28%，城镇成年女性处于从不贫困状态的比例比农村成年女性高 18.47 个百分点，为 31.75%；当 $K=4$ 时，农村家庭成年女性处于从不贫困状态的比例为 76.36%，城镇成年女性处于从不贫困状态的比例比农村成年女性高 9.43 个百分点，为 85.79%；当 $K=5$ 时，农村家庭成年女性与城镇成年女性处于从不贫困状态的比例相差不大，均高达 98%，农村成年女性处于从不贫困状态的比例比城镇成年女性略低。

农村与城镇家庭成年女性处于暂时贫困状态的比例如表 6-19 所示，可以看出，农村与城镇家庭成年女性处于暂时贫困状态的比例有着显著的差异。

表 6-19　农村与城镇家庭成年女性处于暂时贫困状态的比例(%)

K 值	全国		东部地区		中部地区		西部地区	
	农村	城镇	农村	城镇	农村	城镇	农村	城镇
1	0.00	2.36	0.00	3.13	0.00	2.21	0.00	0.88
2	6.15	20.61	8.83	23.30	6.44	19.79	3.42	15.79
3	41.24	37.04	42.30	35.89	47.16	36.32	35.61	40.70
4	16.41	7.61	12.16	6.18	13.53	5.47	22.64	14.04
5	0.96	0.37	0.22	0.16	0.64	0.23	1.91	1.05

从全国农村来看，当 $K=1$ 时，全国农村家庭成年女性处于暂时贫困状态的比例为 0，城镇成年女性处于暂时状态的比例比农村成年女性的比例高 2.36 个百分点，为 2.36%；当 $K=2$ 时，全国农村家庭成年女性处于暂时贫困状态的比例为 6.15%，城镇成年女性处于暂时贫困状态的比例比农村成年女性高 14.46 个百分点，为 20.61%；$K=3$ 时，农村成年女性处于暂时贫困状态的比例为 41.24%，城镇成年女性处于暂时贫困状态的比例比农村成年女性低 4.20 个百分点，为 37.04%，；当 $K=4$ 时，农村家庭成年女性处于暂时贫困状态的比例为 16.41%，城镇成年女性处于暂时贫困状态的比例比农村成年女性低 8.80 个百分点，为 7.61%；当 $K=5$ 时，农村与城镇成年女性处于暂时贫困状态的比例相差不大，均低于 1.0%，农村成年女性处于暂时贫困状态的比例比城镇成年女性略高。

从东部地区农村来看，当 $K=1$ 时，东部农村家庭成年女性处于暂时贫困状态的比例为 0，城镇成年女性处于暂时状态的比例比农村成年女性的比例高 3.13 个百分点；当 $K=2$ 时，东部农村家庭成年女性处于暂时贫困状态的比例为 8.83%，农村成年女性处于暂时贫困状态的比例比城镇成年女性高 14.47 个百分点，为 23.30%；$K=3$ 时，农村成年女性处于暂时贫困状态的比例为 42.30%，城镇成年女性处于暂时贫困状态的比例比农村成年女性低 6.41 个百分点，为 35.89%；当 $K=4$ 时，农村家庭成年女性处于暂时贫困状态的比例为 12.16%，城镇成年女性处于暂时贫困状态的比例比农村成年女性低 5.98 个百分点，为 6.18%；当 $K=5$ 时，农村成年女性处于暂时贫困状态的比例为 0.22%，城镇成年女性为 0.16%。

从中部地区农村来看，当 $K=1$ 时，中部农村家庭成年女性处于暂时贫困状态的比例为 0，城镇成年女性处于暂时状态的比例比农村成年女性的比例高 2.21 个百分点，为 2.21%；当 $K=2$ 时，中部农村家庭成年女性处于暂时贫困状态的比例为 6.44%，城镇成年女性处于暂时贫困状态的比例比农村成年女性高 13.35 个百分点，为 19.79%；$K=3$ 时，农村成年女性处于暂时贫困状态的比例为 47.16%，城镇成年女性处于暂时贫困状态的比例比农村成年女性低 10.84 个百分点，为 36.32%；当 $K=4$ 时，农村家庭成年女性处于暂时贫困状态的比例为 13.53%，城镇成年女性处于暂时贫困状态的比例比农村成年女性低 8.06 个百分点，为 5.47%；当 $K=5$ 时，农村与城镇成年女性处于暂时贫困状态的比例相差不大，均低于 0.7%，农村成年女性处于暂时贫困状态的比例比城镇成年女性略高。

从西部地区农村来看，当 $K=1$ 时，西部农村家庭成年女性处于暂时贫困状态的比例为 0，城镇成年女性处于暂时状态的比例比农村成年女性的比例高 0.88 个百分点，为 0.88%；当 $K=2$ 时，西部农村家庭成年女性处于暂时贫困状态的比例为 3.42%，城镇成年女性处于暂时贫困状态的比例比农村成年女性高 12.37 个百分点，为 15.79%；$K=3$ 时，农村成年女性处于暂时贫困状态的比例为 35.61%，城镇成年女性处于暂时贫困状态的比例比农村成年女性略高，为 40.70%；当 $K=4$ 时，农村家庭成年女性处于暂时贫困状态的比例为 22.64%，城镇成年女性处于暂时贫困状态的比例比农村成年女性低 8.60 个百分点，为 14.04%；当 $K=5$ 时，农村与城镇成年女性处于暂时贫困状态的比例相差不大，均低于 2%，农村成年女性处于暂时贫困状态的比例比城镇成年女性略高。

农村与城镇家庭成年女性处于慢性贫困状态的比例如表 6-20 所示，可以看出，农村与城镇家庭成年女性处于慢性贫困状态的比例有着显著的差异。

表 6-20　　农村与城镇家庭成年女性处于慢性贫困状态的比例(%)

K 值	全国农村		东部地区		中部地区		西部地区	
	农村	城镇	农村	城镇	农村	城镇	农村	城镇
1	100.0	97.49	100.0	96.87	100.0	97.32	100.0	99.12
2	93.07	71.38	90.10	66.77	92.53	72.06	96.28	80.70
3	35.79	16.29	24.97	11.81	29.12	15.48	51.11	27.54
4	0.74	0.15	0.75	0.08	0.39	0.23	1.01	0.18
5	0.00	0.00	0.00	0.00	0.00	0.00	0.00	0.00

从全国农村来看，当 $K=1$ 时，全国农村家庭成年女性处于慢性贫困状态的比例为 100%，城镇成年女性处于慢性状态的比例为 97.49%，比农村成年女性的比例低 2.51 个百分点；当 $K=2$ 时，全国农村家庭成年女性处于慢性贫困状态的比例为 93.07%，城镇成年女性处于慢性贫困状态的比例比农村成年女性低 21.69 个百分点，为 71.38%；当 $K=3$ 时，全国农村家庭成年女性处于慢性贫困状态的比例为 35.79%，城镇成年女性处于慢性贫困状态的比例比农村成年女性低 19.50 个百分点，为 16.29%；当 $K=4$ 时，农村家庭成年女性和城镇成年女性处于慢性贫困状态的比例差异较小，分别为 0.74% 和 0.15%；当 $K=5$ 时，全国农村和城镇家庭没有成年女性处于慢性贫困的状态。

从东部地区农村来看，当 $K=1$ 时，东部地区农村家庭成年女性处于慢性贫困状态的比例为 100%，城镇成年女性处于慢性状态的比例为 96.87%，比农村成年女性的比例低 3.13 个百分点；当 $K=2$ 时，东部农村家庭成年女性处于慢性贫困状态的比例为 90.10%，城镇成年女性处于慢性贫困状态的比例比农村成年女性低 23.33 个百分点，为 66.77%；当 $K=3$ 时，东部农村家庭成年女性处于慢性贫困状态的比例为 24.97%，城镇成年女性处于慢性贫困状态的比例比农村成年女性低 13.16 个百分点，为 11.81%；当 $K=4$ 时，农村家庭成年女性和城镇成年女性处于慢性贫困状态的比例差异较小，分别为 0.75% 和 0.08%；当 $K=5$ 时，东部农村和城镇家庭没有成年女性处于慢性贫困的状态。

从中部地区农村来看，当 $K=1$ 时，中部农村家庭成年女性处于慢性贫困状态的比例为 100%，城镇成年女性处于慢性状态的比例为 97.32%，比农村成年女性的比例低 2.68 个百分点；当 $K=2$ 时，中部农村家庭成年女性处于慢性贫困状态的比例为 91.53%，城镇成年女性处于慢性贫困状态的比例比农村成年女性低 20.47 个百分点，为 72.06%；当 $K=3$ 时，中部农村家庭成年女性处于慢性贫困状态的比例为 29.12%，城镇成年女性处于慢性贫困状态的比例比农村成年女性低 13.64 个百分点，为 15.48%；当 $K=4$ 时，农村家庭成年女性和城镇成年女性处于慢性贫困状态的比例差异较小，分别为 0.39% 和 0.23%；当 $K=5$ 时，中部农村和城镇家庭没有成年女性处于慢性贫困的状态。

从西部地区农村来看，当 $K=1$ 时，西部农村家庭成年女性处于慢性贫困状态的比例为 100%，城镇成年女性处于慢性状态的比例为 80.70%，比农村成年女性的比例低 0.88 个百分点；当 $K=2$ 时，西部农村家庭成年女性处于慢性贫困状态的比例为 96.28%，城镇成年女性处于慢性贫困状态的比例比农村成年女性低 15.58 个百分点，为 80.70%；当 $K=3$ 时，西部农村家庭成年女性处于慢性贫困状态的比例为 51.11%，城镇成年女性处于慢性贫困状态的比例比农村成年女性低 23.57 个百分点，为 27.54%；当 $K=4$ 时，农村家庭成年女性和城镇成年女性处于慢性贫困状态的比例差异较小，分别为 1.01% 和 0.18%；当 $K=5$ 时，西部农村和城镇家庭没有成年女性处于慢性贫困的状态。

第三节　农村与城镇家庭女性儿童多维贫困对比分析

一、农村与城镇家庭女性儿童多维贫困发生率对比分析

农村与城镇家庭女性儿童多维贫困发生率的对比情况如表 6-21 所示。本书对比了 2010 年、2012 年、2014 年、2016 年和 2018 年全国、东部、中部和西部地区农村与城镇女性儿童的均值。可以发现，全国、东部、中部和西部地区农村与城镇女性儿童多维贫困发生率存在一定的差异。

表 6-21　农村与城镇家庭女性儿童各指标多维贫困发生率对比（均值 %）

维度	指标	全国		东部地区		中部地区		西部地区	
		农村	城镇	农村	城镇	农村	城镇	农村	城镇
营养	年龄别身高	45.10	27.40	34.30	23.09	38.38	23.76	59.14	38.59
	年龄别体重	64.33	55.62	58.55	51.59	60.81	53.83	71.76	64.22

续表

维度	指标	全国		东部地区		中部地区		西部地区	
		农村	城镇	农村	城镇	农村	城镇	农村	城镇
健康	看病次数	13.55	12.44	12.33	12.95	17.57	13.56	10.98	10.31
	住院	5.94	6.78	3.11	4.54	5.14	6.98	8.78	10.16
	医疗保险	29.16	28.18	36.17	29.37	23.60	29.13	28.71	25.16
教育	入学情况	15.49	10.17	14.20	11.30	10.54	9.40	20.78	9.22
	学习关怀	57.07	47.52	49.33	45.12	58.92	46.58	61.33	52.50
生活保障	经济保障	17.28	8.18	12.54	6.76	14.41	7.25	23.37	11.56
	卫生保障	60.00	25.83	45.39	19.71	54.41	23.76	75.92	38.13
	住房保障	8.12	6.45	6.22	6.09	5.23	5.50	12.08	8.13
个体成长	信息剥夺	46.81	48.35	48.19	48.50	44.05	46.31	48.16	50.47
	家庭陪伴	27.28	15.66	22.80	11.59	31.62	20.27	26.90	16.88

　　从全国农村与城镇家庭女性儿童多维贫困发生率的对比来看，第一，全国农村女性儿童的年龄别身高、年龄别体重、看病次数、医疗保险、入学情况、学习关怀、经济、卫生、住房保障和家庭陪伴 10 个指标，其多维贫困发生率均大于城镇女性儿童的。其中，经济、卫生保障指标尤为明显，农村女性儿童这 2 个指标多维贫困发生率分别是城镇女性儿童的 2.11 倍和 2.32 倍，即对于城镇女性儿童来说，农村女性儿童在生活保障上更易贫困；第二，为家庭陪伴、年龄别身高和入学情况指标，农村女性儿童这 3 项指标的多维贫困发生率分别是城镇女性儿童的 1.74 倍、1.65 倍和 1.52 倍，反映了相比城镇女性儿童来说，农村女性儿童在成长过程中更易缺乏家庭陪伴、营养状态、适龄入学情况较弱；第三，农村女性儿童年龄别体重、看病次数、医疗保险、学习关怀和住房保障 5 个指标的贫困发生率略高于城镇女性儿童，住院和信息剥夺 2 个指标贫困发生率略小于城镇女性儿童。

　　从东部地区农村与城镇家庭女性儿童多维贫困发生率的对比来看，第一，东部地区农村女性儿童的年龄别身高、年龄别体重、医疗保险、入学情况、学习关怀、经济、卫生、住房保障和家庭陪伴 9 个指标，其多维贫困发生率均大于城镇女性儿童的。其中，经济、卫生保障和家庭陪伴指标尤为明显，农村女性儿童这 3 个指标多维贫困发生率分别是城镇女性儿童的 1.86 倍、2.30 倍和 1.97 倍，即对于城镇家庭女性儿童来说，东部农村女性儿童在生活保障上更易贫困，且在成长过程中更易缺乏家庭陪伴；第二，为年龄别身高和入学情况指标，农村女性儿童这 2 项指标的多维贫困发生率分别是城镇女性儿童的 1.49 倍和 1.26 倍，反映了相比城镇女性儿童来说，东部农村女性儿童营养状态、适龄入学情况较弱；第三，农村女性儿童年龄别体重、医疗保险、学习关怀和住房保障 4 个指标的贫困发生率略高于城镇女性儿童，看病次数、住院和信息剥夺 3 个指标贫困发生率略小于城镇女性儿童。

从中部地区农村与城镇家庭女性儿童多维贫困发生率的对比来看，第一，中部地区农村女性儿童的年龄别身高、年龄别体重、看病次数、入学情况、学习关怀、经济、卫生保障和家庭陪伴 8 个指标，其多维贫困发生率均大于城镇女性儿童的。其中，经济、卫生保障和年龄别身高指标尤为明显，农村女性儿童这 3 个指标多维贫困发生率分别是城镇女性儿童的 1.99 倍、2.29 倍和 1.62 倍，即对于城镇家庭女性儿童来说，中部农村女性儿童在生活保障上更易贫困，且在成长过程中更易缺乏营养；第二，为家庭陪伴和看病次数指标，农村女性儿童这 2 项指标的多维贫困发生率分别是城镇女性儿童的 1.56 倍和 1.30 倍，反映了相比城镇女性儿童来说，中部农村女性儿童在成长过程中缺少家庭陪伴，身体素质方面较弱；第三，农村女性儿童年龄别体重、入学情况和学习关怀 3 个指标的贫困发生率略高于城镇女性儿童，住院、医疗保险、住房保障和信息剥夺 4 个指标贫困发生率略小于城镇女性儿童。

从西部地区农村与城镇家庭女性儿童多维贫困发生率的对比来看，第一，西部地区农村女性儿童的年龄别身高、年龄别体重、看病次数、医疗保险、入学情况、学习关怀、经济、卫生、住房保障和家庭陪伴 10 个指标，其多维贫困发生率均大于城镇女性儿童的。其中，入学情况、经济和卫生保障指标尤为明显，农村女性儿童这 3 个指标多维贫困发生率分别是城镇女性儿童的 2.25 倍、2.02 倍和 1.99 倍，即对于城镇家庭女性儿童来说，西部农村女性儿童在生活保障上更易贫困，且适龄入学情况较差；第二，为年龄别身高、住房保障和家庭陪伴指标，农村女性儿童这 3 项指标的多维贫困发生率分别是城镇女性儿童的 1.53 倍、1.49 倍和 1.59 倍，反映了相比城镇女性儿童来说，西部农村女性儿童在成长过程中缺少家庭陪伴，身体综合素质方面较弱；第三，农村女性儿童年龄别体重、看病次数、医疗保险和学习关怀 4 个指标的贫困发生率略高于城镇女性儿童，住院和信息剥夺 2 个指标贫困发生率略小于城镇女性儿童。

二、农村与城镇家庭女性儿童多维贫困指数对比分析

全国农村与城镇家庭女性儿童多维贫困指数测量结果的对比如表 6-22 所示。本书比较了 2010 年、2012 年、2014 年、2016 年和 2018 年全国农村与城镇家庭女性儿童多维贫困指数测量结果的均值。可以看出，当 $K = 1 \sim 4$ 时，全国农村家庭女性儿童多维贫困发生率、平均贫困剥夺份额和多维贫困指数明显小于城镇家庭女性儿童。这表明，全国农村家庭女性儿童多维贫困程度比城镇女性儿童多维贫困程度严重。

表 6-22　　　全国农村与城镇家庭女性儿童多维贫困指数对比

K 值	多维贫困发生率		平均贫困剥夺份额		多维贫困指数	
	农村	城镇	农村	城镇	农村	城镇
1	84.98%	70.13%	0.3810	0.3226	0.3272	0.2307
2	38.45%	19.05%	0.4856	0.4608	0.1904	0.0899
3	6.93%	1.94%	0.5569	0.3760	0.0418	0.0109
4	0.51%	0.21%	0.1027	0.0000	0.0008	0.0000

东部地区农村与城镇家庭女性儿童多维贫困指数测量结果的对比如表 6-23 所示。本书比较了 2010 年、2012 年、2014 年、2016 年和 2018 年东

部地区农村与城镇家庭女性儿童多维贫困指数测量结果的均值。可以看出，当 $K=1\sim4$ 时，东部地区农村家庭女性儿童多维贫困发生率、平均贫困剥夺份额和多维贫困指数均明显小于城镇女性儿童的。这表明，东部地区农村家庭女性儿童多维贫困程度比城镇女性儿童多维贫困程度严重。

表 6-23　　　东部地区农村与城镇家庭女性儿童多维贫困指数对比

K 值	多维贫困发生率		平均贫困剥夺份额		多维贫困指数	
	农村	城镇	农村	城镇	农村	城镇
1	78.96%	66.57%	0.3513	0.3064	0.2805	0.2083
2	27.67%	15.26%	0.4656	0.4503	0.1325	0.0711
3	3.32%	1.45%	0.5425	0.3167	0.0200	0.0080
4	0.42%	0.19%	0.0800	0.0000	0.0008	0.0000

中部地区农村与城镇家庭女性儿童多维贫困指数测量结果的对比如表 6-24 所示。本书比较了 2010 年、2012 年、2014 年、2016 年和 2018 年中部地区农村与城镇家庭女性儿童多维贫困指数测量结果的均值。可以看出，当 $K=1\sim4$ 时，中部地区农村家庭女性儿童多维贫困发生率、平均贫困剥夺份额和多维贫困指数均明显小于城镇女性儿童的。这表明，中部地区农村家庭女性儿童多维贫困程度比城镇女童多维贫困程度严重。

表 6-24　　　中部地区农村与城镇家庭女性儿童多维贫困指数对比

K 值	多维贫困发生率		平均贫困剥夺份额		多维贫困指数	
	农村	城镇	农村	城镇	农村	城镇
1	82.61%	67.38%	0.3647	0.3227	0.3055	0.2217
2	33.33%	18.12%	0.4801	0.4607	0.1636	0.0849
3	5.22%	2.15%	0.5644	0.3550	0.0320	0.0117
4	0.27%	0.27%	0.0000	0.0000	0.0000	0.0000

西部地区农村与城镇家庭女性儿童多维贫困指数测量结果的对比如表 6-25 所示。本书比较了 2010 年、2012 年、2014 年、2016 年和 2018 年西

部地区农村与城镇家庭女性儿童多维贫困指数测量结果的均值。可以看出，当 $K=1\sim3$ 时，西部地区农村家庭女性儿童多维贫困发生率、平均贫困剥夺份额和多维贫困指数均明显小于城镇女性儿童，当 $K=4$ 时，西部地区农村与城镇女性儿童多维贫困发生率相同，这表明，西部地区农村家庭女性儿童多维贫困程度比城镇女童多维贫困程度严重。

表6-25　西部地区农村与城镇家庭女性儿童多维贫困指数对比

K值	多维贫困发生率		平均贫困剥夺份额		多维贫困指数	
	农村	城镇	农村	城镇	农村	城镇
1	91.61%	79.06%	0.4134	0.3448	0.3814	0.2773
2	51.06%	26.25%	0.4961	0.4715	0.2536	0.1261
3	11.06%	2.50%	0.5770	0.3480	0.0668	0.0148
4	0.71%	0.16%	0.1178	0.0000	0.0014	0.0000

三、农村与城镇家庭女性儿童多维贫困指标贡献率对比分析

$K=2$ 时农村与城镇家庭女性儿童多维贫困指标贡献率的对比如表6-26所示。本书比较了2010年、2012年、2014年、2016年和2018年农村与城镇家庭女性儿童多维贫困指标贡献率测量结果的均值。可以发现，农村与城镇家庭女性儿童多维贫困指标贡献率存在一定的差异。

表6-26　农村与城镇家庭女性儿童多维贫困指标贡献率对比（$K=2$）

维度	指标	全国		东部地区		中部地区		西部地区	
		农村	城镇	农村	城镇	农村	城镇	农村	城镇
营养	年龄别身高	14.85	14.31	14.65	12.96	13.35	13.60	15.69	15.84
	年龄别体重	17.53	18.72	17.96	19.00	17.39	18.37	17.38	18.72
健康	看病次数	2.84	3.13	3.59	3.37	4.34	4.00	1.86	2.16
	住院	1.43	2.46	0.69	1.57	1.45	2.56	1.67	3.10
	医疗保险	5.07	4.85	6.33	5.72	4.12	5.13	5.11	3.94

续表

维度	指标	全国		东部地区		中部地区		西部地区	
		农村	城镇	农村	城镇	农村	城镇	农村	城镇
教育	入学情况	5.14	5.44	5.90	6.32	3.51	5.42	5.75	4.68
	学习关怀	16.77	17.66	16.81	18.35	17.31	18.28	16.42	16.71
生活保障	经济保障	4.03	2.49	3.41	3.00	3.90	2.24	4.36	2.31
	卫生保障	10.70	7.10	9.62	7.07	10.28	6.69	11.35	7.61
	住房保障	1.89	1.70	1.49	1.28	1.09	1.23	2.43	2.34
个体成长	信息剥夺	11.32	13.39	12.62	13.80	12.34	10.76	10.40	14.98
	家庭陪伴	9.31	9.45	8.31	8.60	11.47	12.75	8.53	7.73

从全国农村来看，农村与城镇家庭女性儿童多维贫困指标贡献率最高的均为年龄别体重指标，分别为 17.53% 和 18.72%，其次为学习关怀指标，其对农村与城镇家庭女性儿童的多维贫困贡献率均值分别为 16.77% 和 17.66%，年龄别身高、看病次数、医疗保险、入学情况、住房保障和家庭陪伴 6 个指标对农村与城镇家庭女性儿童的贡献率基本一致；住院和信息剥夺 2 个指标对农村家庭女性儿童多维贫困贡献率明显小于其对城镇女童的多维贫困贡献率，而经济、卫生保障 2 个指标对农村女性儿童的多维贫困贡献率略大于其对城镇女童的多维贫困贡献率。

从东部地区农村来看，农村与城镇家庭女性儿童多维贫困指标贡献率最高的均为年龄别体重指标，分别为 17.96% 和 19.00%，其次为学习关怀指标，其对农村与城镇家庭女性儿童的多维贫困贡献率均值分别为 16.81% 和 18.35%；看病次数、医疗保险、入学情况、经济、住房保障和家庭陪伴 6 个指标对农村与城镇家庭女性儿童的多维贫困贡献率基本一致；住院和信息剥夺 2 个指标对农村女性儿童的多维贫困贡献率明显小于其对城镇女童的多维贫困贡献率，年龄别身高和卫生保障 2 个指标对农村家庭女性儿童的多维贫困贡献率明显大于其对城镇女童的多维贫困贡献率。

从中部地区农村来看，农村与城镇家庭女性儿童多维贫困指标贡献率最高的均为年龄别体重指标，分别为 17.39% 和 18.37%，其次为学习关怀指标，其对农村与城镇家庭女性儿童的多维贫困贡献率均值分别为17.31% 和 18.28%；年龄别身高、看病次数和住房保障 3 个指标对农村与城镇家庭女性儿童的多维贫困贡献率基本一致；住院、医疗保险、入学情况和家庭陪伴 4 个指标对农村女性儿童的多维贫困贡献率明显小于其对城镇女性儿童的多维贫困贡献率，而经济、卫生保障和信息剥夺 3 个指标对农村家庭女性儿童的多维贫困贡献率，大于其对城镇女性儿童的多维贫困贡献率。

从西部地区农村来看，农村与城镇家庭女性儿童多维贫困指标贡献率最高的均为年龄别体重指标，分别为 17.38% 和 18.72%，其次为学习关怀指标，其对农村与城镇家庭女性儿童的多维贫困贡献率均值分别为16.42% 和 16.71%；年龄别身高、看病次数和住房保障 3 个指标对农村与城镇家庭女性儿童的多维贫困贡献率基本一致；住院和信息剥夺 2 个指标对农村家庭女性儿童的多维贫困贡献率明显小于其对城镇女性儿童的多维贫困贡献率，医疗保险、入学情况、经济、卫生保障和家庭陪伴 5 个指标对农村女性儿童的多维贫困贡献率，明显大于其对城镇女性儿童的多维贫困贡献率。

$K=3$ 时农村与城镇家庭女性儿童多维贫困指标贡献率的对比如表 6-27所示。本书比较了 2010 年、2012 年、2014 年、2016 年和 2018 年农村与城镇家庭女性儿童多维贫困指标贡献率测量结果的均值。可以发现，农村与城镇家庭女性儿童多维贫困指标贡献率存在一定的差异。

表 6-27　农村与城镇家庭女性儿童多维贫困指标贡献率对比（$K=3$）

维度	指标	全国		东部地区		中部地区		西部地区	
		农村	城镇	农村	城镇	农村	城镇	农村	城镇
营养	年龄别身高	14.25	12.54	19.12	9.47	10.54	8.19	14.81	9.64
	年龄别体重	17.17	12.83	15.82	9.16	17.43	9.86	17.08	9.64

续表

维度	指标	全国		东部地区		中部地区		西部地区	
		农村	城镇	农村	城镇	农村	城镇	农村	城镇
健康	看病次数	3.72	2.57	6.20	2.53	6.89	3.38	2.39	0.73
	住院	1.84	2.82	2.94	2.74	2.03	4.11	1.96	1.16
	医疗保险	5.17	7.33	6.15	3.58	4.11	6.18	5.04	4.30
教育	入学情况	7.19	3.75	11.17	1.89	3.94	6.16	7.76	1.74
	学习关怀	16.32	17.58	18.65	12.00	15.45	9.86	15.93	9.32
生活保障	经济保障	5.75	5.18	2.00	2.95	5.43	1.88	6.19	4.63
	卫生保障	9.93	7.06	7.34	5.47	10.30	3.77	10.05	6.43
	住房保障	2.99	2.97	3.80	0.42	1.53	0.58	3.67	3.17
个体成长	信息剥夺	11.79	13.95	13.63	9.47	15.46	5.14	10.32	8.86
	家庭陪伴	10.91	2.83	11.64	3.47	11.44	1.96	10.42	1.42

从全国农村来看，农村家庭女性儿童多维贫困指标贡献率最高的为年龄别体重指标，为17.17%，其次为学习关怀指标，其对农村家庭女性儿童多维贫困贡献率为16.32%，而城镇女性儿童多维贫困指标贡献率最高的为学习关怀指标，为17.58%，再次为信息剥夺指标，其对城镇女性儿童多维贫困贡献率为13.95%，经济和住房保障2个指标对农村与城镇家庭女性儿童的多维贫困贡献率基本一致；住院和医疗保险2个指标对农村家庭女性儿童的多维贫困贡献率明显小于其对城镇女性儿童的多维贫困贡献率，而年龄别身高、看病次数、入学情况、卫生保障和家庭陪伴5个指标对农村女性儿童的多维贫困贡献率，明显大于其对城镇女性儿童的多维贫困贡献率。

从东部地区农村来看，农村家庭女性儿童多维贫困指标贡献率最高的为年龄别身高指标，为19.12%，其次为学习关怀指标，其对农村家庭女性儿童多维贫困贡献率为18.65%，而城镇家庭女性儿童多维贫困指标贡献率最高的为学习关怀指标，为 12.00%，再次为年龄别身高指标，其对城镇家庭女性儿童多维贫困贡献率为 9.47%；住院和经济保障 2 个指标对农村与城镇家庭女性儿童的多维贫困贡献率基本一致；年龄别体重、看病次数、医疗保险、入学情况、卫生、住房保障、信息剥夺和家庭陪伴 8 个指标对农村家庭女性儿童的多维贫困贡献率，明显大于其对城镇女性儿童的多维贫困贡献率。

从中部地区农村来看，农村与城镇家庭女性儿童多维贫困指标贡献率最高的均为年龄别体重指标，分别为 17.43% 和 9.86%，其次信息剥夺指标对农村家庭女性儿童多维贫困贡献率较高，均值为 15.46%，而学习关怀指标对城镇家庭女性儿童多维贫困贡献率较高，均值为 9.86%；住房保障指标对农村与城镇家庭女性儿童的多维贫困贡献率基本一致，住院、医疗保险和入学情况 3 个指标对农村家庭女性儿童的多维贫困贡献率明显小于其对城镇女性儿童的，年龄别身高、看病次数、经济、卫生保障和家庭陪伴 5 个指标对农村女性儿童的多维贫困贡献率，明显大于其对城镇女性儿童的多维贫困贡献率。

从西部地区农村来看，农村与城镇家庭女性儿童多维贫困指标贡献率最高的均为年龄别体重指标，分别为 17.08% 和 9.64%，其次为学习关怀指标，其对农村与城镇家庭女性儿童多维贫困贡献率分别为 15.93% 和 9.32%；住院、医疗保险和住房保障 3 个指标对农村与城镇家庭女性儿童的贡献率基本一致；而年龄别体重、看病次数、入学情况、经济、卫生保障、信息剥夺和家庭陪伴 7 个指标对农村女性儿童的多维贫困贡献率，明显大于其对城镇女童的多维贫困贡献率。

四、农村与城镇家庭女性儿童多维贫困动态性对比分析

农村与城镇家庭女性儿童处于从不贫困状态的比例如表 6-28 所示，可以看出，农村与城镇家庭女性儿童处于从不贫困状态的比例有着一定的差异。

表 6-28　　农村与城镇家庭女性儿童处于从不贫困状态的比例（%）

K 值	全国		东部地区		中部地区		西部地区	
	农村	城镇	农村	城镇	农村	城镇	农村	城镇
1	0.30	0.83	1.04	0.48	0.00	2.01	0.00	0.00
2	17.76	43.18	29.02	48.79	20.27	49.66	7.06	26.56
3	72.09	90.91	84.46	93.24	76.58	89.26	58.82	89.06
4	97.61	98.97	97.93	99.03	98.65	98.66	96.47	99.22

从全国来看，当 $K=1$ 时，农村家庭女性儿童处于从不贫困状态的比例为 0.30%，城镇家庭女性儿童处于从不贫困状态的比例比农村女性儿童高 0.53 个百分点，为 0.83%；当 $K=2$ 时，农村家庭女性儿童处于从不贫困状态的比例为 17.76%，城镇女性儿童处于从不贫困状态的比例比农村女性儿童高 25.42 个百分点，为 43.18%；当 $K=3$ 时，农村家庭女性儿童处于从不贫困状态的比例为 72.09%，城镇女性儿童处于从不贫困状态的比例比农村女性儿童高 18.82 个百分点，为 90.91%；当 $K=4$ 时，农村与城镇家庭女性儿童处于从不贫困状态的比例均接近 100%，农村女性儿童处于从不贫困状态的比例比城镇女性儿童略低。

从东部地区来看，当 $K=1$ 时，农村家庭女性儿童处于从不贫困状态的比例为 1.04%，城镇女性儿童处于从不贫困状态的比例比农村女性儿童低 0.56 个百分点，为 0.48%；当 $K=2$ 时，农村家庭女性儿童处于从不贫困状态的比例为 29.02%，城镇女性儿童处于从不贫困状态的比例比农村女性儿童高 19.77 个百分点，为 48.79%；当 $K=3$ 时，农村家庭女性儿童处于从不贫困状态的比例为 84.46%，城镇女性儿童处于从不贫困状态的比例比农村女性儿童高 8.78 个百分点，为 93.24%；当 $K=4$ 时，农村与城镇家庭女性儿童处于从不贫困状态的比例均接近 100%，城镇女性儿童处于从不贫困状态的比例比农村女性儿童高 1.1 个百分点。

从中部地区来看，农村家庭女性儿童处于从不贫困状态的比例为 0，城镇女性儿童处于从不贫困状态的比例比农村女性儿童高 2.01 个百分点；

当 $K=2$ 时，农村家庭女性儿童处于从不贫困状态的比例为 20.27%，城镇女性儿童处于从不贫困状态的比例比农村女性儿童高 29.39 个百分点，为 49.66%；当 $K=3$ 时，农村家庭女性儿童处于从不贫困状态的比例为 76.58%，城镇女性儿童处于从不贫困状态的比例比农村女性儿童高 12.68 个百分点，为 89.26%；当 $K=4$ 时，农村与城镇家庭女性儿童处于从不贫困状态的比例均接近 100%，城镇女性儿童处于从不贫困状态的比例比农村女性儿童的略高。

从西部地区来看，当 $K=1$ 时，农村与城镇家庭女性儿童处于从不贫困状态的比例均为 0；当 $K=2$ 时，农村家庭女性儿童处于从不贫困状态的比例为 7.06%，城镇女性儿童处于从不贫困状态的比例比农村女性儿童高 19.5 个百分点，为 26.56%；当 $K=3$ 时，农村家庭女性儿童处于从不贫困状态的比例为 58.82%，城镇女性儿童处于从不贫困状态的比例比农村女性儿童高 30.24 个百分点，为 89.06%；当 $K=4$ 时，农村与城镇家庭女性儿童处于从不贫困状态的比例均接近 100%，城镇女性儿童处于从不贫困状态的比例比农村女性儿童高 2.75 个百分点。

农村与城镇家庭女性儿童处于暂时贫困状态的比例如表 6-29 所示，可以看出，农村与城镇家庭女性儿童处于暂时贫困状态的比例有着一定的差异。

表 6-29　　农村与城镇家庭女性儿童处于暂时贫困状态的比例(%)

K 值	全国		东部地区		中部地区		西部地区	
	农村	城镇	农村	城镇	农村	城镇	农村	城镇
1	6.72	24.17	13.47	29.47	8.11	28.19	0.39	10.94
2	48.66	46.07	51.30	45.41	54.95	40.27	41.18	53.91
3	27.16	9.09	15.54	6.76	23.42	10.74	39.22	10.94
4	2.39	1.03	2.07	0.97	1.35	1.34	3.53	0.78

从全国农村来看，当 $K=1$ 时，全国农村家庭女性儿童处于暂时贫困状

态的比例为 6.72%，城镇女性儿童处于暂时贫困状态的比例为 24.17%，比农村女性儿童的比例高 17.45 个百分点；当 $K=2$ 时，全国农村家庭女性儿童处于暂时贫困状态的比例为 48.66%，城镇女性儿童处于暂时贫困状态的比例比农村女性儿童低 2.59 个百分点；$K=3$ 时，农村女性儿童处于暂时贫困状态的比例为 27.16%，城镇女性儿童处于暂时贫困状态的比例比农村女性儿童低 18.07 个百分点，为 9.09%；当 $K=4$ 时，农村家庭女性儿童处于暂时贫困状态的比例为 2.39%，城镇女性儿童处于暂时贫困状态的比例比农村女性儿童低 1.36 个百分点，为 1.03%。

从东部地区农村来看，当 $K=1$ 时，东部地区农村家庭女性儿童处于暂时贫困状态的比例为 13.47%，城镇女性儿童处于暂时贫困状态的比例为 29.47%，比农村女性儿童的比例高 16 个百分点；当 $K=2$ 时，东部农村家庭女性儿童处于暂时贫困状态的比例为 51.30%，城镇女性儿童处于暂时贫困状态的比例比农村女性儿童低 5.89 个百分点；$K=3$ 时，农村女性儿童处于暂时贫困状态的比例为 15.54%，城镇女性儿童处于暂时贫困状态的比例比农村女性儿童低 8.78 个百分点，仅为 6.76%；当 $K=4$ 时，农村家庭女性儿童处于暂时贫困状态的比例为 2.07%，城镇女性儿童处于暂时贫困状态的比例比农村女性儿童低 1.1 个百分点，为 0.97%。

从中部地区农村来看，当 $K=1$ 时，中部农村家庭女性儿童处于暂时贫困状态的比例为 8.11%，城镇女性儿童处于暂时贫困状态的比例为 28.19%，比农村女性儿童的比例高 20.08 个百分点；当 $K=2$ 时，中部农村家庭女性儿童处于暂时贫困状态的比例为 54.95%，城镇女性儿童处于暂时贫困状态的比例比农村女性儿童低 14.68 个百分点；$K=3$ 时，农村女性儿童处于暂时贫困状态的比例为 23.42%，城镇女性儿童处于暂时贫困状态的比例比农村女性儿童低 12.68 个百分点，为 10.74%；当 $K=4$ 时，农村家庭女性儿童处于暂时贫困状态的比例为 1.35%，城镇女性儿童处于暂时贫困状态的比例为 1.34%。

从西部地区农村来看，当 $K=1$ 时，西部农村家庭女性儿童处于暂时贫困状态的比例为 0.39%，城镇女性儿童处于暂时贫困状态的比例为

10.94%，比农村女性儿童的比例高 10.55 个百分点；当 $K=2$ 时，西部农村家庭女性儿童处于暂时贫困状态的比例为 41.18%，城镇女性儿童处于暂时贫困状态的比例比农村女性儿童高 12.73 个百分点；$K=3$ 时，农村女性儿童处于暂时贫困状态的比例为 39.22%，城镇女性儿童处于暂时贫困状态的比例比农村女性儿童低 28.28 个百分点，为 10.94%；当 $K=4$ 时，农村家庭女性儿童处于暂时贫困状态的比例为 3.53%，城镇女性儿童处于暂时贫困状态的比例比农村女性儿童低 2.75 个百分点，为 0.78%。

农村与城镇家庭女性儿童处于慢性贫困状态的比例如表 6-30 所示，可以看出，农村与城镇家庭女性儿童处于慢性贫困状态的比例有着一定的差异。

表 6-30　　农村与城镇家庭女性儿童处于慢性贫困状态的比例(%)

K 值	全国		东部地区		中部地区		西部地区	
	农村	城镇	农村	城镇	农村	城镇	农村	城镇
1	92.99	75.00	85.49	70.05	91.89	69.80	99.61	89.06
2	33.58	10.74	19.69	5.80	24.77	10.07	51.76	19.53
3	0.75	0.00	0.00	0.00	0.00	0.00	1.96	0.00
4	0.00	0.00	0.00	0.00	0.00	0.00	0.00	0.00

从全国农村来看，当 $K=1$ 时，全国农村家庭女性儿童处于慢性贫困状态的比例为 92.99%，城镇女性儿童处于慢性贫困状态的比例为 75.00%，比农村女性儿童的比例低 17.99 个百分点；当 $K=2$ 时，全国农村家庭女性儿童处于慢性贫困状态的比例为 33.58%，城镇女性儿童处于慢性贫困状态的比例比农村女性儿童低 22.84 个百分点，为 10.74%；当 $K=3$ 时，全国农村家庭女性儿童处于慢性贫困状态的比例为 0.75%，城镇女性儿童处于慢性贫困状态的比例为 0；当 $K=4$ 时，全国农村与城镇家庭没有女性儿童处于慢性贫困的状态。

从东部地区农村来看，当 $K=1$ 时，东部地区农村家庭女性儿童处于慢性贫困状态的比例为 85.49%，城镇女性儿童处于慢性贫困状态的比例为 70.05%，比农村女性儿童的比例低 15.44 个百分点；当 $K=2$ 时，东部地区农村家庭女性儿童处于慢性贫困状态的比例为 19.69%，城镇女性儿童处于慢性贫困状态的比例比农村女性儿童低 13.89 个百分点，为 5.80%；当 $K=3$ 和 $K=4$ 时，东部地区农村与城镇家庭没有女性儿童处于慢性贫困的状态。

从中部地区农村来看，当 $K=1$ 时，中部地区农村家庭女性儿童处于慢性贫困状态的比例为 91.89%，城镇女性儿童处于慢性贫困状态的比例为 69.80%，比农村女性儿童的比例低 22.09 个百分点；当 $K=2$ 时，中部农村家庭女性儿童处于慢性贫困状态的比例为 24.77%，城镇女性儿童处于慢性贫困状态的比例比农村女性儿童低 14.7 个百分点，为 10.07%；当 $K=3$ 和 $K=4$ 时，中部农村与城镇家庭没有女性儿童处于慢性贫困的状态。

从西部地区农村来看，当 $K=1$ 时，西部地区农村家庭女性儿童处于慢性贫困状态的比例为 99.61%，城镇女性儿童处于慢性状态的比例为 89.06%，比农村女性儿童的比例低 10.55 个百分点；当 $K=2$ 时，西部农村家庭女性儿童处于慢性贫困状态的比例为 51.76%，城镇女性儿童处于慢性贫困状态的比例比农村女性儿童低 32.23 个百分点，为 19.53%；当 $K=3$ 时，西部农村家庭女性儿童处于慢性贫困状态的比例为 1.96%，城镇女性儿童处于慢性贫困状态的比例为 0；当 $K=4$ 时，西部农村与城镇家庭没有女性儿童处于慢性贫困的状态。

本 章 小 结

本章对农村与城镇家庭女性的多维贫困及动态性进行了对比分析，主要得到以下结论：

第一，农村与城镇家庭老年女性。从各指标贫困发生率的对比来看，全国、东部、中部和西部地区呈现相似的规律，农村老年女性大部分指标贫困发生率均高于城镇老年女性，且养老保险、记忆力和精神状态差异显著。全国、东部、中部和西部地区农村家庭老年女性的多维贫困发生率和多维贫困指数均高于城镇老年女性，中部地区的差异最明显。从多维贫困指标贡献率的对比来看，全国、东部、中部和西部地区农村与城镇老年女性医疗保障、养老保障和精神状态指标的多维贫困贡献率差异显著。从多维贫困动态性来看，取学术界常用的多维贫困维度总数 1/3 以上时，全国、东部、中部和西部地区农村家庭老年女性处于暂时贫困和慢性贫困比例均高于城镇老年女性。由此可见，农村与城镇家庭老年女性在多维贫困发生率及贫困的动态性方面均存在差异。

第二，农村与城镇家庭成年女性。从各指标贫困发生率的对比来看，全国、东部、中部和西部地区呈现相似的规律，农村成年女性 2/3 以上指标贫困发生率高于城镇成年女性，且个人收入、工作情况、教育程度、理解能力、互联网娱乐指标差异明显。全国、东部、中部、西部农村家庭成年女性的多维贫困发生率和多维贫困指数均高于城镇成年女性，西部地区的差异最明显。从多维贫困指标贡献率的对比来看，全国、东部、中部和西部地区的农村与城镇成年女性的个人收入、工作情况、教育程度、人际关系、生活满意度、新闻关注和互联网娱乐指标的多维贫困贡献率差异显著。从多维贫困动态性来看，取学术界常用的多维贫困维度总数 1/3 以上时，全国、东部、中部和西部农村家庭成年女性处于暂时贫困和慢性贫困比例均高于城镇女性。由此可见，农村与城镇家庭成年女性在多维贫困发生率及贫困的动态性方面均存在差异。

第三，农村与城镇家庭女性儿童。从各指标贫困发生率的对比来看，全国、东部、中部和西部地区农村地区呈现相似的规律，经济保障、卫生保障和家庭陪伴指标差异较为显著。全国、东部、中部和西部地区农村家庭女性儿童的多维贫困发生率和多维贫困指数明显均高于城镇女性儿童，东部地区的多维贫困发生率和多维贫困指数均最低，西部地区的均最高。从多维贫困指标贡献率的对比来看，全国、东部、中部和西部地区农村与城镇家庭女性儿童的经济保障、卫生保障和家庭陪伴指标的多维贫困贡献率差异显著。从多维贫困动态性来看，取学术界常用的多维贫困维度总数

1/3 以上时，农村家庭女性儿童处于暂时贫困和慢性贫困比例明显高于城镇女性儿童的。由此可见，农村与城镇家庭女性儿童在多维贫困发生率及贫困的动态性方面均存在明显差异。

第七章 农村家庭女性多维贫困
动态性的影响因素分析

第一节 模型构建

根据计量经济学原理，排序多元离散选择模型可以选择 Logit 分布模型和 Probit 分布模型两种形式，但由于 Logit 模型所假设的随机效用分布形式更适合效用最大化时的分布选择，所以相对于 Probit 模型，Logit 模型应用更为广泛且与研究区实际情况匹配，所以本书采用有序多元选择模型中的 Logit 模型形式，即 Logit 模型进行计量研究。模型设置如下：

$$y_i^* = X_i * \beta + \mu_i, \ \mu_i \in N \sim (0, 1) \qquad (7\text{-}1)$$

将从不贫困、暂时贫困和慢性贫困三种类型作为被解释变量 y_i，并将其赋值为 0、1、2，那么 y_i 与 y_i^* 的关系为：

$$y_i = \begin{cases} 2, \ y_i^* \leqslant \gamma_1 \\ 1, \ \gamma_1 < y_i^* \leqslant \gamma_2 \\ 0, \ \gamma_2 < y_i^* \end{cases} \qquad (7\text{-}2)$$

其中，γ_1 和 γ_2 为临界点，为待估参数。有序被解释变量的条件概率为：

$$\begin{cases} P(y_i = 1 \mid X_i, \ \beta, \ \gamma) = \theta(\gamma_1 - X_i'\beta) \\ P(y_i = 2 \mid X_i, \ \beta, \ \gamma) = \theta(\gamma_2 - X_i'\beta) - \theta(\gamma_1 - X_i'\beta) \\ P(y_i = 1 \mid X_i, \ \beta, \ \gamma) = 1 - \theta(\gamma_1 - X_i'\beta) \end{cases} \qquad (7\text{-}3)$$

式(7-3)中 $\theta(*)$ 表示累积概率分布函数，对待估参数 γ_1、γ_2 和 β 可以通过对下面的似然函数求极值得到：

$$\log L(\beta, \gamma) = \sum_{i=1}^{N} \sum_{j=1}^{N} \log(P(y_i = j \mid X_i, \beta, \gamma)) \cdot D(y_i = j)$$

$$(7-4)$$

求得的 β 值可以反映出两个外端状态概率的变化方向，当 $\beta_i > 0$ 时，第 j 个变量 X_j 的赋值越大，潜变量 y_i^* 的赋值会越大，即越不容易贫困；反之，当 $\beta_i < 0$ 时，第 j 个变量 X_j 的赋值越大，潜变量 y_i^* 的赋值会越小，即越容易陷入贫困。

第二节　农村家庭老年女性多维贫困
动态性的影响因素分析

一、农村家庭老年女性变量选取与描述统计

(一)因变量

本书选取的因变量为第四章划分的多维贫困动态类型，第四章划分的多维贫困动态性类型结果中，农村家庭老年女性的 K 值取值范围为 1~4，在多维贫困的识别中，K 值尤为重要，学术界关注更多的是多维贫困 K 值大于等于总维度 1/3 时的情况[1][2]。因此，本书选取 K 值分别为 2 和 3 来识别农村家庭老年女性是否存在多维贫困。

(二)自变量

农村家庭老年女性贫困不仅与自身特征有关，还受到各种保障及所处

---

[1]　王小林，Alkire S. 中国多维贫困测量：估计和政策含义[J]. 中国农村经济，2009(12)：4-10.

[2]　Alkire S, Foster J. Counting and Multidimensional Poverty Measurement[J]. Journal of Public Economics，2011，95(7)：476-487.

的环境的影响。受数据的限制以及根据农村家庭老年女性的贫困特征，本书引入个体、保障和环境三种类型的自变量，如表 7-1 所示。

表 7-1　　农村家庭老年女性多维贫困动态性影响因素变量定义

变量类型	变量名称	变量描述
个体	教育程度	按受教育等级划分 1~7，1 最低，7 最高
	身体状况	按等级划分 0~2，0 非常不健康，2 非常健康
	生活满意度	按等级划分 0~2，0 完全没有，2 强烈信心
	子女照料	有子女帮忙照料家务的赋值为 1，否则为 0
保障	养老保障	有养老保障的赋值为 1，否则为 0
	经济保障	家庭人均收入值，并取对数
	医疗保健	个人过去一年用于医疗保健支出，取对数
环境	家庭社会地位	按等级划分 0~2，0 家庭地位非常低，2 地位非常高
	生活条件	家庭生活饮用水、做饭燃料没有问题赋值 1，否则 0

第一，个体变量。个体变量包括个体受教育程度、身体状况、对目前生活的满意度和子女照料变量。农村老年女性普遍长寿但身体健康状况较差，长寿却不健康是其显著特征（赵建玲，2012），一方面是由于缺乏经济上的独立，另一方面是因为农村地区医疗卫生资源的落后。对农村老年女性而言，配偶、子女是其经济支持、生活照料、精神慰藉的重要来源，子女为老年女性提供生活照料对老年女性贫困是否有影响值得考虑，生活满意度是老年女性对自身生活的综合评价。鉴于此，个体变量包括个体受教育程度、身体状况、生活满意度和子女照料。

第二，保障变量。农村家庭老年女性往往缺乏经济上的独立性，在经济上对家庭其他成员有着较强的依赖性，其自我保障能力很弱，是否购买养老保险和家庭人均收入以及用于医疗保健方面的支出能体现老年女性养老、经济和医疗方面的保障。因此，保障变量选取养老保障、经济保障和医疗保健。

第三，环境变量。家庭社会地位不仅能够反映其经济实力，也能反映该家庭在当地的威望，老年女性所处的家庭环境和其生活条件都会影响其贫困状态。因此，环境变量选取家庭社会地位和生活条件。

（三）变量描述统计

本书所有变量的统计值仅包括其均值。农村家庭老年女性变量统计特征如表7-2所示。当$K=2$时，全国农村家庭老年女性多维贫困动态性和东部、中部地区的多维贫困动态性结果相近，西部地区农村家庭老年女性多维贫困动态性均值最高；当$K=3$时，各地区农村家庭老年女性多维贫困动态性呈现相同的规律，但总体均值比$K=2$时低。

表7-2　　　　　农村家庭老年女性变量统计特征（均值）

变量类型	变量名称	全国	东部	中部	西部
因变量	多维贫困动态性（$K=2$）	1.35	1.33	1.28	1.46
	多维贫困动态性（$K=3$）	0.49	0.48	0.42	0.59
个体	教育程度	1.40	1.52	1.41	1.21
	身体状况	0.63	0.66	0.62	0.59
	生活满意度	1.23	1.23	1.30	1.16
	子女照料	0.47	0.45	0.43	0.54
保障	养老保障	0.20	0.28	0.18	0.12
	经济保障	8.85	8.99	8.79	8.71
	医疗保健	7.30	7.32	7.28	7.29
环境	家庭社会地位	0.58	0.66	0.63	0.40
	生活条件	0.57	0.61	0.53	0.58

从个体变量来看，全国农村家庭老年女性受教育年限的均值为1.40，中部地区农村家庭老年女性的受教育程度类似于全国平均受教育程度，东部地区的略高，平均受教育程度为1.52，西部地区最低，为1.21，反映农村家庭老年女性普遍没有完成义务教育，文盲率偏高，西部地区尤为明

显；全国农村家庭老年女性的身体状况均值为 0.63，中部和西部地区的老年女性身体状况类似于全国平均水平，分别为 0.66 和 0.62，西部地区的最低，反映了农村家庭老年女性普遍身体状况较差。

从保障变量来看，全国农村家庭老年女性拥有养老保障福利的均值为 0.20，东部地区的略高于全国水平，中部和西部地区的养老保障均值均低于全国水平，分别为 0.18 和 0.12，说明西部地区农村老年女性享有养老保障的数量较少；经济保障变量西部地区最低，中部最高，这和我国区域经济发展的状况相符；医疗保健支出各地区均值类似。

从环境变量来看，全国农村家庭老年女性所在家庭社会地位的均值为 0.58，东部和中部地区的都高于全国平均值，西部农村家庭老年女性在当地的社会地位最低，为 0.40；全国农村家庭老年女性所处生活条件变量类似，说明生活饮用水、做饭燃料等问题得到一定程度的解决。

二、农村家庭老年女性多维贫困动态性影响因素实证结果分析

在多维贫困测算的基础上，本书选取 $K=2$ 和 $K=3$ 的多维贫困动态分解结果，采用 stata16 软件，采用有序 Probit 模型对 2010—2018 年农村家庭老年女性多维贫困动态性的影响因素进行估计，按全国、东部、中部和西部地区分类，分别分析影响各地区农村家庭老年女性多维贫困动态性的因素，识别具备哪些特征的农村家庭老年女性会陷入暂时贫困和慢性贫困。

本书将农村家庭老年女性按全国和各地区对其多维贫困动态性的影响因素进行了研究，$K=2$ 时农村家庭老年女性多维贫困动态性影响因素的 ologit 模型估计结果如表 7-3 所示。全国和 3 个地区农村家庭老年女性多维贫困动态性影响因素方程的最大似然比均在 1% 的统计水平上显著，说明模型拟合效果良好。从估计结果可以看出，不同地区的农村家庭老年女性多维贫困动态性影响因素有一定差异。

从个体变量来看，各个地区受教育程度对农村老年女性多维贫困动态性有显著的负向影响，说明提高女性受教育程度，有利于女性摆脱多维贫困；身体健康对农村家庭老年女性多维贫困动态性有显著的负向影响，说

明身体状况越好的老年女性，越不易陷入多维度的暂时贫困和慢性贫困；全国和中部地区的生活满意度对农村老年女性多维贫困动态性有显著的负向影响，说明老年女性对自身生活满意度越高，越能降低她们陷入暂时贫困和慢性贫困的概率。子女照料变量不显著，这也印证了相关学者的观点，子女对上一辈的赡养负担已逐渐减弱（风笑天，2006；李连友，李磊，2019；马健囡，2021）。

从保障变量来看，除西部地区外，养老保障对农村家庭老年女性多维贫困动态性影响显著，说明拥有养老保障的福利能使老年女性摆脱多维贫困。除东部地区外，经济保障对农村家庭老年女性多维贫困动态性影响显著，说明家庭人均收入高有利于老年女性摆脱多维动态贫困；西部地区医疗保健变量对农村老年女性多维贫困动态性影响显著，说明增加平时日常生活中的医疗保健费用支出，有利于老年女性摆脱多维贫困。

从环境变量来看，家庭社会地位对农村老年女性多维贫困动态性有显著的负向影响，说明生活在具有一定社会地位家庭中的老年女性，不易陷入多维贫困。生活条件可以反映生活的便利性，全国和中部地区生活条件变量对农村老年女性多维贫困动态性影响显著，生活饮用水问题的改善有利于提高农村老年女性生活质量。

表 7-3 农村家庭老年女性多维贫困动态性影响因素的 ologit 模型估计结果（$K=2$）

变量类型	变量名称	全国	东部	中部	西部
个体	教育程度	-0.325^{***}	-0.232^{**}	-0.420^{***}	-0.358^{*}
		(0.079)	(0.116)	(0.139)	(0.193)
	身体状况	-0.617^{***}	-0.458^{***}	-0.740^{***}	-0.712^{***}
		(0.076)	(0.119)	(0.141)	(0.144)
	生活满意度	-0.212^{***}	-0.153	-0.409^{***}	-0.044
		(0.082)	(0.135)	(0.154)	(0.147)
	子女照料	0.103	-0.005	0.217	0.003
		(0.110)	(0.177)	(0.204)	(0.205)

续表

变量类型	变量名称	全国	东部	中部	西部
保障	养老保障	0.489***	0.571***	0.701***	0.127
		(0.135)	(0.192)	(0.254)	(0.324)
	经济保障	-0.134**	-0.071	-0.169*	-0.222**
		(0.053)	(0.079)	(0.101)	(0.109)
	医疗保健	0.038	0.016	0.006	0.106**
		(0.024)	(0.039)	(0.044)	(0.047)
环境	家庭地位	-0.374***	-0.410***	-0.343***	-0.344**
		(0.065)	(0.104)	(0.114)	(0.137)
	生活条件	-0.233**	-0.255	-0.392*	-0.187
		(0.111)	(0.181)	(0.201)	(0.208)
观测值		1476	595	466	415
对数似然值		-1081.601	-420.283	-339.451	-304.674
伪 R^2		0.073	0.067	0.095	0.071
卡方值		171.285	59.929	71.560	46.311

　　注：***、**和*分别表示在1%、5%和10%的统计水平上显著；括号内数字为稳健标准误

　　表7-4为$K=3$时全国以及各地区农村家庭老年女性多维贫困动态性影响因素的ologit模型估计结果。结果显示，不同地区的农村家庭老年女性多维贫困动态性影响因素有一定差异。全国农村家庭老年女性多维贫困动态性主要受教育程度、身体状况、生活满意度、养老保障、医疗保障和家庭地位的影响。东部地区农村家庭老年女性多维贫困动态性主要受教育程度、身体状况、养老保障、经济保障和家庭地位的影响。中部地区农村家庭老年女性多维贫困动态性主要受教育程度、身体状况和生活条件的影响。西部地区农村家庭老年女性多维贫困动态性主要受教育程度、身体状况、经济保障、医疗保障和家庭地位的影响。

表7-4　农村家庭老年女性多维贫困动态性影响因素的 ologit 模型估计结果（$K=3$）

变量类型	变量名称	全国	东部	中部	西部
个体	教育程度	-0.399***	-0.386***	-0.283**	-0.495**
		(0.078)	(0.113)	(0.137)	(0.203)
	身体状况	-0.305***	-0.313***	-0.326**	-0.248*
		(0.071)	(0.112)	(0.131)	(0.139)
	生活满意度	-0.205**	-0.141	-0.169	-0.150
		(0.080)	(0.132)	(0.147)	(0.152)
	子女照料	-0.024	0.032	-0.227	-0.023
		(0.108)	(0.172)	(0.198)	(0.211)
保障	养老保障	0.261**	0.366*	0.373	0.039
		(0.133)	(0.188)	(0.247)	(0.331)
	经济保障	-0.015	0.125*	0.010	-0.293***
		(0.050)	(0.076)	(0.100)	(0.113)
	医疗保健	0.051**	0.055	-0.001	0.125***
		(0.024)	(0.038)	(0.043)	(0.048)
环境	家庭地位	-0.191***	-0.160*	-0.006	-0.402***
		(0.063)	(0.097)	(0.109)	(0.137)
	生活条件	-0.058	-0.155	-0.350*	0.279
		(0.109)	(0.177)	(0.195)	(0.211)
观测值		1476	595	466	415
对数似然值		-1035.193	-416.977	-316.542	-277.252
伪 R^2		0.037	0.044	0.033	0.068
卡方值		79.755	38.717	21.384	40.255

注：***、**和*分别表示在1%、5%和10%的统计水平上显著；括号内数字为稳健标准误

第三节　农村家庭成年女性多维贫困动态性的影响因素分析

一、农村家庭成年女性变量选取与描述统计

（一）因变量

本书选取的因变量为第四章划分的多维贫困动态类型，第四章划分的

多维贫困动态性类型结果中，K 值取值范围为 1~5，在多维贫困的识别中，K 值尤为重要，但目前理论界对多维贫困的 K 值界定还没有达成共识，关注更多的是多维贫困 K 值大于等于总维度 1/3 时的情况（高艳云和马瑜，2013；张全红，2015；王春超和叶琴，2014；张庆红和阿迪力・努尔，2015；王小林和 Alkire，2009 等）。因此，本书选取 K 值分别为 2 和 3 时来识别农村家庭成年女性是否存在多维贫困。

（二）自变量

女性贫困不仅与自身特征有关，还受到家庭及所处的环境的影响。受数据的限制以及根据农村家庭成年女性的贫困特征，本书引入个体特征、家庭特征和村居特征三种类型的自变量，如表 7-5 所示。

表 7-5　　农村家庭成年女性多维贫困动态性影响因素变量定义

变量类型	变量名称	变量描述
个体特征	年龄	年龄（岁）
	受教育水平	按受教育等级划分 1~7，1 最低，7 最高
	身体状况	健康赋值 1，否为 0
	对未来生活的信心	按等级划分 0~2，0 完全没有，2 强烈信心
	思想意识	按等级划分 0~2，0 非常认同传统思想
	家庭地位	按等级划分 0~2，0 完全无，2 有地位
家庭特征	家庭规模	家庭总人口数
	家庭支出	过去一年家庭重大支出，取对数
	家庭耐用品	家庭拥有耐用品数量（个）
村居特征	生活条件	居住地水源情况，0 无自来水，1 有
	医疗条件	当地医疗水平按等级划分 0~2，0 最低，2 高

第一，个体特征变量。成年女性在生理、个人资本以及思想意识方面的局限性是其致贫的主要因素。生理上的健康、疾病的影响使其陷入健康

方面的贫困(杜芳琴，2003)；思想上性别平等意识的缺乏，回归家庭的自然心态限制了女性的发展(蒋美华。2007)。本书在参考相关研究的基础上，选取的个体特征变量包括年龄、受教育水平、身体状况、对未来生活的信心、思想意识和家庭地位。农村家庭女性除了自身生理结构特征外，还承担着照料家庭的主要责任，因此在女性个人特征中选取对未来生活信心指标；女性的思想意识可以反映女性对传统性别的认知和个体追求自我发展的意识。思想意识通过"男性以事业为主，女性以家庭为主""女性干得好不如嫁得好"及"女性至少要生一个儿子以为家庭传宗接代"来反映；家庭地位可以反映成年女性在家庭中的生活状况，该指标通过女性在家庭重大事务上是否有决策权来反映①。

第二，家庭特征变量。家庭特征变量包括家庭规模、家庭支出和家庭耐用品。家庭支出是家庭过去一年的重大支出，该变量取对数；家庭耐用品用家庭耐用资产的数量表示②。

第三，村居特征变量。女性贫困除了受到自身家庭的影响外，也受到其所处的地理环境的影响(刘欣，2014)，生活生产条件，饮用水源问题的解决和公共医疗水平能够影响农户日常生活及生活质量，以至对家庭、个体发展产生至关重要的影响(柳建平，2018)。鉴于此，本书选取村居特征变量包括生活条件和医疗条件。

(三)变量描述统计

本书所有变量的统计值仅包括其均值。农村家庭成年女性变量统计特征如表7-6所示。当 $K=2$ 时，全国农村家庭成年女性多维贫困动态性和中部农村地区的成年女性多维贫困动态性结果相近，东部地区农村家庭成年

---

① 家庭决策权根据 CFPS 数据库调查的个体是否在家庭重大事项中有话语权来反映，家庭重大事项包括家庭资产购买、家庭消费支出决策、农事农活事项决策和对子女管教决策。

② 家庭耐用品指使用时间较长，至少使用 1 年以上的物品，结合 CFPS 数据的调查，主要包括家庭电视、冰箱、手机、摩托车、农用机械设备等。

女性多维贫困动态性均值最低，西部地区的最高；当 $K=3$ 时，各地区农村家庭成年女性多维贫困动态性呈现相同的规律，但总体均值比 $K=2$ 时低。

表 7-6　　　　　农村家庭成年女性变量统计特征（均值）

变量类型	变量名称	全国	东部	中部	西部
因变量	多维贫困动态性（$K=2$）	1.92	1.89	1.92	1.96
	多维贫困动态性（$K=3$）	1.13	0.92	1.05	1.38
个体特征	年龄	45.92	46.27	45.98	45.54
	受教育水平	2.20	2.46	2.31	1.86
	身体状况	0.67	0.70	0.67	0.65
	对未来生活信心	1.67	1.66	1.67	1.66
	思想意识	1.59	1.56	1.67	1.57
	家庭地位	0.63	0.69	0.73	0.50
家庭特征	家庭规模	4.62	4.34	4.73	4.80
	家庭支出	10.04	10.13	10.09	9.92
	家庭耐用品	5.66	6.12	6.16	4.85
村居特征	生活条件	0.61	0.61	0.59	0.61
	医疗条件	1.12	1.12	1.15	1.09

从个体特征来看，全国农村家庭成年女性平均年龄在 45.92 岁，中部地区农村家庭成年女性的平均年龄和全国的类似，最高的为东部地区，为 46.27 岁，西部地区的最低，为 45.54 岁；全国农村家庭成年女性受教育水平的均值为 2.20，说明全国成年女性普遍接受教育水平为初中及以下，东部和中部地区农村家庭成年女性的受教育水平均高于全国平均受教育水平的平均值，西部地区的略低于全国的平均值，说明西部农村家庭成年女性受教育水平最低，为小学及以下；全国农村家庭成年女性的身体状况均值为 0.67，中部和西部的农村家庭成年女性身体状况与全国的类似，东部农村成年女性身体状况略好；全国、东部、中部和西部农村家庭成年女性对未

来生活的信心程度表现类似；全国农村家庭成年女性的思想意识均值为1.59，说明农村家庭成年女性普遍有着较为强烈的传统性别文化意识，东部和西部地区农村家庭成年女性的思想意识和全国的类似，而中部地区的农村家庭成年女性思想意识强烈度略高；全国农村家庭成年女性家庭地位的均值为0.63，东部地区的与全国类似，女性家庭地位最高的是中部农村地区，均值为0.72，西部地区农村的女性家庭地位最低，均值为0.50，整体上反映了农村家庭成年女性在家庭内部中缺乏话语权，地位相对较低。

从家庭特征来看，全国农村家庭女性所在家庭平均人口数为4.62，中部地区农村家庭规模与全国农村家庭规模类似，西部地区农村家庭规模比全国平均水平高，东部地区农村家庭规模最小；全国农村家庭过去一年重大支出金额的对数均值为10.04，中部地区农村家庭支出类似于全国地区的，东部家庭支出略高于全国水平，西部地区家庭支出水平最低；全国农村家庭耐用品数量的均值为5.66个，东部和中部地区农村家庭耐用品数量的均值均高于全国平均水平，西部地区农村家庭耐用品数量的均值最低。

从村居特征变量来看，全国各地区农村饮用水源问题得到一定程度的缓解；全国农村基本医疗服务水平均值为1.12，中部和西部地区农村医疗服务水平与全国农村地区的类似，西部地区的医疗服务水平均值最低，说明整体上，我国农村的医疗水平还较低，西部地区农村尤为严重。

二、农村家庭成年女性多维贫困动态性影响因素实证结果分析

在多维贫困测算的基础上，本书选取 $K=2$ 和 $K=3$ 的多维贫困动态分解结果，采用stata16软件，采用有序 Probit 模型对2010—2018 年农村家庭成年女性多维贫困动态性的影响因素进行估计，按全国、东部、中部和西部地区分类，分别分析影响各地区农村家庭成年女性多维贫困动态性的因素，识别具备哪些特征的农村家庭成年女性会陷入暂时贫困和慢性贫困。

本书将农村家庭成年女性按全国和各地区对其多维贫困动态性的影响因素进行了研究， $K=2$ 时农村家庭成年女性多维贫困动态性影响因素的

ologit 模型估计结果如表 7-7 所示。全国和 3 个地区农村家庭成年女性多维贫困动态性影响因素方程的最大似然比均在 1% 的统计水平上显著，说明模型拟合效果良好。从估计结果可以看出，不同地区的农村家庭成年女性多维贫困动态性影响因素有一定差异。

从个体特征变量来看，全国和中部地区年龄对农村家庭成年女性多维贫困动态性影响显著，这表明年龄越大，农村家庭成年女性越易陷入暂时贫困和慢性贫困。学历对农村家庭成年女性多维贫困动态性有显著的负向影响，这表明女性学历越高，其陷入暂时贫困和慢性贫困的概率越低；身体健康对农村家庭成年女性多维贫困动态性有显著的负向影响，这表明女性身体素质越好，越能显著降低其陷入暂时贫困和慢性贫困的概率；全国和东部地区中，对未来生活信心变量对农村家庭成年女性多维贫困动态性影响显著，说明成年女性对生活的自信越强，其陷入暂时贫困和慢性贫困的概率越低；思想意识对农村家庭成年女性多维贫困动态性有显著的正向影响，农村家庭成年女性思想意识越传统，越会以一种自然而然的心态回归家庭生活，其陷入多维动态贫困的概率越大，这说明女性自我意识对其多维贫困的重要影响；家庭地位对农村家庭成年女性多维贫困动态性有显著的负向影响，这表明，成年女性在家中地位越高，在家庭事务中越有话语权，越不易陷入暂时贫困和慢性贫困，因此提高农村家庭成年女性地位有助于女性摆脱多维贫困。

从家庭特征变量来看，除中部地区外，家庭规模对农村家庭成年女性多维贫困动态性有显著的正向影响，表明农村家庭人数越多，女性越容易陷入贫困。在农村家庭不断核心化、小型化的趋势下，人口多的家庭往往是代际家庭，即"上有老，下有小"，这样的家庭需要成年女性更多的照料，增加她们陷入贫困的几率；西部地区家庭支出变量对成年女性多维贫困动态性影响显著，说明家庭支出越多，陷入暂时贫困和慢性贫困的概率越大；家庭耐用品数量对农村家庭成年女性多维贫困动态性有显著的负向影响，家庭耐用品作为衡量贫困的一个重要指标，数量越多意味着家庭条件越好，家庭条件越好越有利于成年女性摆脱贫困。

从村级特征来看，全国和中部农村地区基本生活条件对成年女性贫困有显著的负向影响，饮用水影响农户日常生活的便利性和生活质量，因此处于饮用水存在问题地区的成年女性，其陷入多维贫困动态性的可能性较大。全国地区的村级医疗条件对成年女性贫困有显著的负向影响，说明提高医疗条件有利于成年女性摆脱多维贫困。其他地区的医疗条件对成年女性贫困的影响不显著，可能是医疗条件是以村庄诊所医疗服务水平为指标，而女性健康维度中慢性病指标是长期积累的结果，这些诊所、卫生室能够发挥的作用有限。

表 7-7 农村家庭成年女性多维贫困动态性影响因素的 ologit 模型估计结果 ($K=2$)

变量类型	变量名称	全国农村	东部	中部	西部
个体特征	年龄	-0.029***	-0.013	-0.036*	-0.039
		(0.011)	(0.016)	(0.018)	(0.025)
	学历	-1.149***	-0.944***	-1.230***	-1.486***
		(0.091)	(0.133)	(0.167)	(0.219)
	健康	-1.095***	-0.971**	-1.331**	-0.994*
		(0.269)	(0.386)	(0.527)	(0.557)
	生活自信心	-0.554**	-0.748**	-0.193	-0.374
		(0.219)	(0.314)	(0.385)	(0.527)
	思想意识	0.501***	0.403*	0.579**	0.712*
		(0.165)	(0.243)	(0.293)	(0.398)
	家庭地位	-0.705***	-0.716***	-0.540***	-0.922***
		(0.103)	(0.151)	(0.191)	(0.238)
家庭特征	家庭规模	0.120**	0.170*	-0.015	0.349**
		(0.055)	(0.092)	(0.083)	(0.140)
	家庭支出	-0.150	-0.100	-0.133	-0.389*
		(0.102)	(0.153)	(0.191)	(0.223)
	耐用品数量	-0.142***	-0.115*	-0.092	-0.229**
		(0.045)	(0.065)	(0.087)	(0.114)

续表

变量类型	变量名称	全国农村	东部	中部	西部
村级特征	生活条件	−0.343 *	−0.447	−0.768 *	−0.039
		(0.195)	(0.287)	(0.395)	(0.425)
	医疗条件	−0.350 **	−0.248	−0.351	−0.444
		(0.152)	(0.215)	(0.293)	(0.340)
观测值		2661	914	763	984
对数似然值		−515.100	−249.270	−158.477	−96.306
伪 R^2		0.289	0.228	0.275	0.427
卡方值		418.056	147.647	120.204	143.576

注：＊＊＊、＊＊和＊分别表示在1%、5%和10%的统计水平上显著；括号内数字为稳健标准误

　　$K=3$ 时全国以及各地区农村家庭成年女性多维贫困动态性影响因素的 ologit 模型估计结果如表7-8所示。结果显示，不同地区的农村家庭成年女性多维贫困动态性影响因素有一定差异。全国农村家庭成年女性多维贫困动态性主要受年龄、学历、身体状况、对未来生活信心、思想意识、家庭地位、家庭规模、家庭支出和耐用品数量的影响。东部地区农村家庭成年女性多维贫困动态性主要受学历、身体状况、生活信心、思想意识、家庭地位、家庭规模和耐用品数量的影响。中部地区农村家庭成年女性多维贫困动态性主要受学历、身体状况、生活信心、家庭地位、耐用品数量、生活条件和医疗条件的影响。西部地区农村家庭成年女性多维贫困动态性主要受年龄、学历、身体状况、生活信心、思想意识、家庭地位、家庭规模、家庭支出和耐用品数量的影响。

表7-8　农村家庭成年女性多维贫困动态性影响因素的 ologit 模型估计结果($K=3$)

变量类型	变量名称	全国农村	东部	中部	西部
个体特征	年龄	0.014 ***	0.010	0.009	0.032 ***
		(0.005)	(0.009)	(0.009)	(0.009)
	学历	−0.841 ***	−0.764 ***	−0.836 ***	−0.776 ***
		(0.046)	(0.081)	(0.085)	(0.076)
	身体状况	−0.934 ***	−1.140 ***	−0.881 ***	−0.797 ***
		(0.089)	(0.156)	(0.166)	(0.151)
	生活自信心	−0.564 ***	−0.658 ***	−0.617 ***	−0.470 ***
		(0.086)	(0.143)	(0.160)	(0.149)
	思想意识	0.313 ***	0.410 ***	0.162	0.386 ***
		(0.074)	(0.132)	(0.148)	(0.117)
	家庭地位	−0.513 ***	−0.338 ***	−0.558 ***	−0.596 ***
		(0.047)	(0.080)	(0.087)	(0.082)
家庭特征	家庭规模	0.127 ***	0.148 ***	0.061	0.109 **
		(0.023)	(0.041)	(0.040)	(0.042)
	家庭支出	−0.159 ***	−0.073	−0.074	−0.272 ***
		(0.045)	(0.084)	(0.085)	(0.071)
	耐用品数量	−0.165 ***	−0.162 ***	−0.092 **	−0.129 ***
		(0.022)	(0.036)	(0.042)	(0.043)
村级特征	生活条件	−0.026	0.115	−0.442 ***	0.175
		(0.081)	(0.140)	(0.153)	(0.141)
	医疗条件	0.065	−0.051	0.230 *	0.104
		(0.063)	(0.112)	(0.121)	(0.104)
观测值		2661	914	763	984
对数似然值		−515.100	−249.270	−158.477	−96.306
伪 R^2		0.205	0.189	0.180	0.204
卡方值		1167.659	372.055	289.511	392.729

注：***、**和*分别表示在1%、5%和10%的统计水平上显著；括号内数字为稳健标准误

第四节 农村家庭女性儿童多维贫困
动态性的影响因素分析

一、农村家庭女性儿童变量选取与描述统计

(一)因变量

本书选取的因变量为第四章划分的多维贫困动态类型,第四章划分的多维贫困动态性类型结果中,农村家庭女性儿童的 K 值取值范围为 $1\sim4$,在多维贫困的识别中,K 值尤为重要,学术界关注更多的是多维贫困 K 值大于等于总维度 1/3 时的情况。因此,本书选取 K 值为 2 时来识别农村家庭女性儿童是否存在多维贫困[①]。

(二)自变量

家庭农村女性儿童贫困受到生活环境、家庭和社区环境的影响。受数据的限制以及根据农村家庭女性儿童的贫困特征,本书引入生活环境、家庭资本和社区环境三种类型的自变量,如表7-9所示。

表7-9 农村家庭女性儿童多维贫困动态性影响因素变量定义

变量类型	变量名称	变量描述
生活环境	母亲学历	按受教育等级划分 1~7,1 最低,7 最高
	母亲家庭地位	按等级划分 0~2,0 无任何话语权,2 最高
	生活方式	父母和孩子生活 6 个月以上的赋值为 1,否则为 0
	未成年子女数量	家庭未成年人口数
	家庭思想观念	按等级划分 0~2,0 传统思想严重,2 思想良好

① 根据前文对女童的测算,当 $K=3$ 时,女童处于慢性贫困状态的数量极少。因此仅取 K 为 2 时来分析影响农村家庭女童贫困的主要因素。

续表

变量类型	变量名称	变量描述
家庭资本	耐用品价值	家庭耐用品金额取对数
	家庭人均收入	家庭人均收入取对数
社区环境	公共设施	通卫星电视、广播、通讯情况
	道路条件	距本省省城距离(里)

第一，生活环境变量。家庭基本人口是孩童日常生活中长期接触的人群，家庭人口特征影响女童在成长过程中能够获得的家庭支持。已有研究代际贫困的问题中，都表明父母与子女之间的教育水平有很强的相关性（Ray，1999；Wahba，2000；Emerson & Souza，2009；Lawson 等，2013；周家仙等，2018）；而女性地位低下使得贫困特征在跨代传递中尤为突出（Euvinic，1997；Bastos 等，2009；王爱君，2009）；家庭未成年子女数量的增多，家庭资源可分配给每个儿童的部分减少，容易引发儿童贫困（杜凤莲，孙婧芳，2011），家庭环境的思想氛围，如投资女孩的回报少、女孩读书没用等传统观念，会影响家庭对孩童成长过程中各种资本、资源投入的性别差异，孩童是否留守也会影响其贫困。鉴于此，本书生活环境变量选取母亲学历、母亲家庭地位、生活方式、未成年子女数量和家庭思想观念方式。

第二，家庭资本变量。家庭资本变量包括家庭耐用品价值和家庭人均收入。家庭耐用品价值和家庭人均收入能够体现家庭的经济实力，反映了家庭可以为儿童成长提供的经济支撑，对儿童贫困有着一定的影响。

第三，社区环境变量。居住的环境会对儿童的贫困产生一定的影响。本书选取的社区环境变量包括公共设施和道路条件。公共设施包括居住地通电、通有线广播、卫星电视、手机信号和通讯设备，该变量能反映儿童与外界沟通、信息获取的情况；道路条件是距本省省城的距离。

（三）变量描述统计

本书所有变量的统计值仅包括其均值。农村家庭女性儿童变量统计特征如表 7-10 所示。当 $K=2$ 时，东部、中部地区农村家庭女性儿童多维贫困动态性低于全国农村家庭女性儿童多维贫困动态性，西部地区农村家庭女性儿童多维贫困动态性均值最高。

表 7-10　　　　　农村家庭女性儿童变量统计特征（均值）

变量类型	变量名称	全国	东部	中部	西部
因变量	多维贫困动态性（$K=2$）	1.11	0.85	0.99	1.42
生活环境	母亲学历	2.14	2.51	2.23	1.78
	母亲家庭地位	0.91	0.93	0.96	0.86
	生活方式	0.57	0.57	0.50	0.62
	未成年子女数量	2.13	1.92	2.20	2.21
	家庭思想观念	1.61	1.47	1.67	1.65
家庭资本	耐用品价值	8.84	8.76	9.18	8.60
	家庭人均收入	8.82	9.12	8.97	8.45
社区环境	公共设施	2.93	2.88	3.41	2.53
	道路条件	507.38	428.19	518.69	559.71

从生活环境变量特征来看，全国农村家庭中母亲学历均值为 2.14，中部地区农村家庭母亲学历均值和全国类似，东部地区农村家庭母亲学历均值最高，西部地区最低，说明农村家庭母亲学历普遍在高中以下；母亲家庭地位均值全国各地类似，均在 0.90 左右，说明母亲在家庭内部普遍缺乏话语、决策权；从生活方式变量的统计均值可以看出，半数以上农村父母超过 6 个月时间不和子女生活在一起，即大部分女性儿童留守在家，中部地区的这一比例最低；全国农村家庭拥有未成年子女数量均值为 2.13，中、西部农村家庭未成年子女数量均值和全国的接近，东部农村家庭子女

数量最少；全国及各地区农村家庭普遍都有较强的传统思想观念，半数以上的家庭认同传宗接代的重要性，东部农村家庭的传统观念略低。

从家庭资本变量特征来看，全国农村家庭拥有耐用品价值的均值为8.84，中部地区农村家庭拥有耐用品价值均值略高于全国水平，西部地区农村家庭耐用品价值最低；家庭人均收入东部地区最高，西部地区最低，这也和农村西部地区的经济状况相符。

从社区环境来看，全国农村地区通卫星广播、通讯设备的均值为2.93，西部地区的最低，说明西部农村家庭在信息获取上略差；全国距本省省城距离最远的是西部地区，最近的是东部地区。

二、农村家庭女性儿童多维贫困动态性影响因素实证结果分析

在多维贫困测算的基础上，本书选取 $K=2$ 的多维贫困动态分解结果，采用 stata16 软件，采用有序 Probit 模型对 2010—2018 年农村家庭女性儿童多维贫困动态性的影响因素进行估计，按全国、东部、中部和西部地区分类，分别分析影响各地区农村家庭女性儿童多维贫困动态性的因素，识别具备哪些特征的农村家庭女性儿童会陷入暂时贫困和慢性贫困。

本书将农村家庭女性儿童按全国和各地区对其多维贫困动态性的影响因素进行了研究，$K=2$ 时农村家庭女性儿童多维贫困动态性影响因素的ologit 模型估计结果如表 7-11 所示。全国农村家庭女性儿童多维贫困动态性影响因素方程的最大似然比均在 1% 的统计水平上显著，说明模型拟合效果良好。从估计结果可以看出，不同地区的农村家庭女性儿童多维贫困动态性影响因素有一定差异。

从生活环境特征变量来看，全国和东部地区农村家庭母亲学历对女童多维贫困动态性有显著的负向影响，随着母亲受教育程度的提升，其知识、阅历可以给孩童营造良好的成长环境，女童越不易陷入多维动态贫困；全国农村家庭母亲家庭地位对女童多维贫困动态性影响显著，说明母亲在家庭内部有一定决策权能够降低女童陷入多维动态贫困的概率；生活

方式对农村家庭女童有显著的负向影响，说明和父母长期生活在一起的女童不易陷入多维动态贫困；全国农村家庭未成年子女数量对农村家庭女童多维贫困动态性有显著的正向影响，说明家庭未成年子女越多，家庭育儿成本支出相应更多，女童能够享有的平均福利水平会下降，易陷入多维动态贫困；全国和东部地区家庭传统思想观念对女童多维贫困动态性影响显著，说明在具有传统思想氛围中的女童更易陷入多维动态贫困。

从家庭资本变量来看，全国和中部地区农村家庭拥有耐用品价值对女童多维贫困动态性有显著的负向影响，家庭拥有耐用品价值反映了家庭的经济状况，生活在经济状况较好家庭中的女童较不易陷入多维动态贫困；全国和其他地区农村家庭人均收入对女童多维贫困动态性有显著的影响，说明家庭经济条件越好越能降低女童陷入多维动态贫困的概率。

从社区环境来看，公共设施对全国农村家庭女童多维动态贫困的影响显著，说明在基础设施较好的地区，能降低女童陷入多维动态贫困的概率；全国和东部地区道路条件对女童多维贫困动态性影响显著，说明距离省城近，交通越便利，更能与外界沟通，信息获取上能够得到一定保障的，不易陷入多维动态贫困。

表 7-11　农村家庭女性儿童多维贫困动态性影响因素的 ologit 模型估计结果（$K=2$）

变量类型	变量名称	全国	东部	中部	西部
生活环境	母亲学历	−0.435***	−0.474***	−0.220	−0.205
		(0.095)	(0.183)	(0.165)	(0.192)
	母亲家庭地位	−0.268**	−0.345	−0.058	−0.205
		(0.113)	(0.227)	(0.206)	(0.189)
	生活方式	−0.662***	−1.092***	−1.015***	−0.579*
		(0.180)	(0.344)	(0.334)	(0.317)
	未成年子女数	0.164**	0.053	0.152	0.148
		(0.082)	(0.166)	(0.146)	(0.151)
	家庭观念	0.253*	0.642**	−0.079	0.304
		(0.144)	(0.263)	(0.284)	(0.252)

变量类型	变量名称	全国	东部	中部	西部
家庭资本	耐用品价值	−0.071 **	−0.038	−0.150 **	−0.064
		(0.036)	(0.055)	(0.076)	(0.071)
	家庭人均收入	−0.559 ***	−0.613 **	−0.445 ***	−0.503 ***
		(0.108)	(0.241)	(0.150)	(0.178)
社区环境	公共设施	−0.189 **	−0.200	0.091	−0.112
		(0.083)	(0.180)	(0.203)	(0.130)
	道路条件	0.000 ***	0.001 **	0.000	0.000
		(0.000)	(0.001)	(0.000)	(0.000)
观测值		529	154	181	194
对数似然值		−470.113	−134.467	−152.900	−155.949
伪 R^2		0.130	0.133	0.107	0.116
卡方值		139.915	41.254	36.815	40.907

注：***、**和*分别表示在1%、5%和10%的统计水平上显著；括号内数字为稳健标准误

本 章 小 结

本章利用有序 logit 模型，以第四章测算的农村家庭女性多维贫困动态性为因变量，根据老年女性、成年女性和女性儿童各自的特征选取相应的自变量，分别分析影响农村家庭女性多维贫困动态性的因素，识别出各类农村女性具备哪些特征会陷入多维慢性贫困和暂时贫困，以及具备哪些特征的女性对多维贫困的风险抵抗能力较强。实证结果发现：

第一，农村家庭老年女性。在个体特征变量中，教育程度、身体状况和生活满意度对全国农村家庭老年女性多维动态贫困具有显著的负向作用；在保障特征变量中，养老保障和经济保障指标具有显著影响作用；在

环境特征变量中，家庭地位具有显著的负向作用。这说明了全国农村地区中受教育程度高，身体状况良好，对自身生活满意度较高，购买养老保险，家庭人均收入较高且家庭在当地地位高的老年女性不易陷入多维动态贫困的状态。东部地区中，受教育程度高，身体状况良好，有养老保障，家庭经济良好，家庭地位高的老年女性不易陷入多维动态贫困的状态。中部地区中，受教育程度高，身体状况良好，有养老保障，家庭社会地位较高，生活条件较好的老年女性不易陷入多维动态贫困的状态。西部地区中，受教育程度高、身体状况良好，家庭经济收入良好，有医疗保健支出且家庭地位高的老年女性不易陷入多维动态贫困的状态。

第二，农村家庭成年女性。个体特征变量中，年龄、学历、健康、生活信心、思想意识和家庭地位指标均有显著的影响。家庭特征变量中，家庭规模和耐用品数量变量对全国及其他地区均有显著的影响。由此可见，受教育程度高、身体状况良好、传统思想意识较弱、家庭地位较高，且处于"核心"非代际家庭的，家庭耐用品数量较多的成年女性不易陷入多维动态贫困的状态。

第三，农村家庭女性儿童。全国农村家庭女性儿童主要受母亲学历、母亲家庭地位、生活方式、未成年子女数量、耐用品价值、家庭人均收入、公共设施和道路条件的影响；东部地区农村女童主要受母亲学历、生活方式、家庭观念、家庭人均收入和道路条件的影响；中部地区农村女童主要受生活方式、耐用品价值和家庭人均收入的影响。由此可见，所在家庭母亲的学历越高，父母长期与子女居住，未成年子女数量较少、耐用品价值较高、人均收入较高的女性儿童不易陷入多维动态贫困的状态。

结论与政策建议

一、主要结论

本书尝试从文化、制度、社会、家庭和个体多个层面构建农村家庭女性贫困形成机理的分析框架。利用"中国家庭追踪调查"（CFPS）2010—2018年的追踪调查数据，结合社会性别理论、家庭内部资源配置、贫困理论、能力贫困理论和AF多维测度方法，基于"个体视角"，构建农村家庭老年人口、成年人口和儿童的多维贫困测量指标体系，分别测算并比较分析农村家庭老年女性与男性、成年女性与男性、女性儿童与男性儿童、农村与城镇各年龄段女性群体多维动态贫困，多角度地讨论和分析了农村家庭女性贫困的差异性。主要结论如下：

第一，农村家庭女性贫困具有隐蔽性。在我国的精准扶贫工作推进中，基本上实现了精准识别、帮扶、管理、考核和资源优化配置到"户"，对于扶贫到户后不再延伸至家庭每个成员。本书从"个体视角"，结合女性自身特征构建农村家庭女性群体的多维指标体系，发现农村女性群体存在多维度的贫困，不仅仅是收入贫困，还包括个人可行能力和主观福利的贫困。说明农村女性贫困掩盖在家庭关系和目前的扶贫工作机制下。

第二，农村家庭女性多维贫困呈总体下降趋势。从20世纪80年代开始，我国在减贫工作中投入了大量的人力、物力和财力，使农村家庭女性脱贫亦取得了不凡的成效。本书通过对2010—2018年CFPS数据测算，结果显示，农村家庭老年女性、成年女性和女性儿童多维贫困发生率和多维贫困指数呈总体下降的趋势，这表明，在追踪年度内，农村家庭女性群体多维贫困状况得到了有效的缓解。

第三，农村家庭内部存在强烈的"异质性"。本书从性别对比角度研究了农村家庭人口多维动态贫困，结果发现：（1）从各指标贫困发生率来看，农村家庭老年女性与男性差异最为明显的指标是家庭地位、手机使用、精神状态、自评健康和经济保障，成年女性与男性在经济、健康、人文、精神生活和权利维度的各指标贡献率差异显著，印证了农村家庭性别间的教育和自身生理上的差异影响女性的收入水平和在劳动力市场上的价值，经济上的不平等影响了女性在家庭内部资产资源的占有使用和在家庭生活生产的决策经营权，增加了女性遭遇贫困的易损害性。（2）从多维贫困发生率和多维贫困指数来看，总体上，农村家庭女性与男性的多维贫困发生率和多维贫困指数都呈下降的趋势，但是，在不同的 K 值下，女性多维贫困发生率和多维贫困指数均高于男性，且西部地区的差异最为明显，这也与西部地区农村家庭经济条件更加落后是相符的。由此可见，农村家庭女性贫困范围更广、程度更深。（3）从多维贫困指标贡献率来看，精神生活和社交活动维度对老年女性与男性多维贫困的贡献差异明显，家庭决策权和财产权指标对成年女性与男性多维贫困的贡献差异明显，进一步说明了我国农村家庭内部性别存在权利、精神生活维度方面的不平等。（4）从多维贫困的动态类型来看，各地区农村家庭女性处于从不贫困的比例均小于男性，而处于慢性贫困的比例均大于男性，说明农村女性的贫困持续期较男性长久，农村家庭存在性别贫困的差异。总体而言，农村女性与男性在各方面的需求不同，对于贫困的感知认识也存在差异，农村家庭女性比男性更易遭遇贫困，其贫困的程度和持续期都比男性的严重。

第四，农村家庭女性暂时贫困比慢性贫困严重。在多维贫困测度的基础上，按照贫困人口的贫困持续期划分女性贫困动态的类型，结果发现，当 $K=1\sim2$ 时，各地农村老年女性均以慢性贫困为主，当 $K=3$ 时，贫困动态性主要是暂时贫困，当 $K=4$ 时，没有老年女性处于慢性贫困的状态；当 $K=1\sim2$ 时，各地农村成年女性均以慢性贫困为主，当 $K=3$ 时，贫困动态性主要是暂时贫困，当 $K=4\sim5$ 时，较少有成年女性处于慢性贫困的状态，

女性儿童在 $K=2$ 时主要是暂时贫困。因此，农村家庭女性主要以暂时贫困为主。

第五，农村与城镇家庭女性群体多维贫困及动态性差异明显。本书比较了农村与城镇不同年龄阶段女性群体的多维贫困状态，结果发现：（1）老年女性，农村老年女性的养老保障和精神生活指标贫困发生率明显高于城镇老年女性，且农村老年女性的多维贫困程度比城镇老年女性严重，印证了农村老年女性的普遍状态，养老保障方面相较城镇老年女性更易缺失，日常生活网络由于农村与城镇环境的差异而不同；（2）成年女性，农村成年女性的工作情况、教育程度和理解能力指标的贫困发生率明显高于城镇成年女性，且多维贫困程度比城镇成年女性严重，说明农村成年女性外出工作，有自我独立收入来源的情况比城镇成年女性少，农村女性普遍受教育程度比城镇女性低；（3）女性儿童，农村女性儿童在经济保障和卫生保障指标的贫困发生率明显高于城镇女性儿童，且多维贫困程度比城镇女性儿童严重，说明与农村和城镇家庭综合环境因素相符，农村女童在基本生活的保障方面弱于城镇家庭女童。

第六，农村家庭女性多维动态贫困的形成具有复杂性。处于不同生命历程阶段的农村家庭女性各方面的需求都存在明显差异，本书针对农村家庭老年女性、成年女性和女性儿童的各自特征，分别分析影响她们多维动态贫困的主要因素，结果表明：（1）老年女性，教育程度、身体状况、生活满意度、养老保障、经济保障、家庭地位对老年女性多维动态贫困影响显著，由此可见，对于农村老年女性来说，提高对老年女性的养老、经济保障能显著增强她们抵抗多维贫困的风险；（2）成年女性，受教育程度、身体状况、自信心、思想意识、家庭地位、耐用品数量对成年女性多维动态贫困影响显著，传统文化意识强烈的女性心甘情愿的扮演"女主内"的传统角色，影响了个体社会公共空间的发展，更易成为家庭的依赖者，"无权"的她们被家庭、社会视为与她们的照顾对象一样的弱势群体；（3）女性儿童，母亲学历、生活方式、家庭观念和家庭资本对女童多维动态贫困影响显著，家庭是儿童生存生活的主要环境，生活在教育意识较强，父母长期陪伴，经济条件较好中的女童抵抗多维贫困的风险更强。

二、政策建议

基于以上研究结论，本书提出相应的政策建议，旨在促进农村家庭女性发展，缩小农村女性与男性的贫困差异，推动全面建成小康社会这一政策目标，具体包括以下几个方面：

第一，转变社会意识形态，重视社会性别平等。首先，社会性别意识的转变培育需要国家在制定相关政策时融入性别因素，在农村经济环境、扶贫减贫政策中突出性别差异，尊重男女两性在资源拓展、决策运用、政策感知的性别差异性，促进女性与男性在权利、资源、机会、义务等方面的平等。其次，在承认性别差异上，社会应弱化对性别的角色固定，重视农村家庭女性在生产生活、经济发展、社会建设等方面的作用，特别是当前农业更多的表现为"农业女性化"，女性是推动农业农村发展的重要力量，而乡村振兴的推进会给女性带来更多的发展契机，在此背景下，要加强对农村女性人力资本的投入，改善女性生活方式，推动乡村性别秩序的转型与发展，提升女性社会权利地位，保障农村家庭女性能均等享受教育、医疗、社保等社会福利，发掘其投身社会、经济、文化建设创造的潜能，鼓励支持其参与乡村振兴的各项社会经济活动。

第二，重视农村家庭内部异质性，缩小家庭性别贫困差异。当前的精准扶贫中的识别、帮扶、管理、考核和对扶贫资源的优化配置等工作基本上已经实现了精准到"户"，但是，经过长期的反贫困实践证明，现实中贫困的发生并不是均质的，不仅存在群体差异，还存在性别差异。农村家庭内部较强的异质性决定了女性更具贫困脆弱性，女性在收入、权利、资源、责任和义务等方面均与男性存在着显著的不同，而当前的精准扶贫工作机制仅仅实现了贫困户的全覆盖和精准性，个体贫困的问题亟待解决。因此，在扶贫工作中，不仅要精准到"户"，更要精准到"人"，在精准识别中加强对社会性别差异的重视，充分意识到农村家庭女性与男性在权利和地位等方面的不对等，及对贫困政策制定、贫困考核管理和贫困帮扶等方面的不同感知，找出农村家庭内部"短板"贫困人口，构建系统性的分性别统计数据，识别隐藏在家庭中最弱势的贫困群体。同时，政府部门要加强宣传引导，增强社会对农村家庭女性在家庭生产生活各方面贡献的认知，提升其家庭主体地位，切实维护和保障其合法的权益。

第三，激发农村家庭女性自我发展意识，提升其综合素质能力。农村家庭女性自我发展意识弱，综合素质能力不高，是当前农村女性家庭地位低和人格独立性差的资源影响因素。首先，政府应重视加强对农村家庭女性的文化教育、职业培训、就业引导、劳动保护、权益维护等工作，同时结合乡村振兴战略，大力开展乡村文化振兴，有效转变农村落后的传统文化习俗对女性发展的制约，充分激发和释放其自立、自尊、自强的自我发展意识。其次，农村女性作为独立的个体，应充分认识自身独具的特质与优点，摒弃传统文化性别观念，淡化性别角色分工意识，转变家庭传统责任义务意识，积极学习各项文化知识，努力提升个人综合素质，以增强自身参与各项经济活动、社会建设的机会和主动性。

第四，强化教育扶贫，阻断贫困代际传递。授人以鱼不如授人以渔，扶贫必扶智，通过教育扶贫可以提高贫困人口的受教育程度、职业技能，促进个体发展，从根本上提升农村女性的可行能力，并且可以有力阻断贫困的代际传递。首先，相关扶贫策略从制定到实施要充分挖掘、发挥女性的能动作用，有针对性地为农村女性提供技能培训。在全面乡村振兴过程中，培育懂技术、善经营、会管理的新型职业女性，发挥农村女性在农村产业发展中的主体地位。其次，有针对性地进行扶贫政策的设置，重视对农村女童的教育投资。根据各地不同发展水平，因地制宜采取相应的措施，精准发力，着力扩大农村地区的教育资源，切实落实农村贫困地区儿童的义务教育，针对女童设立教育专项基金，保障女童受教育权利的获得，提高她们的受教育程度，从根源上缓解女性教育贫困，有效阻止贫困代际传递。

农村家庭女性是落实精准扶贫政策的关键群体，也是实现乡村振兴的主体力量，尤其在当前农村"空心化""三留守"的突出背景下，加强对这一群体的关注，发挥女性群体的人力资源优势，对于巩固农村脱贫攻坚成果，促进家庭和谐，美化乡村建设，推动乡村有效治理至关重要。

参 考 文 献

[1]阿达莱提·图尔荪，高进. 巩固脱贫攻坚成果背景下南疆农村妇女反
贫困长效对策[J]. 中南民族大学学报(人文社会科学版)，2021，41
（03）：49-53.

[2]蔡荷芳. 农村贫困妇女与脱贫妇女发展意识的对比分析——以安徽省
池州市为例[J]. 农业经济问题，2005（08）：20-23.

[3]陈光燕. 我国西南地区农村妇女多维贫困问题研究[D]. 四川农业大
学，2016.

[4]畅红琴. 中国农村地区时间贫困的性别差异研究[J]. 山西财经大学学
报，2010（02）：9-14.

[5]程杰. 社会保障对城乡老年人的贫困削减效应[J]. 社会保障研究，
2012（03）：52-66.

[6]程静，江文慧. 女性：老年化，贫困化与社会保障——基于社会排斥
的视角[J]. 湖北工程学院学报，2014（05）：93-97.

[7]陈健，吴惠芳. 连片特困地区农村妇女生计发展的要素测度及政策支
持研究[J]. 人口与发展，2020（02）：99-107.

[8]程玲. 可行能力视角下农村妇女的反贫困政策调适[J]. 吉林大学社会
科学学报，2019，59（05）：163-169.

[9]陈宁. 女性赋权与相对贫困治理[J]. 新视野，2020（02）：41-47.

[10]陈丽琴. 农户贫困的性别差异及多维指标构建——基于黎母山镇贫困
户调查数据的分析[J]. 南京师大学报(社会科学版)，2020（02）：
107-115.

[11]陈全功，程蹊. 生命历程视角下的贫困代际传递及阻断对策分析[J].
中南民族大学学报(人文社会科学版)，2015(04)：101-106.

[12]陈银娥等. 女性贫困问题研究热点透视——基于SSCI数据库女性研究
权威文献的统计分析[J]. 经济学动态，2015(06)：111-124.

[13]陈银娥，何雅菲. 人口结构与贫困：来自中国的经验证据[J]. 福建论
坛(人文社会科学版)，2013(07)：17-22.

[14]陈迎春. 中国农村健康贫困及农村医疗保障制度理论与实践研究[D].
华中科技大学，2005.

[15]陈友华，庞飞. 精准扶贫与老年贫困消减[J]. 河海大学学报(哲学社
会科学版)，2018(04)：24-29.

[16]陈云凡. 中国未成年人贫困影响因素分析[J]. 中国人口科学，2009
(04)：71-80.

[17]蔡生菊. 精准扶贫视角下对农村妇女贫困问题的审视与思考[J]. 社科
纵横，2016(12)：81-84.

[18]蔡生菊. 脆弱性贫困与农村妇女贫困问题——基于甘肃省的实证调查
[J]. 天水行政学院学报，2017(01)：99-103.

[19]段塔丽，李玉磊等. 精准扶贫视角下贫困地区农村女性户主家庭能力
脱贫实现路径探析——基于陕南秦巴山区农户家庭的调查数据[J].
陕西师范大学学报(哲学社会科学版)，2020，49(06)：40-53.

[20]杜晓山，孙若梅，徐鲜梅. GB模式与中国FPC——改善农村贫困妇
女生存和发展条件的有效途径[J]. 中国人力资源开发，1995(04)：
27-30.

[21]冯贺霞，高睿，韦轲. 贫困地区儿童多维贫困分析——以内蒙古、新
疆、甘肃、广西、四川五省区为例[J]. 山西农业大学学报(社会科学
版)，2017(06)：42-48.

[22]付红梅. 社会性别理论在中国的运用和发展[J]. 中华女子学院学报，
2006(08)：24-27.

[23]范欣，韩琳琳等. 农村女性参与乡村振兴战略路径探析[J]. 邢台学院

学报，2018(04)：80-85.

[24]高书国.智力贫困代际传递的成因分析与阻遏策略[J].中国教育学刊，2018(01)：21-25.

[25]高帅，毕洁颖.农村人口动态多维贫困：状态持续与转变[J].中国人口·资源与环境，2016，26(02)：76-83.

[26]高苏微，周常春，杨光明.不同视角下妇女反贫困问题的理论研究进展[J].中华女子学院学报，2019，31(02)：54-60.

[27]郭熙保，周强.长期多维贫困、不平等与致贫因素[J].经济研究，2016(06)：143-156.

[28]郭夏娟.女性赋权何以可能？——参与式性别预算的创新路径[J].妇女研究论丛，2015(03)：26-31.

[29]郭晓娜.教育阻隔代际贫困传递的价值和机制研究——基于可行能力理论的分析框架[J].西南民族大学学报(人文社会科学版)，2017(03)：7-12.

[30]高小贤.推动社会性别与发展的本土化的努力[J].妇女研究论丛，2000(05)：48-53.

[31]葛岩，吴海霞等.儿童长期多维贫困、动态性与致贫因素[J].财贸经济，2018(07)：18-31.

[32]顾永红，向德平，胡振光.可持续生计视角下连片特困地区妇女贫困研究[J].江汉论坛，2014(06)：137-140.

[33]高艳云，马瑜.多维框架下中国家庭贫困的动态识别[J].统计研究，2013(12)：89-94.

[34]韩秀兰.中国儿童基本机会多维不平等的综合测度研究[J].统计与信息论坛，2016(04)：16-21.

[35]胡联，孙永生等.贫困的形成机理：——一个分析框架的探讨[J].经济问题探索，2011(03)：1-5.

[36]黄宁莺.社会资本视域中的女性贫困问题[J].福建师范大学学报(哲学社会科学版)，2008(06)：23-27.

[37]黄森慰，姜畅等.妇女多维贫困测量、分解与精准扶贫[J].中国农业
　　大学学报，2019(04)：211-218.

[38]刘爱玉，佟新.性别观念现状及其影响因素——基于第三期全国妇女
　　地位调查[J].中国社会科学，2014(02)：116-129.

[39]刘春湘，陈克云.非营利组织在妇女反贫困中的积极作用[J].湖南师
　　范大学社会科学学报，2008(02)：101-104.

[40]廖和平，朱有志.试论新时期与新时代农村妇女的"超半效应"[J].
　　湘潭大学学报(哲学社会科学版)，2021，45(02)：43-50.

[41]李慧英.论社会性别理论的核心观点[J].山东女子学院学报，2015
　　(02)：1-5.

[42]李琴.可行性能力：农村妇女的贫困与反贫困——基于广水市C乡的
　　实证研究[J].当代经济管理，2010(01)：63-66.

[43]李巧玲.甘肃省农村妇女经济生活状况调查——兼论贫困对农村妇女
　　权益保障的影响[J].开发研究，2009(03)：124-127.

[44]李清政，刘天伦等.社会资本视角下家庭增收效应的理论与实证研究
　　[J].宏观经济研究，2014(01)：126-134.

[45]刘欣.近40年来国内妇女贫困研究综述[J].妇女研究论丛，2015
　　(01)：116-123.

[46]刘筱红，陈琼.公共政策视角下三峡库区农村移民妇女的贫困与反贫
　　困研究——以湖北宜昌农村外迁移民村W村为例[J].湖北行政学院
　　学报，2008(01)：69-73.

[47]李小云，董强，刘晓茜，吴杰.资产占有的性别不平等与贫困[J].妇
　　女研究论丛，2006(06)：28-32.

[48]李小云，张雪梅，唐美霞.当前中国农村的贫困问题[J].中国农业大
　　学学报，2005(04)：67-74.

[49]李小云，张瑶.贫困女性化与女性贫困化：实证基础与理论悖论[J].
　　妇女研究论丛，2020(01)：5-16.

[50]李芝兰.我国农村贫困问题中的女性视角——农村妇女更贫困吗？

[J].开发研究,2007(06):68-71.

[51]李晓明,杨文健.儿童多维贫困测度与致贫机理分析——基于CFPS数据库[J].西北人口,2018(01):95-103.

[52]刘晓昀,李小云等.性别视角下的贫困问题[J].农业经济问题,2004(10):13-17.

[53]刘一伟."错位"还是"精准":最低生活保障与农户多维贫困[J].现代经济探讨,2018(04):109-115.

[54]李卓,左停.深度贫困地区妇女反贫困的逻辑路径探析——基于社会性别视角的分析[J].山西农业大学学报(社会科学版),2018(09):1-5.

[55]韩春,陈元福.关注贫困女性破解贫困代际传递陷阱[J].前沿,2011(12):13-15.

[56]侯宏伟,李群峰.精准扶贫究竟帮扶了谁?——基于多维贫困视角的实证分析[J].河南师范大学学报(哲学社会科学版),2018,45(02):72-76.

[57]洪名勇,周欢.农村妇女土地产权贫困研究[J].湖北农业科学,2015,54(15):3795-3799.

[58]何仁伟.中国农村贫困形成机理研究进展及贫困问题研究框架构建[J].广西社会科学,2018(07):166-176.

[59]胡伟华.女性人力资本对家庭规模小型化的影响分析[J].前沿,2015(03):128-131.

[60]何雅菲.中国贫困变动的再估算:基于性别差异的视角[J].统计与决策,2014(03):137-140.

[61]黄万庭.新疆农村社会保障反贫困效应分析[J].新疆大学学报(哲学·人文社会科学版),2015(03):42-47.

[62]霍萱,林闽钢.为什么贫困有一张女性的面孔——国际视野下的"贫困女性化"及其政策[J].社会保障研究,2015(04):99-104.

[63]焦力.女性发展与全面小康[J].行政管理改革,2020(03):30-39.

[64]姜佳将. 流动的主体性——乡村振兴中的妇女意识与实践[J]. 浙江学
刊，2018(06)：117-123.

[65]金梅. 农村女性文化贫困的社会学分析[D]. 华中师范大学，2006.

[66]蒋美华. 农村已婚女性贫困状况及脱贫对策——以河南农村已婚女性
为例[J]. 中州学刊，2007(01)：122-126.

[67]金一虹. 流动的父权：流动农民家庭的变迁[J]. 中国社会科学，2010
(04)：151-165.

[68]金一虹. 主体的寻找——新农村建设中的农村妇女[J]. 中华女子学院
学报，2009(03)：9-11.

[69]金一虹. 妇女贫困的深层机制探讨[J]. 妇女研究论丛，2016(06)：
10-12.

[70]姜秀花. 社会性别视野中的健康公平性分析[J]. 妇女研究论丛，2006
(04)：27-29.

[71]姜秀花. 进一步发挥妇联组织在妇女脱贫攻坚中的重要作用[J]. 妇女
研究论丛，2016(11)：16-18.

[72]姜秀花，倪婷. 从性别视角看"95世妇会以来中国妇女反贫困事业进
展"[J]. 山东女子学院学报，2015(01)：16-22.

[73]廉超，林春逸等. 贫困地区女性就业脱贫与家庭可持续发展保障研究
[J]. 改革与战略，2018(04)：99-104.

[74]赖力. 精准扶贫与妇女反贫困：政策实践及其困境[J]. 华中农业大学
学报，2017(06)：20-26.

[75]罗飞军，廖小利. 贫困地区妇女健康现状及其影响[J]. 重庆社会科
学，2016(09)：93-101.

[76]柳建平，刘咪咪. 甘肃省贫困地区女性多维贫困测度及影响因素分
析——基于14个贫困村的调查资料[J]. 西北人口，2018(02)：
112-120.

[77]柳建平，刘咪咪. 贫困地区女性贫困现状分析——多维贫困视角的性
别比较[J]. 软科学，2018(09)：43-46.

[78] 林闽钢. 新历史条件下"弱有所扶": 何以可能, 可以可为? [J]. 理论探讨, 2018(01): 42-46.

[79] 林闽钢, 张瑞利. 农村贫困家庭代际传递研究——基于 CHNS 数据的分析[J]. 农业技术经济, 2012(01): 29-35.

[80] 卢倩云. 社会资本视角下的贫困女性化解读[J]. 桂海论丛, 2007(06): 81-83.

[81] 梁文凤. 基于精准扶贫视角的农村妇女脱贫路径研究[J]. 改革与战略, 2018(05): 67-72.

[82] 林志斌. 中国妇女与反贫困的回顾与展望[J]. 妇女研究论丛, 2005(04): 37-41.

[83] 林志斌, 李小云. 性别与发展导论[M]. 北京: 中国农业大学出版社, 2001.

[84] 林士俊, 齐高龙等. 社会转型期农村女性精准扶贫研究[J]. 山东农业工程学院学报, 2018(09): 80-84.

[85] 马东平. 社会性别视角下的少数民族妇女贫困问题研究[J]. 甘肃理论学刊, 2011(05): 79-84.

[86] 牧人, Dominique van de Walle. 留守妇女的劳动供给、时间安排和健康状况[J]. 劳动经济研究, 2014(02): 16-39.

[87] 毛瑛, 朱斌. 社会性别视角下的代际支持与老龄健康[J]. 西安交通大学学报(社会科学版), 2017(03): 63-71.

[88] 聂常虹, 王雷. 我国贫困妇女脱贫问题政策研究[J]. 中国科学院院刊, 2019, 34(01): 51-59.

[89] 宁满秀, 荆彩龙. 贫困女性化内涵、成因及其政策思考[J]. 电子科技大学学报(社科版), 2015(06): 5-9.

[90] 牛琴琴, 徐莉. 突破贫困文化对教育的束缚——兼论贫困女性及其受教育状况[J]. 当代教育论坛, 2018(02): 33-45.

[91] 宁亚芳. 农村最低生活保障制度减缓效应: 来自西部民族地区的证据[J]. 贵州社会科学, 2014(11): 164-168.

[92]聂焱. 我国农村地区老年妇女的家庭养老困境及成因探析[J]. 云南财经大学学报，2012(04)：148-154.

[93]秦睿，乔东平. 儿童贫困问题研究综述[J]. 中国青年政治学院学报，2012(04)：41-46.

[94]孙大江，赵群. 气候变化影响与适应性社会性别分析[M]. 北京：社会科学文献出版社，2016.

[95]苏海. 中国农村贫困女性的减贫历程与经验反思[J]. 云南社会科学，2019(06)：151-157.

[96]世界银行. 从贫困地区到贫困人群：中国扶贫议程的演进[M]. 2009：3-15.

[97]单丽卿. 教育差距与权利贫困——基于连片特困地区扶贫开发实践困境的讨论[J]. 中共福建省委党校学报，2015(03)：22-28.

[98]孙鲁云，谭斌. 自我发展能力剥夺视角下贫困地区多维贫困的测度与分析[J]. 干旱区资源与环境，2018(02)：23-28.

[99]沈茂英. 农村女性角色、地位与生态扶贫研究[J]. 西藏研究，2020(10)：20-28.

[100]孙明哲. 西方性别理论变迁及其对性别定义的影响[J]. 学习与实践，2018(06)：116-122.

[101]宋亚萍，张克云. 儿童贫困界定和测度研究综述[J]. 北京青年研究，2014，23(02)：71-78.

[102]宋瑜. 中国农村妇女参政：能动性、权力分配与传承[J]. 中华女子学院学报，2017(06)：44-49.

[103]舒展，唐云霞等. 贫困人口因贫致病和因病致贫影响因素分析[J]. 中国公共卫生，2018(07)：1-4.

[104]唐丽霞，杨亮承等. 关爱春蕾农村贫困儿童救助政策评估及建议[M]. 北京：社会科学文献出版社，2015.

[105]邰秀军，畅冬妮. 贫困地区农户生计策略的影响因素分析——基于社会性别的视角[J]. 山西师大学报(社会科学版)，2015(05)：

133-138.

[106]唐娅辉. 女性人文贫困与反贫困的路径选择——基于人的发展视角[J]. 中华女子学院学报，2016(06)：54-59.

[107]唐娅辉，黄妮. 精准扶贫政策执行中的性别盲点与反思——基于政策执行互适模型的分析[J]. 湖湘论坛，2018(03)：139-146.

[108]唐任伍. 习近平精准扶贫思想阐释[J]. 人民论坛，2015（30）：28-30.

[109]佟新. 性别社会学需要发展具有中国特色的社会性别实践理论[J]. 妇女研究论丛，2017(04)：10-11.

[110]王爱君. 农村改革政策与妇女贫困——一种社会性别主流化视角[J]. 中南财经政法大学学报，2013(03)：36-41.

[111]王爱君. 女性贫困、代际传递与和谐增长[J]. 财经科学，2009（06）：47-54.

[112]王翠萍. 脱贫攻坚中农村妇女脱贫的长效机制研究[J]. 边疆经济与文化，2019(09)：47-49.

[113]王翠琴，徐海峰. 农村老年贫困的类型与成因探析——基于鄂东白村的考察[J]. 华中农业大学学报(社会科学版)，2016(02)：82-89.

[114]王嘉毅，封清云，张金. 教育与精准扶贫精准脱贫[J]. 教育研究，2016(07)：12-21.

[115]翁飞潇，吴宏洛. 基于老年女性养老需求的福利供给探析[J]. 中共福建省委党校学报，2017(01)：91-98.

[116]吴宏洛，范佐来. 农村妇女的贫困与反贫困[J]. 福建论坛(人文社会科学版)，2007(06)：121-125.

[117]吴海涛，侯宇. 多维贫困视角下农村家庭性别贫困度量[J]. 统计与决策，2013(20)：27-29.

[118]王恒彦，卫龙宝. 农户社会资本对农村家庭收入的影响分析[J]. 农业技术经济，2013(10)：28-38.

[119]王姮，董晓媛. 农村贫困地区家庭幼儿照料对女性非农就业的影响

[J]. 人口与发展，2010（03）：60-68.

[120]王景新. 中国农村妇女土地权利——意义、现状、趋势[J]. 中国农村经济，2003（06）：25-31.

[121]王俊文. 我国贫困地区农村女性人力资源开发问题探讨[J]. 湖南社会科学，2013（06）：101-104.

[122]吴玲，施国庆. 论城市贫困女性的社会资本[J]. 江海学刊，2002（04）：97-101.

[123]王鹏，梁城城. 农户健康对收入和主观福利的影响[J]. 西南民族大学学报（人文社会科学版），2018（05）：117-126.

[124]王瑜，汪三贵. 人口老龄化与农村老年贫困问题——兼论人口流动的影响[J]. 中国农业大学学报（社会科学版），2014（01）：108-120.

[125]王雨磊. 精准扶贫何以"瞄不准"？——扶贫政策落地的三重对焦[J]. 国家行政学院学报，2017（01）：88-93.

[126]王玥，杜芳雨. 农村女孩与非女孩家庭对子女期望差异研究——以辽宁省为例[J]. 南方人口，2016（05）：21-33.

[127]习近平. 促进妇女全面发展，共建共享美好世界[N]. 人民日报，2015-09-28.

[128]汪三贵，曾俊霞等. 西部贫困地区小学生健康与教育性别差异研究[J]. 农业技术经济，2012（06）：4-14.

[129]王小林，高睿. 农村妇女脱贫：目标、挑战与政策选择[J]. 妇女研究论丛，2016（11）：5-7.

[130]王小林，冯贺霞. 2020年后中国多维相对贫困标准：国际经验与政策取向[J]. 中国农村经济，2020（03）：2-19.

[131]王小璐，风笑天. 沉默的需求：老年女性的社会支持现状及困境[J]. 妇女研究论丛，2014（03）：12-17.

[132]王小林，尚晓援. 论中国儿童生存、健康和发展权的保障——基于对中国五省（区）的调查[J]. 社会，2011（05）：121-123.

[133]王小林，尚晓援，徐丽萍. 中国老年人主观福利及贫困状态研究[J].

山东社会科学，2012（04）：22-28.

[134] 王伊欢，任彤. 消除贫困加速妇女参与反贫困进程[J]. 山东女子学院学报，2021（01）：11-20.

[135] 王肖靖. 劳动力市场的性别收入不平等及女性贫困——一个人力资本和社会资本理论的双重视角[J]. 财经问题研究，2018（03）：123-129.

[136] 王晓焰. 社会性别理论与 18-19 世纪英国妇女的社会地位[J]. 四川师范大学学报（社会科学版），2005（06）：134-141.

[137] 王毅平. 社会性别理论：男女平等新视角[J]. 东岳论丛，2001（04）：59-61.

[138] 王作宝，满小欧. 儿童贫困治理的几个理论问题[J]. 人口与社会，2014，30（03）：62-67.

[139] 汪雁，慈勤英. 对城市贫困主流测量方法理论假定的社会性别分析——以一个街道贫困家庭的社会调查为例[J]. 妇女研究论丛，2004（03）：23-32.

[140] 徐彬. 生命历程视角下农村老年女性贫困的影响因素研究[J]. 农村经济，2019（05）：77-84.

[141] 徐莉. 反贫困的性别分析：基于少数民族山区贫困女性生计资源的调查[J]. 广西师范大学学报（哲学社会科学版），2016（06）：111-115.

[142] 肖萌，丁华等. 对贫困决定因素的性别比较研究——基于 2014 年中国家庭追踪调查城乡非农业人口的实证分析[J]. 妇女研究论丛，2019（01）：104-115.

[143] 谢明，刘爱民. 可行能力与精准扶贫：一个分析框架[J]. 北京行政学院学报，2017（01）：39-45.

[144] 徐文俊. 农村教育机会获得的性别差异研究——基于多年 CGSS 面板数据[J]. 教育导刊，2017（04）：25-30.

[145] 徐文丽. 以社会保障促进女性发展——从社会性别视角分析我国的

社会保障制度改革[J].江西行政学院学报,2005(03):65-67.

[146]徐延辉,史敏.休闲方式、精神健康与幸福感[J].吉林大学社会科学学报,2016(05):82-89.

[147]徐秀丽.社会性别视角可为精准扶贫实践提供三重贡献[J].妇女研究论丛,2016(06):8-9.

[148]熊筱燕,敬少丽.女性经济参与和教育投入——社会性别理论视角[J].社会科学家,2015(10):55-58.

[149]叶华,胡晓刚.生育率下降与中国男女教育的平等化趋势[J].社会学研究,2011(05):153-177.

[150]于宏,田志宏.农村女性人力资本投资决策的经济学解析[J].学习与实践,2014(06):114-118.

[151]袁晶,李鋆均.贫困的性别盲视——社会性别视角下贫困决策的再思考[J].新闻传播,2014(06):330-334.

[152]殷俊,刘一伟.互联网使用对农户贫困的影响及其机制分析[J].中南财经政法大学学报,2018(02):146-155.

[153]杨菊华.时间利用的性别差异——1990-2010年的变动趋势与特点分析[J].人口与经济,2014(05):3-12.

[154]叶敬忠.双重强制:乡村留守中的性别排斥与不平等[M].北京:社会科学文献出版社,2014:2-29.

[155]闫坤,于树一,刘新波.论引入性别因素的精准扶贫——以绵阳市特困县为例[J].华中师范大学学报(人文社会科学版),2016(06):1-7.

[156]叶普万,贾慧咏.我国农村妇女贫困的现状、原因及解决对策[J].理论学刊,2010(09):61-64.

[157]姚桂桂.试论美国"贫困女性化"——20世纪后期的一个历史考察[J].妇女研究论丛,2010(05):73-81.

[158]杨善华,柳莉.日常生活政治化与农村妇女的公共参与[J].中国社会科学,2005(04):117-125.

[159]余思新. 三重"劣势"下的我国农村老年妇女弱势问题[J]. 山西农业大学学报(社会科学版)，2010(01)：16-17.

[160]姚云云，刘金良. 女性人文贫困的性别盲视及反贫路径——基于社会性别视角[J]. 西北工业大学学报(社会科学版)，2012(01)：5-9.

[161]杨照. 留守妇女生计重构视角下农业农村发展逻辑和趋向[J]. 中国农业大学学报(社会科学版)，2011(03)：112-119.

[162]仲超. "贫困女性化"的形成与治理[J]. 云南社会科学，2019(06)：143-150.

[163]张等文，陈佳. 城乡二元结构下农村的权利贫困及其救济策略[J]. 东北师大学报(哲学社会科学版)，2014(03)：47-51.

[164]张宏，徐晓鹏. 妇女反贫困与可持续发展[J]. 大连大学学报，2001(01)：22-25.

[165]卓惠萍. 给付—规制视角下农村贫困妇女脱贫策略的反思与完善[J]. 领导科学，2020(02)：119-122.

[166]祝建华. 贫困代际传递过程中的教育因素分析[J]. 教育发展研究，2016(03)：36-44.

[167]赵金子. 农村女性文化贫困成因及其治理——以社会生态系统理论为视角[J]. 西北农林科技大学学报(社会科学版)，2014(05)：91-95.

[168]张立冬. 中国农村贫困代际传递实证研究[J]. 中国人口·资源与环境，2013(06)：45-50.

[169]张敏. 性别差异与社会资本不平等性探究[J]. 前沿，2008(09)：139-142.

[170]赵群. 将社会性别平等的观念纳入农村反贫困政策与实践的主流[J]. 妇女研究论丛，2015(01)：11-16.

[171]张瞿纯纯，杨国才. 气候变化影响下贫困地区女性领导力的柔性化开发[J]. 中华女子学院学报，2017(05)：110-115.

[172]张全红，周强. 中国农村多维贫困的动态变化：1991-2011[J]. 财贸

研究，2015，26(06)：22-29.

[173]张全红，周强. 中国贫困测度的多维方法和实证应用[J]. 中国软科学，2015(07)：29-41.

[174]张全红，李博，周强. 中国多维贫困的动态测算、结构分解与精准扶贫[J]. 财经研究，2017(04)：31-40.

[175]张秋霞，李晶等. 中国农村女性老年人养老困境研究[J]. 老龄科学研究，2018(10)：12-25.

[176]张为民. 中国农村贫困监测报告(2017)[M]. 北京：中国统计出版社，2017.

[177]邹薇，郑浩. 贫困家庭的孩子为什么不读书：风险、人力资本代际传递和贫困陷阱[J]. 经济学动态，2014(06)：16-31.

[178]张晓颖，冯贺霞，王小林. 流动妇女多维贫困分析——基于北京市451名家政服务从业人员的调查[J]. 经济评论，2016(03)：95-107.

[179]张雪梅等. 妇女贫困：从农村到城乡，从收入贫困到多维贫困——2000年以来中国"妇女贫困"研究评述与展望[J]. 妇女研究论丛，2011(05)：99-105.

[180]张霞，茹雪. 社会资本对性别隔离的影响[J]. 江汉论坛，2018(08)：43-49.

[181]张欣毅. 推动贫困妇女脱贫是一项系统性工程[N]. 中国人口报，2019-10-17.

[182]张赟. 多维视角下的贫困群体的实证分析——以贫困儿童和流动妇女为样本[J]. 经济问题，2018(06)：64-69.

[183]周业安，左聪颖，袁晓燕. 偏好的性别差异研究[J]. 世界经济，2013(07)：3-10.

[184]张昭，吴丹萍. 多维视角下贫困的识别、追踪及分解研究[J]. 华中农业大学学报(社会科学版)，2018(03)：90-99.

[185]赵媛，许昕，王佩，韦清琦. 近20年我国教育领域妇女发展研究的重点、热点问题——基于知识图谱分析方法[J]. 山东女子学院学

报，2020(02)：25-30.

[186]奥斯卡·刘易斯. 贫困文化：墨西哥五个家庭一日生活的实录[M]. 丘延亮译. 台北：巨流图书公司，2004.

[187]奥鲁德尔·阿金罗伊·阿金博阿德. 东非和南部非洲妇女贫困和非正规贸易问题评议[J]. 国际社会科学杂志(中文版)，2006(02)：65-68.

[188]联合国儿童基金会. 2015 年中国儿童人口状况——事实与数据[R]. 联合国儿童基金会研究报告，2017：12-29.

[189]罗斯高. 农村儿童的发展怎样影响未来中国[R]. 研究报告，2017：1-16.

[190]M. 比特曼，J. 韦吉克曼. 闲暇时间的特点与性别平等[J]. 国外社会科学，2001(04)：99-100.

[191]Agbodji A,Batana Y,Ouedraogo D.Gender Inequality in Multidimensional Welfare Deprivation in West Africa:The Case of Burkina Faso and Togo [J].International Journal of Social Economics,2015,42(11):980-1004.

[192]Alkire S,Foster J,Seth S,et al.Multidimensional poverty measurement and analysis[M].Oxford:Oxford University Press,2015.

[193]Alkire S,Foster J.Counting and multidimensional poverty measurement[J]. Journal of public economics,2011,95(08):476-487.

[194]Alkire S.Choosing Dimensions: The Capability Approach and Multidimensional Poverty[R].Chronic Poverty Research Centre Working Paper,2007(08):1-28.

[195]Allisn R,Foster J.Measuring Health Inequality using Qualitative Data[J]. Journal of Health Economics,2004(03):505-510.

[196]Anna G,Hirokazu Y.Five-Year Effects of an Anti-Poverty Program on Marriage among Never-Married Mothers[J].Journal of Policy Analysis and Management,2006,25(01):11-30.

[197]Arber S,Cooper H.Gender differences in Health in Later Life:The New

Paradox? [J].Social Science & Medicine,1999(48):61-76.

[198] Bastos A, Casaca S, Nunes F, Pereirinha J. Women Poverty: Gender-Sensitive Approach[J]. The Journal of Socio-Economics. 2009, 38 (05): 764-778.

[199] Batana Y. Multidimensional Measurement of Poverty Among Women in Sub-Saharian Africa[J].Social Indicators Research,2013,112(02):337-362.

[200] Behrman J R.Intrahousehold Distribution and the Family[J].Handbook of Population and Family Economics,1993(02):125-187.

[201] Bernauer N, Giger, Rosset J. Mind the gap: Do proportional electoral systems foster a more equal representation of women and men, poor and rich? [J],International Political Science Review,2015,36(01):78-98.

[202] Bessell S. The Individual Deprivation Measure: Measuring Poverty as if Gender and Inequality Matter[J].Gender & Development,2015,23(02): 223-240.

[203] Brucker D L, Mitra S, Chaitoo N, et al.More Likely to Be Poor Whatever the Measure: Working-Age Persons with Disabilities in the United States [J].Social Science Quarterly,2014,96(01):273-296.

[204] Budowski M,Tillman R,Bergman M.Poverty,stratification and gender[J]. Swiss Journal of Sociology,2002,28(02):297-317.

[205] Buvinic M, Gupta R. Female-headed households and female-maintained families:Are they worth targeting to reduce poverty in developing countries [J].Economic Development and Cultural Change,1997,45(02):259-280.

[206] Chisamya G, et al.Gender and Education for All:Progress and problems in achieving gender equity[J].International Journal of Education,2012(11): 743-755.

[207] Chant, Sylvia. Re-thinking the "Feminization of Poverty" in relation to aggregate gender indices [J]. Journal of Human Development, 2005, 7

(02):201-220.

[208] Chaudhuri S.The Desire for Sons and Excess Fertility: A Household-level Analysis of Parity Progression in India[J]. International Perspectives on Sexual & Reproductive Health,2012,38(04):178-186.

[209] Cooray A,Potrafke.Gender inequality in education: Political institutions or culture and religion [J]. European Journal of Political Economy, 2011 (06):268-280.

[210] Corak M.Principles and Practicalities for Measuring Child Poverty[J]. International Social Security Review,2006,59(02):3-35.

[211] Dasgupta,Indraneel.Women's employment,intra-household bargaining and distribution: A two-sector analysis [J]. Oxford Economic Papers, 2000 (52):723-744.

[212] Diksha A,Codrina R A.Gendered Model of the Peasant Household: Time poverty and Farm Production in Rural Mozambique [J]. Feminist Economics,2017(02):93-119.

[213] Doss C R,Kim S M,Njiki J,et al.Women's Individual and Joint Property Ownership: Effects on Household Decisionmaking [J]. Ifpri Discussion Papers,2014(01):7-24.

[214] Fafchamps,Quisumbing,Agnes R.Social Roles, Human Capital, and the Intrahousehold Division of Labor: Evidence from Pakistan [J]. Oxford Economic Papers,2003,55(01):36-80.

[215] Fan F,Su L,Gill M K.Emotional and Behavioral Problems of Chinese Left-behind Children: A Preliminary Study[J].Social Psychiatry & Psychiatric Epidemiology,2010,45(06):655-660.

[216] Finnoff K.Gender Disparity in Access to the Rwandan Mutual Health Insurance Scheme[J].Feminist Economics,2015(03):1-25.

[217] Fuller-Rowell T E, et al. Poverty and Health: The Mediating Role of Perceived Discrimination [J].Psychological Science, 2012, 23(07):734-

745.

[218] Gordon D, Nandy S, Christina P, et al. Child Poverty in the Development World[M]. Bristol: The Policy Press, 2003.

[219] Joassart-Marcelli P. Working poverty in southern California: towards an operational measure[J]. Social Science Research, 2005(03): 20-43.

[220] José Espinoza-Delgado, Stephan Klasen. Gender and multidimensional poverty in Nicaragua: An individual based approach [J]. World Development, 2018(06): 466-491.

[221] Karim R, Law C. Gender ideology, micro credit participation and women's status in rural Bangladesh[J]. International Journal of Sociology and Social Policy, 2013(33): 45-62.

[222] Katungi E, et al. Gender, social capital and information exchange in rural Uganda[J]. Capri Working Papers, 2008(01): 35-52.

[223] Keetie R, Franziska G, Chris DN. The Importance of choice and definition for the measurement of child poverty-the case of Vietnam [J]. Child Indicators Research, 2009(03): 245-263.

[224] Kher J, Aggarwal S, Punhani G. Vulnerability of poor urban women to climate-linked water insecurities at the household level: A case study of slums in Delhi[J]. India Journal of Gender Studies, 2015, 22(01): 15-40.

[225] Lanyan C, Hilary S. Gender equity in transitional China's healthcare policy reforms[J]. Feminist Economics, 2007(13): 189-212.

[226] Li J, Lavely W. Village context, women's status, and sex preferences among rural Chinese women[J]. Rural Sociology, 2003(68): 87-106.

[227] Li L, Wu X. Gender of children, bargaining power, and intrahousehold resource allocation in China[J]. Journal of Human Resources, 2011, 46(02): 295-316.

[228] Lowry D, Xie Y. Socioeconomics Status and Health Differentials in China: Convergence or Divergence at Older Ages? [M]. Population Studies

Center, University of Michigan, 2009.

[229] Lucia Ferrone, Marlous de Milliano. Multidimensional Child Poverty in three Countries in Sub-Saharan Africa [J]. Child Indicators Research, 2018,11(07):755-781.

[230]Minujin A, Delamonica E, Davidziuk A, et al. The definition of child poverty:a discussion of concepts and measurement[J]. Environment and Urbanization, 2006,18(02):481-500.

[231]Neumayer E, Soysa ID. Globalization women's economic rights and forced labour[J]. World Economy, 2010(05):1511-1535.

[232] Oostendorp R. Globalization and the gender wage gap [J]. World Bank Economic Review, 2010,23(01):1369-1410.

[233] Pearce D. The Feminization of Poverty: Women, Work, and Welfare [J]. Urban and Social Change Review, 1978,11(01):28-36.

[234] Pitt M, Rosenzweig, Mark R. Estimating the Intrahousehold Incidence of Illness:Child Health and Gender-Inequality in the Allocation of Time[J]. International Economic Review, 1990,31(04):969-990.

[235]Potrafke N, Ursprung H. Globalization and gender equality in the course of development[J]. European Journal of Political Economy, 2012(12):399-413.

[236]Qi D, Tang Y. Social assistance programs and child poverty alleviation-a comparison between Hong Kong and mainland Child[J]. Asian Social Work and Policy Review, 2015,9(01):29-44.

[237]Ridge T. Childhood Poverty and Social Exclusion: From a child's perspective[J]. Policy Press, Bristol, 2002(04):23-28.

[238]Roelen K, Gassmann F. Measuring child poverty and well-being: A literature review[R]. Maastricht Graduate School of Governance Working Paper, 2008(01):1-30.

[239]Sakiko Fukuda-Parr. What Does Feminization of Poverty Mean? It Isn't

Just Lack of Income[J].Feminist Economics,1999(05):99-103.

[240]Sarah Bradshaw, Sylvia Chant. Challenges and Changes in Gendered Poverty: The Feminization, De-Feminization, and Re-Feminization of Poverty in Latin America[J].Feminist Economics,2018(10):2-26.

[241]Tarkowska E. Intra-household gender inequality: hidden dimensions of poverty among Polish women[J].Communist and Post-Communist Studies, 2002(12):411-432.

[242]Vani S,Pandey,Manoj K.MDGs and gender inequlity[R].Brooks World Poverty Institute Working Paper,2013:15-17.

[243]Wang X,Zhou L,Shang X.Child poverty in rural China:multidimensional perspective[J].Asian Social Work and Policy Review,2015,9(02):109-124.

[244]Wedgwood R. Education and poverty reduction in Tanzania [J]. International Journal of Educational,2007(07):383-396.

[245] White H, Leavy J, et al. Comparative Perspectives on Child Poverty: a review of poverty measures [J]. Journal of Human Development, 2003 (04):1050-1060.

[246]Wolf J,Prüssustün A,Cumming O,et al.Assessing the impact of drinking water and sanitation on diarrhoeal disease in low-and middle-income settings:systematic review and meta-regression[J].Tropical Medicine and International Health,2014,19(08):928-942.

[247]Sara Cantillon,Brian Nolan.Poverty Within Households:Measuring Gender Differences Using Nonmonetary Indicators[J].Feminist Economics,2001,7 (01):5-23.

[248]Short K S. Child poverty: definition and measurement [J]. Academic Pediatrics,2016,16(03):46-51.

[249]Castaneda T,Aldaz,Carroll.The Intergenerational Transmission of Poverty: Some Causes and Policy Implications [R]. Inter American Development

Bank Discussion paper,1999:10-15.

[250]Trommlerova S K,Klasen S,Lessmann O.Determinants of empowerment in a capability-based poverty approach:Evidence from the Gambia[J],World Development,2015(66):1-15.

[251]Yamauchi F,Tiongco M.Why women are progressive in education? Gender disparities in human capital,labor markets,and family arrangement in the Philippines[J].Ifpri Discussion Papers,2013(02):196-206.

[252]Ye Jingzhong.Differentiated Childhoods:Impacts of Rural Labor Migration on Left-behind Children in China[J].Journal of Peasant Studies,2011,38(02):355-377.

[253]Zhang H F.The poverty trap of education:education-poverty connections in Western China[J].International journal of educational development,2014,38(09):47-58.

[254]Zimmer Z.Poverty,Wealth inequality and health among older adults in rural Cambodia[J].Social Science and Medicine,2008,66(01):57-71.